研究基地 2020 年度招标课题（现代经济管理研究院）
浙江与中东欧数字贸易潜力与提升路径研究（2020XDJJGL05）

数字经济建设与发展研究

李 瑞 著

中国原子能出版社

图书在版编目（CIP）数据

数字经济建设与发展研究 / 李瑞著 . -- 北京：中国原子能出版社，2021.6

ISBN 978-7-5221-1426-2

Ⅰ . ①数… Ⅱ . ①李… Ⅲ . ①信息经济—经济发展—研究—中国 Ⅳ . ① F492

中国版本图书馆 CIP 数据核字（2021）第 111833 号

内容简介

数字经济已成为世界公认的新经济、新业态、新动能，世界主要国家都把发展数字经济作为推动经济社会转型、培育经济新动能、构筑竞争新优势的重要抓手。近年来，中国数字经济快速发展，各项指标位居世界前列，数字技术与传统经济持续融合，中国已成为名副其实的数字经济大国。为促进数字经济持续发展，培养数字化人才迫在眉睫。本书主要从数字经济的产生与发展、数字经济的经验借鉴、数字经济下的产业变革、数字经济时代人才培养、智能化数字经济的构建、推动中国数字经济转型等方面展开。本书适于经济管理相关人员参阅。

数字经济建设与发展研究

出版发行　中国原子能出版社（北京市海淀区阜成路 43 号 100048）
责任编辑　张　琳
责任校对　冯莲凤
印　　刷　三河市德贤泓印务有限公司
经　　销　全国新华书店
开　　本　787mm × 1092mm　1/16
印　　张　13.75
字　　数　218 千字
版　　次　2022 年 3 月第 1 版　2022 年 3 月第 1 次印刷
书　　号　ISBN 978-7-5221-1426-2　　定　　价　72.00 元

网　　址：http://www.aep.com.cn　　E-mail:atomep123@126.com
发行电话：010-68452845

前　言

计算机网络与数字技术的蓬勃发展，推动数字经济浪潮汹涌而至，数字经济逐渐成为全球经济增长的主要动力。数字经济的发展为各行各业打开一扇新的大门，成为带动传统经济转型升级的重要途径和驱动力量，创造了无限的机会和挑战。大数据、云计算、区块链、人工智能等新兴数字技术快速占领高地，在各经济领域得到广泛的扩散和应用。数字技术革命被称为第四次工业革命，从方方面面深刻影响着经济社会的发展。面对如此重大的变革，迫切需要洞烛先机，分别从全球、国家、产业、企业等不同层面把握数字经济的趋势及其影响。

中国作为全球数字科技大国，拥有巨大潜力，未来值得期待。数字化的伟力正在颠覆现状，各行各业的价值链都将迎来收入和利润池的显著变革，并催生出大量充满活力的数字企业，从而不断增强中国经济的国际竞争力。中国市场体量庞大、拥有大量网民且较为年轻，为数字化商业模式的迅速商用创造了条件；不仅诞生了一些数字化巨头，更形成了不断扩张的数字化生态系统；政府重视数字经济的发展，不仅为数字化企业提供了足够的试水空间，而且也是数字技术的投资者和消费者。中国数字经济发展很快，但相关理论与实践研究比较薄弱。在未来，数字经济的相关研究应该作为一项重要且紧迫的任务，实现与数字经济发展齐头并进。为了让读者能够全面了解数字经济社会发展前景，并洞悉如何适应这场巨大的变革，我们撰写了本书，希望能开启更多关于数字经济发展的讨论与研究。

本书共六章。第一章为数字经济的产生与发展概述，主要内容包括数字经济的内涵与特征、发展演变趋势、发展中的挑战以及发展数字经济的意义；第二章为数字经济的经验借鉴，介绍了数字经济与传统经济的差异，并以美国、英国、欧盟等为例，介绍世界典型国家和国际组织的数字经济战略；第三章为数字经济下的产业变革，分别介绍了数字经济下，制造业、金融业、零售业、物流行业和医疗行业的变革；第四章是数字经济时代人才培养，从数字经济时代人才发展及现状、需求与流动及如何提升数字经济人才吸引力几方面进行阐述；第五章为智能化数字经济的构建，主要内容包括区块链与人工智能加速数字经济发展、区块链与人工智能技术的融合及行业应用；第六章为推动中国数字经济转型，介绍了推动数字经济转型的新科技和如何加快中国数字化转型步伐。

本书在撰写过程中，参考和借鉴了数字经济方面的大量文献资料，本着科学、负责的态度，精心审稿，选取最新的、有重要价值的数字经济理论和实践应用以及领域最新进展的内容，在此对相关作者表示诚挚的谢意。由于作者水平有限，加之时间仓促，书中不足之处在所难免，敬请批评指正，以便日后修改完善。

作　者

2021 年 1 月

目　录

第一章　数字经济的产生与发展

在全球信息化进入全面渗透、跨界融合、加速创新、引领发展新阶段的大背景下，各国数字经济得到长足发展，正在成为创新经济增长方式的强大动能，并不断为全球经济复苏和社会进步注入新的活力。

第一节　数字经济的内涵与特征

一、数字经济的定义与内涵

（一）数字经济的定义

1997 年，美国提出“新经济”的概念，其包含知识经济创新经济、数字经济、网络经济；数字经济是新经济观测的一个角度，是信息经济的一部分。信息经济被分为三个层次：第一，信息经济是一种经济形态，它与农业经济、工业经济同级；第二，信息经济属于传统产业，包括第一产业、第二产业、第三产业；第三，从经济活动方面来说，信息经济是指信息生产和服务、信息通信技术的研发，以及信息传输等经济活动。数字经济是信息经济第二和第三层次的子集，它是基于数字技术的内容产业、通信产业、软件产业以及信息设备制造业的产业集群，从生产端看，也包括这些产业的产品与服务。

信息技术对整个社会产生的影响随着科技发展的脚步逐步加深，而人们对信息技术融入经济与社会这一过程的定义，在不同的发展阶段产生了各种各样的概念。因此，概念混用的情况也时有发生。除了早期的“信息经济”和近年的“数字经济”外，还存在网络经济、知识经济等概念。这些概念因其产生于数字经济发展的不同阶段，分别反映出不同时期人们对信息技术引起的社会变革的不同角度的理解。虽然这些概念在定义和具体内涵上有细微的差别，但总的来说，它们都是在描述信息技术对人类社会经济活动产生的影响与革新。

1. 知识经济

第二次世界大战后，由于科技进步，全球知识生产、流通速度不断提高，分配范围不断扩大，社会经济面貌焕然一新。在此背景下，相当多的学者开始关注知识与经济社会之间的联系，知识经济的概念逐渐形成。1996 年经济合作与发展组织（OECD）在年度报告《以知识为基础的经济》中认为，知识经济是以知识为基础的经济，直接依赖于知识和信息的生产、传播与应用。从生产要素的角度看，知识要素对经济增长的贡献高于土地、劳动力、资本等，因而“知识经济”是一种以知识为基础要素和增长驱动器的经济模式。

2. 信息经济

“信息经济”的概念可以追溯到 20 世纪六七十年代美国经济学家马克卢普和波拉特对于知识产生的相关研究。马克卢普（Friz Machlup）1962 年在《美国知识的生产和分配》中建立了一套关于信息产业的核算体系，奠定了研究“信息经济”概念的基础。1977 年，波拉特在其博士论文中提出的按照农业、工业、服务业、信息业分类的四次产业划分方法，得到广泛认可。20 世纪 80 年代，美国经济学家保尔·霍肯（Paul Hawken）在《未来的经济》中明确提出信息经济概念，并描述信息经济是一种以新技术、新知识和新技能贯穿于整个社会活动的新型经济形式，其根本特征是经济运行过程中，信息成分大于物质成分占主导地位，以及信息要素对经济的贡献。

3. 网络经济

“网络经济”概念的提出同 20 世纪 90 年代全球范围内因特网的兴起有着密切的联系。因此，网络经济又被称为因特网经济，是指基于因特网进行资源的生产、分配、交换和消费为主的新形式经济活动。在网络经济的形成与发展过程中，互联网的广泛应用及电子商务的蓬勃兴起发挥了举足轻重的作用。与知识经济、信息经济和数字经济相比，网络经济这一术语的区别在于它突出了因特网，并将基于国际互联网进行的电子商务看作网络经济的核心内容。

4. 数字经济

综上所述，知识经济强调知识作为要素在经济发展中的作用；信息经济强调信息技术相关产业对经济增长的影响；网络经济强调以因特网为主的经济资源的分配、生产、交换和消费等经济活动；数字经济则突出表现在整个经济领域的数字化。因此，知识经济、信息（产业）经济、网络（因特网）经济这些概念在同一个时代提出并不是相互矛盾或重复的，而是从不同方面描述当前正处于变化中的世界。“知识经济—信息（产业）经济—网络（因特网）经济—数字经济”之间的关系是“基础内容—催化中介—结果形式”。知识的不断积累是当今世界变化的基础，信息产业、网络经济的蓬勃发展是当代社会发生根本变化的催化剂，数字经济是发展的必然结果和表现形式。因而这几个概念相辅相成，一脉相传。

（二）数字经济的内涵演进

1. 初级阶段

在数字化早期，各国对数字经济的定义着重于宏观经济下的信息技术产业和电子商务。美国统计局在 1999 年 10 月发表的《Measuring Electronic Business Definitions, Underlying Concepts, and Measurement Plans》中，建议将数字经济的内涵分为四大部分，即（电子化企业的）基础建设、电子化企业、电子商务以及计算机网络。但近年来随着数字化的不断推进，美国对于数字经济内涵的界定延伸到了三个方面：虚拟货币，如比特币；数字商品和服务的提供，包括数字广告、在线产品如音乐等；互联网对商业交易的提升，包括顾客匹配、分享经济等。

英国政府在 2010 年颁布的《数字经济法 2010》中，将音乐、游戏、电视广播、移动通信、电子出版物等列入数字经济的范畴，主要聚焦于保护文化产业的数字版权。而在《数字经济法 2017》中，英国政府深化了数字服务方面的管理，包括注重推动数字服务的发展、规范数字文化产业中的犯罪行为、强调知识产权，以及构建数字化政府。由此可见，数字经济的定义与重点逐渐转移至应用与服务方面。

2. 发展阶段

数字经济正处于蓬勃发展的阶段，不断进步的数字科技以及不断加深的数字化融合程度使得数字经济的内涵和范畴都在持续更新和泛化，互联网、云计算、大数据、物联网、金融科技与其他新的数字技术应用于信息的采集、存储、分析和共享过程中，改变了社会互动方式。数字化、网络化、智能化的信息通信技术使现代经济活动更加灵活、敏捷、智慧。关于数字经济，目前最具代表性的定义来自 2016 年 G20 杭州峰会发布的《二十国集团数字经济发展合作倡议》。该倡议将数字经济定义为：以使用数字化的知识和信息作为关键生产要素、以现代信息网络作为重要载体、以信息通信技术的有效使用作为效率提升和经济结构优化的重要推动力的一系列经济活动。

二、数字经济的特征

（一）互联互通范围广泛

随着互联网、移动互联网以及物联网的快速发展并不断渗透到社会各个领域，越来越多的不同资源（人、财、物等及其他无形资源）等被纳入信息网络之中。物资流、资金流、信息流、商流、人流等在社会经济运行的各个领域层面形成网状结构，相互之间互联互通的依存度增强，传统单向、封闭的经济状态和社会结构向跨界、融合、开放、共享的互联互通状态发展，推动着智能制造、智慧服务、智慧生活、智慧城市、智慧社区等智能化生产生活方式加速到来。特别是随着 5G、人工智能（AI）、区块链等技术和设施的进一步发展和普及，社会经济运行的互联互通局面和运行水平将有进一步的提升，真正实现“万物互联”指日可待。

（二）人工智能的普及和应用广泛而普遍

人工智能对当今社会以及未来的影响，不亚于 20 世纪 70 年代的计算机、20 世纪 90 年代的互联网。人工智能正引发链式突破，推动生产和消费从工业化向自动化、智能化、智慧化转变，生产效率再次实现质的飞跃，推动工业经济社会重新洗牌。网络、信息、数据、知识开始成为经济发展的主要要素，深刻改变了传统经济结构中的生产要素结构。与传统经济相比，知识、数据等价值创造持续增加，经济形态呈现新的智能、知识型特征。当前，零售、金融、交通、工业、医疗、无人驾驶等成为人工智能主要应用领域。例如，在金融领域，人工智能已应用于财务机器人、智能投顾、智能客服、安防监控,等等。交通领域,人工智能正成为优化交通和改善出行的重要技术。医疗领域,人工智能已应用于网络智能接诊、病例筛查、检验诊断、智能医疗设备、智慧养老,等等。工业制造领域,智能机器人、智能制造、装配和仓储系统的应用日趋广泛,如德国提出的“工业 4.0”战略,要求全面布局人工智能。

(三)数据作为新的生产要素,是基础性资源和战略性资,也是重要的生产力

从经济的全球化特征来看,经历以网际贸易驱动为特征的“1.0 版本”,再到以国际金融驱动为特征的“2.0 版本”,全球化正步入以数据要素为主要驱动力的“3.0 版本”,数据作为新生产要素的重要作用日益凸显,数据的开放、共享和应用能够优化传统要素配置效率和效果,提高资源、资本、人才等全要素的配置和利用水平。另外,随着国际社会逐渐把数字经济作为开辟经济增长的新源泉,人类财富的形态随之发生了改变。虚拟货币(如比特币、数字货币等)、虚拟物品登上历史舞台,虚拟财富与货币兑换的路径被打通,财富数量开始与占据或支配信息、知识和智力的数量和能力相关联。根据中国信息化百人会数字经济报告,全球数字经济正在以超预期的增长速度加快发展,呈现出不断扩张的态势。

第二节 数字经济的发展演变趋势

一、数字经济的发端

这一阶段主要是 1946—1960 年,是信息网络为主的数字化阶段。

世界上第一台通用电子计算机于 1946 年在美国宾夕法尼亚大学诞生,从此,人类开始步入信息时代,标志着数字化的起步。这时期主要的商业模式是芯片等硬件的生产和制造、操作系统及其他软件的开发,代表公司为微软、英特尔、IBM 等。在数字经济起步阶段,语言、文字、音视频等诸多信息内容都被转化为电子计算机能够识别、存储、加工及传输的二进制代码。

随后,从少量科研人员专用的电子技术逐步衍生出全球 32 亿人使

用的计算技术、通信技术、网络技术，从个人计算机发展到超级计算机、网络计算机、量子计算机，从科学计算应用逐步延伸至企业管理、生活娱乐、消费购物等方方面面。此时，人类生产、生活等经济行为的相关信息内容绝大部分都可被数字化记录，但仍然有部分信息内容不能以数字化的方式被收集、存储、加工与分析，游离在数字经济体系之外。

二、信息经济概念的提出与扩展

随着20世纪40年代第二代晶体管电子计算机和集成电路的发明，微电子领域取得了重大技术突破，随着相关技术的推广、普及与大量运用，人类对知识和信息的加工、运用与处理能力也得到大幅提升，数字技术对人们经济行为与社会生活方式的影响也逐步显现出来，与数字经济相关的研究成果不断涌现，数字经济也日益成为美国经济发展的新动力。

在20世纪五六十年代的数字技术创新的大背景下，向市场提供信息产品或服务的企业成为重要的经济部门，1962年马克卢普提出“信息经济”的概念。到了20世纪七八十年代，随者大规模集成电路和微型处理器的发明及相关技术向其他部门的加速扩散与广泛渗透，信息经济的内涵与外延也得以不断丰富和扩展。1977年，马克·波拉特认为信息经济除了包括马克卢普所说的信息产业“第一信息部门”外，还应包括融合信息产品、服务与技术的其他产业“第二信息部门”，数字技术向其他各领域的渗透、融合、改造与创新，对整个经济社会产生的影响日益深化（孙惠，2017）。

三、数字经济概念的提出到运用

随着互联网等数字技术在20世纪90年代的日趋成熟与广泛接入，传统部门信息化、数字化步伐加快的同时，新业态、新模式不断涌现，如电子商务成为最典型的应用，富含信息与知识的数据成为新的生产要素。在数字经济快速发展与广泛应用的背景下，20世纪90年代尼葛洛庞帝在《数字化生存》一书中提出数字化概念，1995年数字经济概念在泰普斯科特《数字经济：网络智能时代的希望和危险》一书中被正式提出，1998年、1999年、2000年名为《浮现中的数字经济》（Ⅰ，Ⅱ）和《数字经济》的研究报告在美国商务部先后出版，随着数字经济概念从提出、传播到被广泛接受，数字技术经济范式也向更广泛、更深入、更高级方向发展，无疑这也将会对整个经济社会面貌产生更为深刻的影响（中国信息通信研究院，2017a）。从相关理论分析和统计实践看，20 世纪 90 年代美国经济出现的 118 个月连续增长且呈高经济增长率、低失业率与低通货膨胀率的“一高两低”的良好发展势头，大部分是在美国信息战略——信息高速公路计划指引下，以 IT 为核心的数字经济驱动的新经济发展带来的红利。进入 21 世纪，随着移动互联、物联网等数字技术的快速发展，全球范围的万物互联生成的海量数据，已是之前分散的终端处理能力所不能及，数字经济特征也发生了新的变化，貌似波拉特提出的“第一与第二信息部门”的概念已难以描绘数字经济发展模式的新变化。

四、数字经济 1.0 ~ 2.0

（一）数字经济 1.0

这一阶段主要指 2000—2015 年，数据驱动的数据化阶段。

进入 21 世纪，随着大数据、云计算、物联网、人工智能、3D 打印等数字技术的不断迭代创新，那些富含有知识与信息的数据资源成为经济社会发展的关键核心资源，标志着整个经济社会进入数据驱动的 1.0 时代。随着数字化概念与数字技术的广泛传播，主要国际组织与各国政府希望以数字经济为抓手促进产业创新、拉动经济增长，也开始将政策重心转向数字经济，纷纷加大对数字经济的研究。

2000 年，美国商务部发布的《新兴的数字经济》等报告，提出数字经济是 20 世纪 90 年代中后期美国经济繁荣增长的重要因素，并第一次从政府官方角度提出数字经济时代已经来临，开始通过设计数字经济的相关测量指标，大量收集相关数据，将数字经济纳入官方统计范畴。从此，数字经济概念与数字技术开始被广泛使用，发展数字经济的理念日趋流行与成熟，世界各主要国家政府也纷纷把发展数字经济提上议事日程，以求通过发展数字经济来促进经济的增长与社会的转型[①]。

---

① 马化腾，孟昭莉，闫德利，等．数字经济 中国创新增长新动能［M］．北京：中信出版社，2017.

其实在美国数字经济发展的带动与影响下，国际组织、国际研究机构与世界各国也纷纷出台和数字经济相关的更详细的战略与政策框架，就如同美国 1994 年推出的“信息高速公路计划”影响世界各国的信息化战略制定与信息化进程一样，其发布的数字经济报告，对发展数字经济的相关论述和政策实践也在深刻地影响着各国数字经济战略的制定与数字经济的发展进程。例如，世界经济论坛近年来连续发布多份《全球信息技术报告》，并在 2002 年首次发布的《全球信息技术报告》中就提到数字经济，后面多年的研究报告基本都是对数字经济发展的阐述。OECD 连续多年发布和数字经济相关的研究报告与工作论文，并在多项研究的标题中直接使用数字经济一词。特别是在 2008 年国际金融危机后，为推动全球经济缓慢复苏，世界贸易组织（World Trade Organization，WTO）、联合国贸易和发展会议、亚太经合组织（Asia-Pacific Economic Coopcration，APEC）、国际货币基金组织等国际组织与世界各国便开始纷纷制定数字经济发展战略，期望通过发展数字经济为全球经济增长寻求动力支撑。其中，欧盟最先于 2010 年公布了数字经济议程，美国到 2015 年公布数字经济议程，英国、德国、法国、俄罗斯、日本、韩国、新加坡等国均发布了数字化战略，其余一些国家也在纷纷考虑出台和数字经济相关的战略与政策框架，以通过发展数字经济，推动传统经济的数字化转型，为经济增长提供新的动力。

我国也十分重视信息技术、数字技术对传统经济的促进作用，只不过是我国在名称上较多采用信息化和两化融合等提法。近年来，在国外数字经济以及工业 4.0 等战略的影响下，我国出台了《中国制造 2025》与“互联网 +”两大战略，以通过发展互联网等数字技术和高技术战略新兴产业等推动我国经济结构的转型升级与高质量发展（闫德利，2017a）。

（二）数字经济 2.0

这一阶段主要指 2015 年至今，是以人工智能为核心的智能化阶段。

2016 年，全球市值最高的五家公司首次全部花落数字平台公司：苹果、谷歌、Facebook、微软和亚马逊，远超传统工业巨头，在数字技术、数字标准与数据商业化快速发展背景下，数字技术对农业、制造业、服务业等传统行业的数字化改造进程也在不断加速，随着智慧农业、智能制造、智慧物流、互联网金融等领域的快速发展，全球数字经济发展进入

2.0 阶段。

2015 年，“互联网 +”首次进入《政府工作报告》，提出通过促进互联网融合创新作用的发挥，培育经济增长新动能，开启了我国数字经济发展新篇章，之后“数字经济”这一提法进入政府工作报告，并被各类官方文件与重大会议所采用，数字经济发展的战略及相关政策的制定也提上了我国各部委及各级政府的议事日程。2016 年的世界互联网大会与 G20 杭州峰会等重大国际会议、中央政治局网络强国战略集体学习、党的十九大报告、“一带一路”国际合作高峰论坛主旨演讲、《金砖国家领导人厦门宣言》等也出现了数字经济的字眼。从 2015 年到 2017 年“互联网 +”、分享经济、数字经济分别首次进入《政府工作报告》，2018 年政府工作报告又多次提到数字经济，指出我国要通过发展“互联网 +”、智能制造等加快经济转型升级步伐，可见，我国已开始更多地从经济层面关注与研究数字经济问题，也希望通过培育数字技术新动能来大力发展数字经济（马化腾等，2017c）。

2015 年以来，随着谷歌、百度、科大讯飞、阿里巴巴、苹果、NVIDIA 等代表性公司在语音与图像识别、自动驾驶、数字医疗等人工智能诸多领域已有重大突破，我国的人工智能研究也在多个领域实现率先突破，我国数字经济也进入以智能化为核心的数字经济 2.0 阶段。

21 世纪初期，从中国经济进入经济增速放缓、增长动力接续转换、经济结构不断转型升级的新常态，到 2014 年中国推进供给侧结构性改革，加大“三去一降一补”的力度，虽然经济增速与以前相比有一定程度的放缓，但是中国经济整体上出现了明显的高就业率、中速增长、低通胀的“高中低”特征，在整个过程中数字技术的新成果、数字技术的发展为之提供的强劲支撑以及数字技术与传统产业的融合、渗透、改造与创新等外溢效应功不可没。根据阿里研究院相关资料，2015 年阿里巴巴平台提供将近 4000 万个就业机会，2015 年的网络零售已占中国社会零售总额的 12.9%，网络零售增长 25% 以上，2016 年天猫“双 11”销售额实现 1207 亿元、交易峰值达 17.5 万笔 / 秒、支付峰值达到 12 万笔 / 秒；2017 年，参与天猫“双 11”活动的有全球超 14 万品牌投入的 1500 万种商品、线上线下打通的海内外超 100 万商家、智慧门店将近 10 万、赋能新零售的零售小店超 50 万家，最终把交易额定格在 1682 亿元，无线成交占比高达 90%，这离不开物联网、大数据、云计算、人工智能等数字技术提供的动力支撑（阿里研究院，2017）。

第三节　数字经济发展中的挑战

近十年来我国数字经济发展势头迅猛，根据中国信息通信研究院测算，数字经济增加值已由 2011 年的 9.5 万亿元增加到 2019 年的 35.8 万亿元，占 GDP 比重提升了超过 15 个百分点。2020 年新冠疫情来袭，在线办公、视频会议、网上授课等无接触经济蓬勃发展，有效对冲了经济下行风险，加速了企业的数字化战略布局。一项针对全球 2569 家企业的调研发现，本次疫情将全球的数字化进程至少提前了 5 ~ 7 年[①]。

伴随着技术进步和商业模式的创新，数字经济推动劳动生产效率提升，可以一定程度上抵消劳动年龄人口下滑的影响。同时，随着远程沟通成本的下降，部分服务无须面对面接触也可以实现，服务业可贸易程度提高，进而促进服务跨区或跨境发展，这对未来的经济发展模式和经济结构具有重要含义。

一、数字经济带来的垄断

数据是数字经济时代的核心生产要素，数据的采集、加工与使用具有明显的规模经济与网络经济性，低甚至零边际成本意味着创新创业的门槛较低，但先发企业能够凭借自我增强的大数据优势来实现与固化垄断地位。

现实中哪些数字经济企业是“好”的垄断，哪些是“不好”的垄断，并没有那么分明——它们很可能在开始阶段是“好”的垄断，与创新紧密联系，但发展到一定规模后，往往会利用知识产权、网络效应等构建竞争壁垒，寻求垄断租金，这就有可能阻碍竞争。

因此，判断数字经济是否出现“垄断”，还需要用动态的眼光看待。按照熊彼特的创新理论，垄断和创新有天然的联系，没有垄断的超额收益，就不会有那么大的创新动力。科技公司创新失败的可能性很大，因此需要风险溢价的补偿来吸引创新。超额收益既来自垄断租金，也来自整体市场要求的风险补偿。

① 李拯．数字经济浪潮[M]．北京：人民出版社，2020．

从历史经验来看，巨型科技公司的垄断似乎符合上述动态的特征。比如20世纪90年代，雅虎搜索引擎一家独大，几乎占领了所有的搜索市场，但在谷歌推出搜索引擎后，雅虎的搜索业务很快就被性能更优异的谷歌搜索所替代。如果监管层一开始就强力监管雅虎的搜索业务，限制其盈利，可能谷歌也没有动力推出更好的搜索引擎。类似例子在中国也不鲜见，电商平台京东与阿里尽管构建了很高的行业壁垒，但无法阻止拼多多的快速崛起，同样爱奇艺、优酷也没有办法阻止抖音成为世界级的流行应用。

二、贫富分化新问题

历史上，从两百年前的李嘉图到一百年前的凯恩斯，经济学家一直都担心机器替代人。经济学里有个专有名词叫“技术性失业”（Technological Unemployment），即技术进步所导致的失业。这种担心贯穿于历史，一直存在争议。

当下我们如何来看待这个问题呢？这次新冠疫情下数字经济的快速发展带给我们一个重要启示是，机器可以赋能人，也可以替代人。机器对人的赋能，体现在很多领域。比如餐饮外卖行业，数字技术、智能手机、GPS定位等技术支持，有效提高了外卖员的配送效率；远程教育、远程办公、远程医疗等无接触经济，并没有替代老师、白领工人和医生，而是对他们进行了赋能。数字技术使得我们在社交隔离的情况下维持一定的经济活动，它和人是互补的。当然机器也可以替代人，比如无人物流、无人驾驶等。

数字经济在中美两国替代人和赋能人的程度并不一样，这跟中美的禀赋差异相关。美国数字经济的发展，更多的是机器替代人，通过资本深化替代就业。中国数字经济的发展，更多的是机器和劳动力互补，对劳动力是友好的。美国的劳动力替代型数字经济体现为常规性、简单重复的工作，比如制造业流水线作业，甚至有些复杂性工作也能够被机器替代。中国的劳动力互补型数字经济则体现在一些非常规的服务上，比如说外卖、送货员、专车司机、视频主播等等。

不过，虽然现阶段数字经济在中国的发展有劳动友好型的一面，但中国也难以避免数字经济加大收入分配差距的共性的一面，数字技术使得明星企业和个人可以用低成本服务大市场，少数个体实现赢者通吃。

美国有学术研究显示，过去40年劳动者之间收入差距的扩大，主要反映在（同一行业内）受雇企业之间的差别，而不是职业之间的差别。这背后一个重要的相关问题是数据产权没有明确界定，相关企业对大数据资源免费地、排他性地占有，实际上是独占了关键资源的垄断租金。如何界定大数据产权归属？对于这种垄断租金，应该采取管制方式还是征税方式？如果征税，如何确定税基、税率？数字经济越壮大，这些问题越不容忽视。

与此同时，数字经济也丰富了应对贫富分化的政策工具：数字移民和数字货币。解决区域发展不平衡的传统办法通常是劳动力转移，或者产业转移。数字经济创造了一个新思路，即“数字转移”。例如，大企业将客服中心布局在欠发达地区，劳动力无须转移就可以享受发达地区的辐射带动，可以看作是“数字移民”；数字新基建催生了网络直播、云旅游等方式，将欠发达地区的风土人情、青山绿水等特色资源“运输”到发达地区，“产业数字化转移”增加了当地百姓的收入。数字货币方面，中国人民银行数字货币重点在于发展电子支付手段，但从长远看，数字货币的发展可能对现有金融体系产生颠覆性影响，促进普惠金融、降低金融的顺周期性，帮助结构性导向的财政政策更有效发挥作用，更好地平衡效率与公平的关系。

三、数字鸿沟

数字鸿沟是指信息技术发展的过程中，由于数字化进程不一致导致的国与国、地区与地区、产业与产业、社会阶层与社会阶层之间在基础设施、居民数字素养以及数字信息内容公开程度上的差异。

近年来，尽管中国宽带普及率在不断提高，网民数量也在逐年增长，但城乡之间以及东西部之间的数字鸿沟仍在加剧。伴随着ICT基础设施的滞后，中部和西部居民的数字素养与发达地区相比也存在显著差异。“数字素养”是指获取、理解与整合数字信息的能力，具体包括网络搜索、超文本阅读、数字信息批判与整合能力，可以简单地总结为从数字信息中获取价值的能力。在数字时代，数字素养已经成为各行各业对劳动力的一项基本素质需求，加强数字化教育、提升国民数字素养是中国成为数字强国的重要环节。

此外，数字信息内容公开程度也是造成数字鸿沟的一大原因。数据及信息开放程度的落后将直接造成民众和企业在获取及应用信息上的困难，进一步拖缓数字进程，影响数字经济的发展。

四、数据质量

在数据成为核心资源的今天，数据质量直接关系着社会各方对资源的利用效率。ISO9000 质量管理体系将数据质量定义为“数据的一组固有属性满足数据消费者要求的程度”。数据的固有属性包括真实性、及时性、相关性，即数据能否真实反映客观世界、数据是否更新及时以及数据是否是消费者关注和需要的。同时，高质量的数据还需要是完整无遗漏、无非法访问风险以及能够被理解和解释的。

影响数据质量的原因有很多，比如数据的多源性。当一个数据有多个来源时，很难保证值的一致性，以及更新的同步性。另一个影响数据质量的原因是复杂数据的表示方式不统一，标准不明确。随着大数据的发展，每天都会产生大量多维度异构数据，如何对复杂数据进行统一编码，方便数据之间的兼容与融合，还有待进一步发展。

五、数字治理面临的挑战

数字经济快速发展，对国内和国际的数字治理也带来了新挑战。

国内层面，面临个人数据采集和隐私保护的问题。当人们安装手机应用时，应用客户端通常会弹出一个征求“同意”的条款声明，这些条款往往冗长难懂、字体细小，却都包含着数据使用的授权协议，而用户除了点击“同意”别无他法。当人们使用手机时，个人数据就会被源源不断地上传到相关应用的服务器上。虽然很多人意识到私人数据被采集，但对于哪些数据被采集，以及这些数据被如何使用却一无所知。数据采集和使用的“黑箱”，让民众在防范隐私泄露方面极为被动。

数字经济时代，公权力介入数据监管以及隐私保护已是大势所趋。事实上，备受关注的《个人信息保护法》已于 2020 年 10 月由全国人大法工委公布草案并向全社会公开征求意见。随着数字经济的发展，隐私保护将会持续成为公共治理的一个重要议题。从公平角度看，立法保护隐私数据是必要的；从效率角度看，隐私保护的关键可能在于度，甚至需要设计状态依存的保护制度。

此外,在国际层面,未来可能在服务贸易、国际征税以及数据主权和安全等领域出现新的国际冲突风险。

服务贸易冲突容易理解,就像制造业贸易量扩大后会产生国际摩擦,服务贸易量扩大也可能带来纠纷,中国需要积极参与并适应数字经济时代的国际贸易规则的变革。

税收方面,针对数字经济绕开现行征税准则的逃、避税问题,国际上讨论比较多的替代性方案是基于用户征税,这需要进行国际协调以确定各国所属的应税税基。在世界大变局背景下,国际协调难度正在变大。

更大的国际冲突风险可能来自国家安全或者说数据主权问题。美国和印度近期对中国平台企业的不友好做法,固然存在政治,层面的原因,但也反映了一个问题:大数据归属是否涉及主权甚至是国家安全问题?中国在《中国禁止出口限制出口技术目录》新增“基于数据分析的个性化信息推送服务技术”,似乎也印证了大数据及相关技术对于国家安全的重要性。

六、法律法规

目前,相关法律法规滞后是数字经济发展面临的一大挑战。比如,伴随数字经济的发展,全球大量定时定点的工作岗位会逐渐消失,新涌现出大批兼职职业者、自我雇佣者等灵活就业岗位,而现有的劳动合同法、社会保险法、社会保险费征缴暂行条例等法律法规不能给灵活就业者提供有效的社会保障。

数字知识产权的保护也需要引起重视。英国《数字经济 2010》就着重强调了对数字产品,如音乐、媒体、游戏等内容的著作权进行规范与保护。此外,数据产权问题也日益凸显,数据由谁保管、如何处理与应用以及如何进行交易,所有者、拥有者、使用者和管理者之间的责、权、利的划分,也缺少相关法律的明确规定。

此外,一些管理制度的落后与僵化,与数字经济去中心化跨区域、跨行业、灵活多变的特质相冲突,制约了数字经济的发展。阿里巴巴集团副总裁、阿里研究院院长高红冰在“2017 中国‘信息经济 + 金融科技’发展大会”上提出,“美国是数字经济强国,中国是数字经济应用大国”。他表示:“未来五年,全球数字经济发展将呈现三个层次:第一,硅谷仍将引领核心技术创新,以色列会在个别领域紧跟美国;第二,中国、印度会是技术创新大规模应用的市场；第三，新技术和商业模式的应用需要硬件设备的支持，日、韩、中国台湾和华南地区将起到重要作用。”他呼吁，“对于互联网这种新事物，应该更多地包容，而不是限制或者强化监管。面向未来、面向全球，中国要成为领头羊，需要更加开放，多方协作，共创互联网更好的明天”。

第四节　发展数字经济的意义

数字经济的迅猛发展深刻地改变了人们生活、工作和学习的方式，并在传统媒体、商务、公共关系、电影电视、出版、娱乐等众多领域引发深刻变革。发展数字经济正成为信息时代的最强音，对中国而言更具有特殊意义。随着全球信息化步入全面渗透、跨界融合、加速创新、引领发展的新阶段，我国也借势深度布局、大力推动数字经济的发展，从而使其逐渐成为整体经济创新发展的强大引擎，并为全球经济复苏和优化发展提供借鉴和启发。数字经济是在计算机、互联网、通信技术等新一轮信息革命的基础上发展起来的，因此也被称为信息经济。对于正处在整体经济转型升级关键期的中国经济而言，发展数字经济显然具有十分重要的特殊意义，有利于推动新常态下我国经济发展和创新战略的落地。

一、经济新常态需要发展新引擎

中国经济经过 30 多年的高速增长，已经逐渐步入增速放缓、结构升级、动力转化的新常态阶段，整体发展环境、条件和诉求都发生了深刻改变。因此，如何认识、适应和引领新常态，打造经济发展新动能，便成为我国实现经济跨越式发展的根本议题。特别是要化解经济新常态下“中等收入陷阱”这一最大风险，必然离不开发展引擎的转变。

二、信息革命推动社会生产生活方式变革

当前愈演愈烈的信息革命为我国打造新动能、跨越曾经普遍困扰各国经济发展的“中等收入陷阱”提供了历史性机遇。从人类社会的发展历史来看，每一次产业革命都将实现社会生产力的巨大提升：农业革命

推动人类从采集捕猎转为种植畜养，大大增强了人们的生存能力，使社会从野蛮、蒙昧时代进入文明时代；工业革命推动家庭作坊式的手工生产形态走向规模化的机器大生产，极大地提升了人类社会的生产能力，改变了以往的物质匮乏状况。同样，以计算机、互联网、通信等先进技术为代表的信息革命推动了社会生产生活方式的数字化、网络化、信息化、智能化。数字化工具数字化生产、数字化产品等数字经济形态快速崛起，为新常态下我国经济发展提供了新动能。

三、发展数字经济成为国家战略选择

当前，欧美等发达国家都将发展数字经济提升到国家战略高度，如美国的工业互联网、德国的“工业 4.0”、日本的机器人新战略、欧盟地区的数字经济战略等。面对新一轮互联网信息化革命浪潮，我国政府也根据基本国情和整体需要，提出“网络强国”的发展战略，积极推进“数字中国”建设，从而使得数字经济上升到国家战略层面，成为新常态下经济结构转型升级和跃迁式发展的新动能。

四、数字经济发展前景广阔

基于互联网信息革命发展起来的数字经济不仅深度释放了原有的社会生产力，也创造出了更具价值的全新的生产力。数字经济的快速崛起和发展，大大提高了现代经济效益，推动了经济结构的转型升级，成为全球经济走向复苏与繁荣的重要驱动力量。2008 年之后，数字经济在全球整体经济发展疲软的大背景下逆势而上，呈现出巨大的发展活力，大数据、云计算、物联网、移动互联网、智能机器人、3D 打印、无人驾驶、VR/AR 等各种信息技术创新与应用不断涌现，在颠覆重塑诸多传统产业的同时，也不断创造出新的产业、业态与模式。更令人充满期待的是，数字经济的发展其实才刚刚开始，当前所处的发展阶段其实只相当于工业革命中的蒸汽机时代。互联网文化的著名观察者凯文 · 凯利（Kevin Kelly）也认为：“今天才是第一天。”真正让人震撼的伟大产品其实还没有出现。

第二章 数字经济的经验借鉴

20世纪90年代，数字经济逐渐在美国等西方发达国家兴起，成为推动经济增长的重要动力，并逐渐成为全球共识。世界银行、世界经济论坛、经济合作与发展组织等国际组织均通过各种举措大力推动数字经济发展，美国、欧盟、英国等国家和地区也在持续不断地发布数字经济相关战略，推动经济社会数字化转型。本章介绍主要领域的数字经济的发展状况和趋势，以便于读者了解和借鉴全球数字经济概貌、发展方向和关注焦点等。

第一节 数字经济与传统经济的差异

数字经济是传统经济的衍生形态，并对传统经济理论产生着重大影响，甚至改变着传统经济学中的许多理论。从每次产业变革来看，不管是蒸汽革命促进机械化、自动化，电力革命促进电气化，信息革命促进信息化，还是现在的数字变革促进数字化的大发展，都会对人们生产、生活以及经济发展与社会的转型产生深远的影响。特别是近年来随着信息经济逐步发展到数字经济1.0再过渡到数字经济2.0时期，大数据、云计算、物联网、人工智能，区块链等数字技术不断迭代创新，并与传统经济领域各层面不断渗透、融合、改造与创新，传统经济及生产方式也受到严重的冲击与影响。

根据联合国贸易和发展会议发布的《2017年世界投资报告——投资和数字经济》，传统工业经济下由于劳动力成本在产品生产过程中占据较大的比重，所以公司为提升其竞争力，往往倾向于在劳动力成本较低的大型生产基地组织国际化生产，进而产生了中国工厂、东南亚工厂与非洲工厂。而在数字经济下，由于数据作为最重要的生产要素，不但对劳动、资本、土地等要素构成巨大的替代作用，而且会不断放大这些要素的生产力，所以数字经济下的跨国公司往往更倾向于数字技术较为发达、数字基础设施水平较高的区域布局国际体化生产，特别是那些资本、技术密集型行业企业往往倾向于拥有更高数字技能员工、更高数字化程度、可支持大量个性化定制生产的分布式制造地点。

2020年，是剧烈变化的一年，疫情在全球的蔓延，让人们深刻地感受到了百年未有的大变局。疫情按下了传统经济发展的暂停键，同时也按下了数字经济发展的快进键。传经经济的发展模式遇到挑战，被一些经济学家奉为圭臬的新自由主义经济学遇到危机。在工业时代，我国的企业大多学习西方的实践，在数字经济时代，大量的企业走出了自己的路。理论来源于实践，当实践领先之后，理论也必将领先。具体而言，数字经济区别于传统经济，存在以下五个方面的根本差异。

第一，需求侧与供给侧的统一。通过数字技术赋能建设高质量的数字市场体系，既可以完善市场竞争的基础地位，又可以充分体现宏观计划的重要性，是二者的有机统一。

第二，差异化与规模化的统一。在统一的数字市场中，有多少用户、有多少需求、甚至有多少潜在需求都能够被数字化的方式细粒度地呈现出来，企业也就变成了更有针对性、定制化、细粒度的按需生产。

第三，个人价值与社会价值的统一。提升数字素养，无论是对个人还是对国家，都具有重要意义。在数字时代，知识经济成为社会财富的主要增长形式，数字素养成为对劳动者的基本要求。

第四，实体经济与虚拟经济的融合。数字经济的主体属于实体经济，面向未来，我们要坚持融合发展观，做大做强数字经济，大力推动数字技术和实体经济的深度融合。

第五，颠覆传统生产要素与生产方式。数字经济时代，除必要的实物生产资料和产品外，生产组织中的各环节可被无限细分，从而使生产方式呈现出社会化生产的重要特征。

一、数字经济促进需求侧与供给侧的统一

之前在传统工业经济时代，跨国公司与上游供应商、中间合作商与下游分销相关的国际合作伙伴关系错综复杂，故需要与有限的供应商、合作商与分销商之间签订相关的合同，建立更加安全紧密的战略合作伙

伴关系，约束相关企业之间的行为。而在数字经济下，依托数字平台，从事电子商务、跨境电商等数字贸易的海量大中小微企业之间的合作伙伴关系则较为松散，它们之间不需要依靠合同约束相关的行为以建立紧密的合作伙伴关系，因为在数字技术的作用下，依托跨境电商等数字平台，不同企业之间可以随时建立起供应、分销、合作等伙伴关系，这也会推动数字经济下跨国公司的国际一体化生产。由原来的全球模块化生产到最后集中在某一地方加工组装，再到全球销售的国际一体化生产模式向依靠数字平台等中央数字服务系统控制下的数字化、自动化、网络化、服务化、柔性化、分散化和去中介化生产方式转变，快速发展的数字经济成为推动供给侧结构性改革的重要支撑。

二、数字经济实现差异化与规模化的统一

随着人们收入水平与消费能力的不断提升，消费观念也在不断升级，特别个性化、差异化的需求日益增多。但是传统经济模式下，工业化流水线的大规模生产方式虽可大幅降低成本、提升生产效率、缩短生产周期，但却只能大规模生产标准化的产品，无法满足顾客的个性化、多样化需求。

为提高效率降低成本并满足顾客的个性化定制需求，我国开启了数字化转型升级之路。数字经济突破了原来个性化产品难以大规模定制生产的行业束缚，采用数据建模和标准化信息采集的方式，在采集完数据之后，将顾客的订单信息数据通过在线定制直销 C2M 平台，将生产过程合理地拆解为每道工序具体执行的模块化工作，再通过严密的算法，测算出大批量个性化生产环节的合理工作量及每道工序的工作时间，以保证每一个工序的相互衔接，避免造成产能浪费，使传统生产流程及方式得以进步创新，并可覆盖所有用户个性化设计需求，构建针对不同人群、不同要求的海量板型数据库、并通过数据库分析，并将这些数据进行标准化、模型化、动态化处理然后储存在数据库中，以备随时调用。

目前，通过 C2M 平台将消费者、设计者和生产者的行为及相关数据直接联通，能满足超过百万亿种设计组合的需求，凭借大数据技术驱动流水线生产，把工业流水线上的大批量生产和个性化定制这两个相互矛盾的模式融为一体，实现了智慧工的智能生产。客户只需在定制平台上填写自己的相关数据，后台的智能系统就会根据客户的不同数据把个性

化的订单信息变成标准化数据输入，自动将其与专用数据库中存储的模块进行比对，随后客户还可通过3D虚拟模型的网络效果图直观、细致地观察到自己定制的产品，实现了与智能生产系统的对接。

数字经济克服了传统模式定制成本高、交期时间长、实现不了量产、价格昂贵、质量还没法保证的弊端。过去只能满足少数高收入人群的定制需求，通过数字经济变革变成了普通老百姓也消费得起的大众定制。这种以工业化手段、效率、成本制造个性化产品的智能制造模式，不仅使传统企业转型升级成为数字经济时代的平台生态企业，也彻底颠覆了传统行业的商业、管理、制造与业务模式，形成了独特的管理之道。

三、数字素养推动个人价值与社会价值的统一

在工业社会，基于纸笔工具的“读、写、算”三方面的能力被公认为人们的必备技能。在数字时代，知识经济成为社会财富的主要增长形式，数字素养成为对劳动者的基本要求。

随着数字时代技术的不断进步，各式各样的工作都对劳动力的数字素养提出了标准更高的要求。工作形式也越来越多地转向使用计算机或移动设备，以在线形式进行，这些工作无疑要求求职者拥有基本的数字素养，才能被雇用或是提升。在覆盖面更加宽泛的工作中，用人公司要求劳动力拥有基础性的计算机和网络知识，以满足工作需要，提高工作效率。

即使是日用品生产商和零售商一类的雇主，也会对销售数据做出适当的数据收集和分析工作，从而紧跟市场的节奏以保持其竞争力。在这样的背景下，这些生产商和零售商的雇员，也被要求具有一定的数字素养，能够对这些数字资源进行收集和整理，并向雇主做出有效的信息提供和反馈。因此，数字素养在新的时代下，对于提升“白领”甚至传统意义上“蓝领”的劳动力素质而言，都有着不容忽视的意义。

提升数字素养，无论是对个人还是对国家，都具有重要意义。数字素养正被纳入其国家教育课程的体系之中，越来越多的学校将数字素养的培养作为其重要的教学目标，希望借此跟上加速发展的技术变革脚步。通过对学生数字素养的培养，学生的学术素养、学术能力都能够得到明显提高，此外，数字素养本身便是教育学生适应当前时代的一个重要内容。正因为这样，数字素养在教育领域的作用还体现在教育体系本

身便要求教师具有足够好的数字素养，如此方能教给学生获取资源的方法并传递给学生数字资源。

四、数字经济加速实体经济与虚拟经济的融合

因互联网具有匿名性、虚拟性，这会给人们一种错觉——互联网是虚拟经济。

虚拟经济与实体经济的区别在于价格形成机制不同、价格决定因素不同。实体经济主要以成本为基础定价。虚拟经济的价格主要取决于人们的心理预期变化。其运行特征具有内在的波动性，主要包括金融、房地产、博彩、收藏等行业。因此，互联网有属于实体经济的部分（如电商、共享单车，在线音乐，视频等），也有属于虚拟经济的部分（如互联网金融）。

互联网是数字经济中最为活跃的元素。与互联网的情况类似，数字经济也常被某些人误解为虚拟经济。实际上，数字经济是比特的经济贡献，它与实体经济、虚拟经济不是同一维度的概念①。比特对实体经济的贡献，属于实体经济；比特对虚拟经济的贡献，属于虚拟经济。因此，数字经济有属于实体经济的部分，也有属于虚拟经济的部分。

中国是靠发展实体经济强大起来的，自新中国成立以来发展壮大实体经济一直是我国国策。数字技术的发展为实体经济转型升级的高质量发展提供了技术条件。推动数字技术和实体经济深度融合，融合的产物就是“数字化的实体经济”，它是数字经济主要的组成部分。因此，数字经济的主体属于实体经济。面向未来，我们要坚持融合发展观，做大做强数字经济，大力推动数字技术和实体经济的深度融合。

五、数字经济颠覆传统生产要素与生产方式

在传统生产要素中，地主提供土地，获得地租；工人提供劳动，获得工资；资本家提供资本，获得利息；企业家提供企业家才能，获得利润。这个“四位一体”公式概括了西方经济学生产理论和分配理论的中心，在长达一个世纪的时间里被人们普遍接受。现在，数据成为新生产要

---

① 马化腾，孟昭莉，闫德利，等．数字经济中国创新增长新动能[M].北京：中信出版社，2017.

素,突破了生产要素的四元论,我们可称之为“五元论”。预计未来数据所有者将成为一个新的社会群体,参与到生产分配过程中。

流水线是大规模生产的代名词,主要精神在于“让某一个生产单位只专注处理某一个片段的工作”而非传统的让一个生产单位从上游到下游完整完成一个产品。流水线作业降低了对工人技能的要求,专业化分工提高了生产效率,标准化零部件生产产生了规模经济。长期以来,高效率和个性化是生产制造中的一对难以调和的矛盾,流水线作业通过牺牲个性化来提高效率。而数字技术的发展,使同时实现高效率和个性化具备了可能。大规模定制成为数字经济时代的制造范式。大规模定制是以大规模生产的成本和效率,为客户提供多样化和定制化的产品和服务。其产业组织方式呈现向模块化、网络化和生态化发展,研发、设计的社会化参与特征明显。

第二节　世界典型国家和国际组织的数字经济战略

全球范围内数字经济的快速发展符合市场经济的基本规律,但也依赖于全球对数字经济发展的战略与政策保障。大部分国家都制定了国家战略或者部门政策,构建了数字经济国家战略框架,特别是经济合作与发展组织中80%以上的成员国都不同地制定了促进数字经济发展的国家战略与部门政策框架。

一、美国数字经济战略

不仅互联网等数字技术最先发端于美国,而且从20世纪90年代起,美国就拉开了数字经济发展大幕引领全球数字经济发展进程。美国提出一系列数字经济建设战略推动相关产业及政策的不断创新,美国的数字经济已日趋成熟且仍将保持全球领先的地位。

(一)“信息高速公路”奠定美国数字经济基石

“信息高速公路”的建设,被克林顿政府提到战略高度,并没有将其单纯看成是计算机行业或电信行业事情。克林顿政府对提升数字基础设施水平、促进数字技术升级换代的重要性认识不断提高，并认为如同20世纪50年代铁路与公路基础设施系统的建设可促进当时美国的繁荣一样，20世纪90年代国家数字基础设施水平与数字技术的提升，将引致人们生产、生活与工作、交流方式发生彻底变革，将再度创造美国繁荣。于是，1993年9月，克林顿便正式推出了造就美国数字经济辉煌、引领世界进入数字经济时代的“国家信息基础设施”工程计划，也即“信息高速公路”战略。克林顿政府把“信息高速公路”提高到国家战略高度，并作为国家优先发展的核心任务，计划用20年左右的时间，提升宽带家庭普及率，实现“信息高速公路”户户通。在整个执政期间，克林顿都把发展数字经济放在非常突出的位置，不仅制定了发展数字经济相关产业的具体政策，引导资金投入数字经济相关领域，也使美国经济各项指标在长期内表现良好，不但实现了经济的平稳快速发展，而且把失业率、通货膨胀率控制在较低的水平，使美国在全球经济格局中的霸主地位更加突出。

（二）《浮现中的数字经济》构建美国数字经济框架

美国商务部最先在1998年就发布关于数字经济的首份研究报告——《浮现中的数字经济》，不仅对美国的经济增长趋势进行了解读与预测，也对整个人类经济社会从工业经济时代走向数字经济时代的发展趋势及大体框架做出了准确预测与粗略描述，在全球各国引起较大反响。此外，报告对正在兴起的数字经济革命提供了翔实的案例与数据资料，深入分析了互联网等信息技术与数字技术革命的特点及其对整个经济社会的影响，认为数字经济时代的数据信息要素已经取代工业经济时代下的货币资本要素，成为决定数字经济发展的关键资源。

《浮现中的数字经济》研究报告不再着眼于“货币”这个工业时代核心资源对经济的决定作用，对人类社会从工业经济走向数字经济的发展趋势做出了轮廓性的描述，在全球引起巨大反响。《浮现中的数字经济》研究报告巩固了美国全球创新中心的地位，引领了数字技术发展潮流，成为当之无愧的数字经济领导者。

其后，美国商务部又分别于1999年发布《浮现中的数字经济（二）》、2000年发布《数字经济2000》；经济和统计管理局于2002年发布《数字经济2002》、2003年发布《数字经济2003》；国家电信和信息管理局于2010年发布《数字国家：21世纪美国通用互联网宽带接入进展》《探索数字国家：美国家庭宽带互联网应用》等报告；2011 年发布《探索数字国家：计算机和互联网家庭应用》；2013 年发布《探索数字国家：美国新兴在线体验》；2014 年发布《探索数字国家：拥抱移动互联网》。一系列相关数字经济报告的发布，表明美国早已持续关注数字经济发展的具体走向，并对数字经济发展过程中可能存在的问题做好相关预案，助力美国数字经济发展长期雄踞全球领先地位。

（三）完善信息基础设施，缩小数字鸿沟

2010 年，美国推出“国家宽带计划”，目标是到 2020 年实现 1 亿个家庭接入下行大于等于 100 Mbps、上行大于等于 50 Mbps 的宽带服务。同年，美国推出“释放无线宽带革命”，目标是在 10 年内实现提供 500 MHz（兆赫）频谱用于商业移动和固定无线宽带。

2015 年 10 月，美国国家经济委员会与科技政策办公室发布了新版的国家创新战略。新战略提出三个方面的具体举措促进美国创新经济发展，其中包括：建设下一代数字化基础设施，以保障数字世界接入，从而推动就业创造；促进创新并为美国企业创造新市场，而支持信息获取和新一代网络发展的基础设施需要大规模的宽带网络投资，以及智能、高效的远程通信频段分配。美国政府除加强无线和宽带网络的投资外，还优先投资，以使高速宽带通向重要的、目前覆盖不足的地方，如资助学校和图书馆的网络连接，以及保障生活在任何地方的人们接入高速网络。

为缩小数字鸿沟，美国政府采取了一系列措施。1998 年，美国联邦政府对教育的拨款达 510 亿美元，其目的是使信息高速公路通向每一个儿童。

（四）建设数字政府，推进开放数据

2010 年美国信息社会发展总指数在全球排名第 16 位，中间经历微调，到 2017 年又回归到第 16 位，其中 ICT 基础设施水平则从 2010 年的第 25 位，一直前进到 2017 年的第 17 位，ICT 设施使用强度则从 2010 年的全球第 14 位中间经历微调又下滑到 2017 年的第 20 位。

2017 年，美国使用互联网的个人占比从 2000 年的 43.08%，一直上升到 2007 年的 75%，到 2011 年，又下降到 69.73%，中间经历波动又上升到 2016 年的 76.18%；而接入固定宽带的家庭占比则从 2000

年的2.51%一直上升到2017年的33.85%，百人移动电话使用占比从2000年的38.82%一直上升到2016年122.88%，再又下滑到2017年122.01%。

总体来看，美国电子政务水平从2005年的全球第1位下滑到2016年的第12位，中间经历曲折变化，但已经跌出世界前十的境况貌似很难改观。其中，OSI2005年与2012年仍排在全球第一，2016年在线服务水平也较高；人力资本指标在全球的位置从总体来看由2005年到2016年呈现一路下滑的趋势；从电信基础设施水平来看，从2005年到2016年，美国在全球的相对位置中间经历下滑后又在不断提升。

（五）加强网络信息安全防护

网络信息安全事关重大，是国家安全的重要组成部分。特别是“斯诺登事件”之后，美国进一步加强网络信息安全的防护工作。多项政策保障网络信息安全美国政府十分支持科技发展，对网络信息安全也是倍加关注。在2016财年预算中，美国政府拨款140亿美元用于加强网络安全，以便更好地保护联邦政府和私有企业免遭黑客威胁。美国政府出台了诸多相关政策。

2011年5月，美国白宫、国务院、司法部、商务部、国土安全局、国防部六大联邦政府核心部门发布《网络空间国际战略——网络化世界的繁荣、安全与开放》，标志着脱胎于信息安全战略的网络空间国际战略正式成型。

2011年12月，美国科学与技术政策办公室（OSTP）发布，《可信网络空间：美国联邦网络安全研发项目战略规划》。该规划为美国开展或资助网络安全研发的政府机构确定了一系列相互关联的优先领域，包括4个战略重点：促进变革、奠定科学基础、研究影响最大化、加速实践转化。

2016年2月，美国政府推出了《网络安全国家行动计划》，将从加强网络基础设施建设、专业人才队伍建设等方面入手，全面提高美国在数字空间的安全。

2016年12月，美国国家网络安全促进委员会发布《关于保护数字经济安全的报告》。报告围绕几大“规则”展开：保护、防御当今信息基础设施和数字网络；创新并加速安全、数字网络发展和数字经济领域的投资，让消费者为迈入数字时代做好准备；构建网络安全工作能力；使政府在数字时代更加安全而有效地行使。

（六）成立数字经济咨询委员会

在数字经济发展的具体实践中，美国意识到发展数字经济不仅可为美国经济增长提供新动能，还可不断提升美国的国际竞争力。2015 年 11 月，美国商务部发布了《数字经济议程》，主要强调四大议程：减少商品、服务、资本、人力与数据流动的全球障碍，促进全球自由开放的互联网络建设；提升美国互联网隐私保护与安全防护水平，建立增进网络安全和促进全球信任的具体框架；提升宽带等数字基础设施覆盖率，提升民众数字素养，确保户户通网；通过政府支持与激励，建立相关的体制机制，推动数字技术的不断创新。

2016 年 3 月，美国商务部成立了数字经济顾问委员会，组织来自高校、科研院所、金融机构以及数字企业及相关协会等不同机构的成员，就数字经济的定义、规模测算以及数字经济发展过程中出现的问题进行多次研讨，并提出了具有针对性的应对措施，以促进各级政府机构和社会民众充分了解数字经济时代的机遇与风险，引导民众抓住数字经济发展机遇，规避数字经济发展中的问题与风险，让数字经济发展的红利全民共享。紧接着，2016 年 6 月，美国商务部又发布了《在数字经济中实现增长与创新》研究报告，标志着美国数字经济日趋走向成熟。

二、英国数字战略

英国一度在全球数字经济发展进程中处于遥遥领先的位置，特别是在信息社会和电子政务指数发展方面更是取得了突出的成就，时至今日，英国是欧洲数字经济的领头羊，是欧洲数字之都。这主要源于英国政府在数字技术及数字产业发展方面的高度重视，相关政策的大力扶持为其进步发展奠定了坚实的基础，而且发展数字经济不仅帮助英国成功流过了金融危机，也带动英国实现了持续多年的经济平稳快速发展。到目前为止，英国出台了诸多与数字经济发展相关的战略，其中以 2009 年至今的四大战略最为典型。

（一）2009 年发布《数字英国》战略

在2008年国际金融危机的冲击，英国GDP增长同比下滑幅度较大，与此同时，美国等发达经济体数字经济发展风生水起，如果不及时调整经济发展战略，出台数字经济发展相关政策，可能在短期内很难寻找到恢复经济发展的动力。在这样的背景下，2009 年 6 月，商业创新和技能部（BIS）与文化媒体和体育部（DCMS）联合发布《数字英国》（Digital Brtain）白皮书，8 月联合发布《数字英国实施计划》。英国希望通过改善基础设施、推广全民数字应用、提供更好的数字保护，促进经济的长期稳定发展。

《数字英国》拉开了英国数字经济发展的大幕，力图通过提升英国数字基础设施水平，促进数字技术的广泛运用，提高个人隐私数据的保护力度，致力于把英国打造成世界数字之都。其具体包括七个目标：加大全民参与推动数字化进程的力度；提升数字基础设施水平；加大知识产权保护力度，促进技术创新；提升政府公共服务数字化水平；完善数字教育和培训体系；建立国家层面的数字安全战略框架；提升电子政务水平。其把发展经济、社会、文化等领域的数字化进程提升到战略的高度，并提出涉及资金投入、数字基础设施建设以及相关机构设立的一系列政策举措，标志着数字化、发展数字经济在英国第一次以国家顶层设计的形式出现，也标志着英国正式开启了数字经济发展之路。

2009 年 11 月，英国为进一步保障网络安全、促进数字基础设施的不断完善与数字经济的进一步发展，又颁布了《数字经济法案》。正是在《数字英国》的战略指导下，英国在发展数字技术、建设数字基础设施、建设数字社会等领域的资金投入不断加大，为英国此后几年的数字经济发展进程指明了方向，也为英国各领域的数字化特别是政务数字化能够跻身世界前列，奠定了良好的基础。

（二）2012 年发布《政府数字战略》

2012 年 11 月，英国颁布《政府数字战略》，通过默认数字化，政府每年可节省 17 亿 ~ 18 亿英镑。在英国政府发展数字经济相关战略指导下，英国地方各级政府及各行业也纷纷制订了更容易落地的数字经济战略计划安排。例如，苏格兰政府为抓住数字经济时代的机遇，规避数字经济发展进程中的风险，促进其数字经济发展领先地位的确立，发布了《苏格兰战略：苏格兰的数字化未来（2011）》。此外，英国为加大数字技术对传统行业的数字化改造力度，在农业、制造业、服务业等领域也出台了一系列的战略安排。例如，为促进农业、娱乐行业的数字化改造分别发布了《英国农业技术战略》《数字经济行动》等行业战略。为促进银行业数字化进程及数字银行的发展，也提出了相关的政策安排。

（三）2013年发布《信息经济战略》

随着数字经济的不断发展，英国政府又于2013年发布了《信息经济战略》，该战略与《数字英国》计划紧密相连，但又着重于数字、技术与数字产业对经济发展的影响，并通过分析当时英国数字经济发展要面对的机遇与挑战，制定了英国数字经济在短国内的发展目标——旨在建设一个蓬勃发展的信息经济，并设立了四大具体目标：建立一个强大的创新型信息经济部门，并推向全世界；促进英国企业，特别是中小企业积极使用信息技术；保证公民从数字时代受益；从人才储备与基础设施方面保证信息产业的发展，进一步提出繁荣信息经济，增强国家竞争力的愿景。

（四）2014年发布《政府数字包容战略》

2014年4月，英国政府发布《政府数字包容战略》，提出了10个行动计划，以减少人们的上网障碍，让每个人都能获得他们需要的数字技能。

数字包容与数字鸿沟、数字素养等概念密切相关，是当前国际关注的重点。《政府数字包容战略》认为，数字包容就是减少数字排斥，是为了确保人们有能力使用互联网来做一些有益于他们日常工作的事情，无论使用者是个人、中小企业还是其他组织。

（五）2015发布《数字经济战略》

2015年2月，为把英国建设成为未来的数字强国，英国技术战略委员会“创新英国”发布了具有很强战略性与延续性的《英国2015—2018年数字经济战略》，即《数字经济战略》，旨在通过在传统产业领域推动数字化改造与创新，把英国建设成数字经济强国，并在全球数字化革命进程中处于领先位置。该战略明确了五大目标：鼓励企业进行数字化创新，建立以用户为中心的数字化社会，为数字化创新者提供帮助，促进基础设施、平台和生态系统的发展，确保数字经济创新发展的可持续性。

《数字经济战略》倡导通过数字化创新来驱动经济快速发展，并对建设数字强国做出战略部署。无论是促进数字基础设施建设还是促进企业数字化创新，无论是建设数字政府还是加强个人隐私保护，都被着重提出，并且将英国是否能融入数字经济发展的浪潮视为推动持续发展的重要因素。此外，《数字经济战略》也结合英国数字经济发展的实践需求实现了极大的创新。首先，设立了更精确的时间期限，可操作性更强；其次，该战略还提出了一些较新内容，如确保数字经济发展的可持续性、关注日益加剧的数字鸿沟以及物联网和大数据等新技术带来的新机遇等[①]。

（六）2017 年发布《英国数字化战略》

根据网络公开资料，2017 年英国发布了《英国数字化战略》为脱欧后的英国数字经济发展及各领域的数字化转型跻身世界前列做出了重大部署，并提出到 2025 年将数字经济对英国经济的贡献值扩大为 2015 年的两倍左右，凸显出英国在数字经济战略制定及发展数字经济方面的雄心壮志。

具体而言，英国的数字化战略可以被解构成七大子战略：

一是连接战略，促进英国打造世界流的数字基础设施，加快推进网络全覆盖、全光纤和 5G 建设。

二是数字技能与包容性战略，为每个人提供掌握其所需数字化技能的途径，大力推进全民数字素养和数字技能培训，探索建立培育数字技能的更好模式。

三是数字化部门，让英国成为建立并发展数字化业务的最佳平台，投入资金和政策，支持创新和数字创业，促进数字经济增长和创新发展。

四是宏观经济转型，英国政府将通过多种形式、多种渠道帮助每一家英国企业顺利转化为数字化企业，以促进其生产效率的提高。

五是网络空间战略，增强网络安全能力，投资和鼓励网络安全行业

① 鄂尔多斯市畜牧业局达拉特旗农牧业局．数字经济概论[M]．北京：科学出版社，2018.

及人才培养输出，让英国提供全球最为安全的在线生活与工作环境。

六是数字治理战略，深入推进政府数字转型，打造平台型政府，确保英国政府在全球在线民众服务方面处于领先地位。

七是数据经济战略，多种举措释放数据在英国经济发展中的重大潜力，同时加强数据保护和数据开放共享，并提高公众对使用数据的信心。

（七）其他战略及组织保障

数字战略的有效实施，离不开有力的组织保障。长期以来，文化、传媒和体育部是英国数字战略的主要推动者。近年来承担的数字化工作越来越多，甚至占到全部工作量的一半。

1. 成立数字经济理事会

2017 年 7 月，数字经济理事会成立。现由数字、文化、传媒和体育大臣马特·汉考克担任主席，每季度举行一次会议。主要负责整体推动《数字英国战略》。先前成立的数字经济咨询组，每半年举行一次会议。主要负责支持科技部门和创业创新业务，应对脱欧后的挑战和机遇以及《数字宪章》等，定位更加具体。

数字经济发展取得的成绩与英国政府的大力推进不无关系。作为数字战略的核心，数字经济备受重视。

英国在加快鼓励数字经济发展的同时，也十分注重通过立建发展成果和公众的权益。

根据《数字英国》中的建议，英国政府提交了《数字经济法草案》。历经数月讨论，2010 年 4 月英国议会通过《2010 数字经济法》。《2010 数字经济法》补充了英国原有的《通信法》《著作权法》等内容，开启了全球数字经济立法的潮流。

2. 打造分享经济全球中心

英国分享经济发展势头迅猛。2014 年，英国政府在分析评估了分享经济为英国带来的益处和所面临的风险后，决心将英国打造成分享经济的全球中心。

据英国国家科技艺术基金会（NESTA）的报告，早在 2014 年，英国民众对分享经济的参与度就已经处于一个很高的水平，并且具有极大的上升空间。当时已经有 1/4 的英国人参与到分享经济的活动中，且分享经济领域的企业有64%是2010年后成立的。

英国商务部表示，分享经济对英国的贡献远远超出"经济"的传统范畴，分享经济有效地提高了社会闲置资源的利用效率，在创造经济价值的同时，节约了资源，为建设高效、可持续发展的社会经济运营体系起到了重要的推进作用。为大力推进分享经济发展，英国政府出台了众多措施，如2015年颁布了一份有关促进分享经济发展的政府对策；在以利兹市和大曼彻斯特区域为代表的区域试点"分享城市"；建立相对完善的数据收集和统计制度，跟踪分享经济的发展状况；将分享经济纳入政府采购等。

3. 数字金融和数字文化创意领先

在数字经济的其他领域，英国政府也颁布了诸多相关政策，比如，在金融领域，英国央行发行数字货币RSCoin，通过运用最新分簿记账技术创造的数字货币，支持本国经济和国际贸易的发展。英国政府出台举措，以期在未来金融变革中抢得先机，稳固英国国际金融中心的地位。

英国文化产业出口总量全球第二，创意产业人均出口量全球第一。作为传统的文化产业强国，英国文化产业数字化转型也走在世界的前列。例如，BBC（英国广播公司）、《经济学人》《泰晤士报》《卫报》等英国传媒出版巨头，都相继走上数字化道路。大量的数字化产品改变了市场原有架构，数字内容逐渐成为市场的重要构成部分。2012年，英国印刷物销售额降低了1%，但电子书销售额却增长了134%。截至2016年，英国线上媒体用户接近5 000万人，达到总人口的80%。

4. 加强数字经济法律和安全保障

《数字经济法案》助力英国成为"世界上最数字化的国家"。

2010年，英国议会通过了《数字经济法案》。它着重对保护网上著作权、保护个人信息安全、保护网络服务发展等方面进行了法律界定。2015年审议通过了新《数字经济法案》，对上一版《法案》中存在争议的部分进行了完善，并且针对过去5年中数字经济领域出现的新问题进行了补充。英国政府称该《法案》将助力英国成为"世界上最数字化的国家"。有关数字经济的法律不断颁布与更新，让数字企业和用户在享受数字经济带来便利的同时，能够更好地保护自己的权益。

英国政府于2011年启动了为期5年的"国家网络安全计划"（NCSP）。于2016年11月发布"2016—2021年国家网络安全战略"，以加强英国网络安全与能力，表示“英国未来的安全与繁荣建立在数字安全之上”，并计划成立国家网络安全中心（NCSC）。

根据经济合作与发展组织数据，英国安全服务器数量位列欧洲第一，在全球排名中也仅次于美国。英国已经在过去5年为网络安全方面投入了8.6亿英镑。英国财政大臣于2016年底表示，为建造世界级互联网安全，英国还将在未来5年内投入19亿英镑。

（八）英国数字经济发展面临的挑战

脱欧给英国数字经济整体发展带来极大的不确定性。

其一，目前英国所实施或参考实施的大量数字经济政策是在欧盟时制定的，政治环境的变化必然导致政策实施发生变化，尤其在与欧盟成员国在今后的合作中必然出现前所未有的障碍。

其二，脱欧后整体经济环境变化。跨国企业在英国的经营成本上升，传统产业可能发生的变化，都可能影响到数字经济的健康发展。

其三，重要国家机构大规模数字化所面临的障碍，在对国家机构的数字化进行了多年后，英国开始着手对诸如大英博物馆、大英图书馆等大型机构进行彻底的数字化改造，但庞大机构数字化过程将极为复杂且投入巨大，这对经济形式不明朗的英国是个不小的挑战。

总之，很多科技领域的企业都表明了对英国数字化进程在脱欧后的担忧。

英国对数字技术发展做出了重大贡献，在数字科技史上占有重要地位。当前，英国借数字革命的东风，积极打造世界数字之都，取得了卓越成就。展望未来，脱欧阵痛之下，英国数字战略仍面临不确定性的挑战。

三、欧盟数字经济战略

欧盟数字化发展起步较早但晚于美国。欧盟的数字经济政策可以分为以下几个阶段。

第一阶段，1993年，《成长、竞争力与就业白皮书》首次提出欧洲信息社会具体意见，并重点加快网络基础建设。

第二阶段，2000年，“里斯本战略”发布，欧盟委员会提出要在2010年前成为“以知识为基础的、世界上最有活力和竞争力的经济体”，并以电子政务、电子医疗和卫生、电子教育与培训、网络零售四大主要应用为支柱。

第三阶段，以2005年《i2010—欧洲信息社会：促进经济增长和就业》为起始标志。这一战略在“里斯本议程”的基础上有所更新，并开启了新的历程。

第四阶段，是以2010年的“欧洲数字议程”和2015年的“数字单一市场”战略为标志。

第五阶段，2015年5月，欧盟委员会发布《欧洲数字单一市场战略》，实现货物、人员、服务、资金和数据的自由流动，促进欧洲数字经济发展。

（一）20世纪90年代，基础建设阶段

在1993年出版的《成长、竞争力与就业白皮书》中欧洲信息社会建设具体意见被首次提出，强调建设数字社会中数字基础设施的重要性，欧洲社会网络基础设施建设开始加速。到1993年欧盟成立之际，《增长、竞争、就业——迈向21世界的挑战和道路》白皮书发布，提出了创建欧洲信息社会的战略，把发展数字经济提高到战略层面。

1994年3月，由来自通信、电子、信息和媒体等重要企业的负责人组成的欧盟工业与信息技术委员会成立了，研究世界“信息高速公路”建设和发展趋势，并制定欧洲信息社会发展所需的具体措施和相关政策、法规。1994年7月，欧洲首脑会议制定了“欧洲通向信息社会之路”行动计划，1994年底再次重申信息社会建设，提出“欧洲通向信息社会之路”行动方案。

1995年，欧洲首脑会议认识到发展数字经济进程中，数字技术与数字基础设施的重要性，并把发展数字技术、投资兴建数字基础设施作为未来一阶段的重要发展目标。

1997年11月，卢森堡欧洲首脑会议提出通过数字教育、建设数字社会、发展开放式网络等促进就业和经济增长。

1999年在全面分析欧盟国家发展现状以及ICT将对未来社会产生的深远影响的基础上，“电子欧洲2002——面向所有人的信息社会”：第一个信息社会战略诞生，该战略首先重点关注连通性，即为了更廉价、更高速，更安全的互联网连接，并确立了三大目标，还提出相关举措和时间表：一是让每一位公民、每所学校、每家企业都尽快连接到互联网上；二是建立数字知识欧洲，一个有创新观念和投资欲望的欧洲；三是促进社会协调发展，提升消费者信任和社会凝聚力。

（二）2000—2005 年，推广应用阶段

2000 年，欧盟十年经济发展规划“里斯本战略”发布，提出欧盟要通过鼓励面向知识经济的下一代创新，大力推动 ICT 的应用与发展，推动数字社会建设，促进欧盟在 2010 年前成为全球最有竞争力的数字经济体。

在电子欧洲 2002 战略成功实施的基础上，2002 年的“电子欧洲 2005——面向所有人的信息社会”，提出到 2005 年底，实现现代化的在线公共服务、建设有活力的电子商务环境、建设广泛可用的宽带和安全的基础设施，重点关注电子商务环境、在线公共服务及电子包容。通过该战略的实施，至 2005 年底，欧盟互联网普及率为 51%，固定宽带普及率为 12.07%，ICT 产业得到了快速发展，占 GDP 的比重已达 8%。该计划是“里斯本战略”更新后，欧委会出台的第一份政策提案，指出重点关注 ICT 产业，这一产业对欧盟生产率增长贡献达 40%，对欧盟 GDP 增长贡献达 25%。

该计划提出了三个宏观政策目标：

第一，为欧盟的信息社会和媒体行业创建一个开放、稳定的市场，整合数字服务经济，构建无边界的欧洲信息空间。

第二，通过增加对 ICT 研发投入和产业应用推广来鼓励创新。

第三，到 2010 年将建成开放、透明、知识包容的欧洲信息社会。

为实现这些目标，“i2010 战略”还列出了年度行动计划和一系列政策举措：ICT 和媒体融合的单一市场、增加 ICT 研发投资、建立包容的信息社会，缩小信息社会中的贫富差距、发布欧洲数字议程等。

（三）2005—2010 年，更新创新阶段

以 2005 年修订的“里斯本战略”为依据，欧盟突出体现增长和就业目标的第三个信息社会发展战略《i2010——欧洲信息社会：促进经济增长和就业》的发布，开启了数字经济发展的历程。此战略是为推动欧洲数字经济、信息社会发展制定的综合性的五年发展计划，并重点在创造单一的开放市场、加大数字技术研发投资、推动包容性信息社会建设三个领域率先突破，标志着欧盟数字经济发展进入新阶段。

（四）2010—2015 年，单一数字市场阶段

在欧盟第三个信息社会发展战略“2010 倡议”即将完结之际，2010 年 3 月，欧盟又现出以促进智慧增长、可持续增长、包容性增长为目标的第二个 10 年规划“欧洲 2020 战略”，其中，2010 年 5 月推出的“欧洲数字化议程”是“欧洲 2020 战略”七大旗舰计划中第一个付诸实施的倡议，此外，里面还提出了建立一体化的数字市场，改进 ICT 标准，增强网络安全，实现高速和超高速互联网连接，促进 ICT 前沿领域的研究和创新，提高数字素养、数字技能和数字包容，利用 ICT 产生社会效应七个优先发展领域及其行动方案，协助欧盟在新一轮经济危机中能够抓住机遇、找到经济增长突破口。

（五）2015 年以后，自由发展阶段

单一数字市场已取得不少成果，包括运营商经过协商谈判已经在跨网运营成本、阶梯流量等技术问题上达成一致意见。欧盟有能力在全球数字经济中领先，但潜力没有得到充分发挥，欧盟委员会强调数字技术向传统领域的渗透、融合、改造与创新发展，力求打破欧盟不同成员间的市场隔阂，推动不同成员之间的资源整合与政策统打造促进商品、货物、服务、人员及数据自由流动的大市场。

为解决欧盟内部数字经济发展不均衡、整体活力不足、欧盟境内的数字市场壁垒等问题，欧盟委员会在 2015 年通过了成为欧盟数字经济发展关键抓手的《数字化单一市场战略》决议，创造有利于数字经济繁荣发展的良好环境，使数字经济的增长潜力得以最大限度发挥，并提出三大支柱：创建促进数字经济发展的大环境、挖掘数字经济发展的巨大潜力为民众提供优质的数字产品与服务，并计划在 2016 年底完成，同时，消费者和个人数据还能受到极大的保护。于 2016 年审议通过的直接适用于欧盟各成员国、堪称史上最严格的数据保护条例《一般数据保护条例》，已取代 1995 年发布的《欧盟数据保护指令》，并在 2018 年生效。该条例作为欧盟对个人隐私数据监管与保护的基本法律获得通过，意味着欧盟对隐私保护的力度又达到了新的高度。

欧盟委员会于 2018 年 3 月公布数字经济公平税收的新规则，对数字活动的某些收入征收临时税，赋予数据主体一系列强大的权利、惩罚

力度空前提高、要求加强组织建设。

欧盟应充分利用自己的优势，在新的时代形成自己的发展特色、争取更大的发展空间，提升国际竞争力，真正带来经济繁荣和安居乐业。

四、亚洲国数字经济战略

（一）日本数字经济战略

根据与日本数字经济发展相关的公开资料，日本提出数字经济发展相关战略要滞后于欧美国家，所以在数字经济发展方面位于全球第二梯队。作为数字基础设施的领先国，日本提出要建设世界上最先进的 IT 国家，但又不同于中美两个大国注重数字基础设施建设的均衡发展，日本在数字经济发展进程中更强调数字基础设施的到达能力，所以在数字基础设施中更注重“管”的部署。日本早在 2004 年就提出以发展泛在网络为目标的 U-Japan 构想，2009 年 7 月，提出《i-JAPAN 战略 2015》，旨在提升基础设施数字化水平的基础上，促进数字技术在传统产业各领域及社会各层面的广泛运用，建立充满活力与创新的数字化日本，并强调在电子政务、教育医疗、人力资源建设三个优先领域实现数字化发展。

之后日本数字经济发展方面的成果有目共睹，根据相关资料数据，日本不仅在数字社会、电子政务、数字政府发展方面居于亚洲第一梯队，在数字基础设施方面，其在线服务器数量达到 164 万台，远高于新加坡和韩国，接近中国的 1/3，而且物联网在线服务器也超过 20 万台，近几年日本把推动以物联网建设为主的数字基础设施建设上升到重要的国家战略高度，预计日本数字基础设施水平及数字经济发展程度将再上台阶。

（二）韩国数字经济战略

根据网络上与韩国数字经济发展相关的公开资料，韩国数字经济发展战略与日本类似，不仅制定数字经济发展战略时间落后于欧美国家，而且与日本一样都是通过提升数字基础设施水平来促进数字经济的进一步发展。虽然韩国在 20 世纪 80 年代就启动了国家基础信息系统工程，但在 90 年代中期才启动信息高速公路建设计划，并出台了促进信息化基本法，投巨资建设信息基础设施工程，加大力度发展数字基础设施。到 90 年代末期，韩国实行网络韩国 21 世纪计划，在 2001 年又提出信息化村建设，2004 年韩国信息通信部为规划建设无处不在的网络韩国，又发布了“IT-839 计划”，成立 U-Korea 规划小组，旨在通过促进智能互联网络的投资、布局与建设，创建最先进的数字基础设施环境，促进最新数字技术的大规模应用，建立无所不在的信息与数字化社会。在 2008 年金融危机后，韩国发布了《国家信息化基本规划》和《国家信息的实施规划（2009—2012）》，又于 2009 年发布 IT 韩国未来战略，通过了《物联网基础设施构建基本规划》，力求构建全球领先的数字基础设施。在一系列战略政策的指导下，韩国也率先将 LTE（Long Term Evolution，长期演进）网络覆盖率、移动宽带覆盖率提升到接近甚至超越覆盖全境水平，但可能过于注重宽带覆盖率的提升与在数字基础设施的建设，在云计算、消费互联网、智能终端设备的投资及运用发展方面仍略将显不足。

（三）新加坡数字经济战略

自从 1965 年独立以来，新加坡用几年的时间就从一个国土面积仅约 720 平方公里、经济基础较为薄弱、资源相对贫乏的小岛屿，迅速跃升成为全球数字技术、数字基础设施、数字社会与电子政务发展、数字政府建设等数字经济多领域数字化水平遥遥领先的国家。这些不仅为新加坡创新竞争力的提升提供了良好的基础，并已经成为推动新加坡持续健康发展的主要动力，在世界经济论坛发布的 2016 年全球信息技术发展报告与全球竞争力报告中，新加坡的竞争力位于全球前三、亚洲第一的位置。

新加坡之所以能取得这么突出的成就，主要得益于数字技术、数字基础设施及数字经济发展的起步要早于欧美国家，而这又与新加坡政府对数字经济发展的前瞻性规划与政策大力推动息息相关。新加坡政府在推动数字经济发展与智慧岛建设进程中，除了建立起强有力的组织与管理体制、完善相关的法律体系建设外，更重要的是进行具有战略眼光、清晰的前瞻性顶层规划与设计，重视数字基础设施建设的基础作用，并在推动智慧岛建设中执着坚持政府引导与带头作用，促进全民参与、协同推动数字化进程。正是在这一系列战略政策的推动下，新加坡才在数字经济、数字社会、数字政府建设等各领域取得了全球领先的巨大成就,未来新加坡的数字化水平也将进步提升。

新加坡信息化建设方面一直引领全球发展,到了2014年,新加坡公布了最新的战略“智能国2015”计划的升级版:“智慧国2025”计划,设计了全球首个智慧国家蓝图,希望通过连接所有的智能终端设备,实现万物互联互通,使民众的工作、生活更加便利,并在2025年建设成为世界上第一个智慧国家,实现从原来强调智能机器作用的智能城市,向现在数字技术运用的基础上,充分发挥人的创造性,实现更为科学与精准决策的智慧国家跨越。

新加坡智慧国家理念的核心是三个c:连接(connect)、收集(collect)和理解(comprehend)。智慧国家平台的第一个阶段以“连接”和“收集”为核心,计划于2015年完成。“连接”就是数字基础设施的互联互通,其目标是为民众提供较高数字化水平的全国互联互通的数字基础设施;“收集”指的就是对相关数据的收集,具体是指通过传感器、无线射频识别等数字技术,从万物互联的智能终端设备获取所需的实时数据,并对相关数据进行筛选、加工、整理;“理解”就是要对采集到的数据进行加工、整理、分析,并进一步转换成有用的信息,更好地预测民众的需求、科学地指导相关决策、为民众提供更好的服务,并建立面向公众的有效共享机制。可见,连接、收集和理解,就是要在提升数字基础设施水平,实现人与人、人与物、物与物万物互联的基础上,通过物联网、传感器等实时收集相关的行为数据,并在对这些数据进行筛选、加工、整理与分析的基础上,更好预测社会民众的广泛需求,做出科学合理的决策,提供更高效的政府服务。

五、国际组织数字经济战略

全球范围内数字经济的快速发展符合市场经济的基本规律,但也依赖于全球对数字经济发展的战略与政策保障。

(一)世界银行

随着数字技术的不断发展,世界银行近年来把发展数字经济作为一种重要手段来促进全球脱贫、就业与经济持续增长。近年来世界银行投资的项目中,一半以上涉及数字技术与数字经济,特别是2016年发布以“数字红利”为主题的年度旗舰报告，强调数字技术对经济增长环境、公共服务效率以及全球公平性的重要性，并强调只有通过促进数字技术投资改革，加大数字技术投资力度，才能够获得就业增加、经济发展与服务水平提升等数字技术红利。

（二）世界经济论坛

世界经济论坛在促进数字经济发展方面也做了诸多工作。其认识到第四次工业革命的到来将会引发劳动力市场的巨大变革：未来传统职业的消失与新兴职业的产生将会成为第四次工业革命需应对的真正挑战。基于此，2016 年 1 月世界经济论坛发布《未来就业报告》，探讨第四次工业革命下的就业、技能和劳动力战略，以实现数字经济的快速发展。2016 年 3 月发布的“E15 项目”，提出开展数字经济与数字贸易研究、开启相关规则谈判及国际合作的建议。2016 年 7 月，世界经济论坛发布《2016 年全球信息技术报告——数字经济时代推进创新》报告，指出数字技术与数字经济成为第四次工业革命中的中坚力量，民众的未来取决于其数字素养与数字技能的提升程度。基于第四次工业革命在重塑经济、技术和社会环境过程中给人类社会带来的负面效应与正面效应并存，为充分降低负面效应，提升正面效应，扩大包容性影响，2017 年 6 月世界经济论坛上，2 000 多位专家、学者、商业领袖齐聚大连，召开新领军者年会，并将主题定为在第四次工业革命中实现包容性增长。随着第四次工业革命的到来，新型商业模式和突破性技术不仅将颠覆过去 250 余年前三次工业革命下的行业运转、企业设计、生产方式和消费者使用产品与服务的方式，也将改变人们的认识、行动方式、创造社会价值的方式及对人类与社会结构的定义。在此背景下，中国凭借大规模研发、高水平的国际专利申请以及灵活的数字生态系统，涌现出许多在云计算、大数据以及人工智能领域的发展达到国际水平的创新创业公司，不断推动数字技术的突破与创新，成为第四次工业革命新时代的领军者之一。基于此背景，世界经济论坛于 2017 年月在汇泉先进制造业、创业及技术先驱的中心城市深圳召开商业两章会议，以第四次工业革会中实现弯道超车为主题，探索中国数字经济发展的愿景与数字技术解决方案。

（三）经济合作与发展组织

经济合作与发展组织非常重视全球数字经济的发展建设，各国政府着手应对互联网、大数据、人工智能、物联网、云计算等数学技术及数字基础设施投资放缓的问题，消除数字技术创新的规则束缚与制度障碍，加前快扶持数字技术的发展，提高数字基础设施投资水平，缩小数字鸿沟与数字经济发展的缺口，弥补国家在数字技术与数字经济发展方面的短板，促进在发展数字经济过程中蕴含的巨大经济和社会效益的不断提升。

2015 年 7 月，经济合作与发展组织出版的《数字经济概览：2015》一书认为，数字经济的潜能和数字经济概论未充分展现，各成员要把发展数字经济上升到战略层面，并提出了具体的政策建议。经济合作与发展组织在《数字经济展望 2016》报告中指出：截至 2015 年，80% 的成员都制定与构建了数字经济国家战略框架，其他国家也大多在考虑制定相关的故略与政策。在 2016 年 6 月召开的经济合作与发展组织部长级会议上，增强全球连接、促进数字经济创新、互联网安全，增强人们对数字经济信任、提升对数字经济的需求、促进数字经济下创业就业、培养数字技能等与数字经济相关的内容成为各国部长和其他高层利益相关者探讨的重要议题。

2017 年 7 月，经济合作与发展组织贸易政策论文《数字贸易——制定分析框架》发布，认为通过在线平台、数字交付、数字连接可创造更大的实体交易量，数字技术与数字化不仅正在改变人们交易的渠道，也正改变着服务的生产和交付方式。文中认为虽目前没有准确的数字贸易定义，但数字贸易的基础是数据的流动，数字贸易一定包含通过数字或物理方式提供的商品和服务贸易中的数字化交易，在数字经济下数据作为一种生产资料，其本身也可以作为服务交易的资产与全球价值链的组织方式，数据流动本身也构成数字贸易的重要部分。此外，文中在探讨数字贸易的定义的基础上，还提出了种可用于分析数字贸易问题的试探性框架，进面有助于人们理解、识别、分析与数字贸易相关的问题，并提出解决数字贸易引发的相关问题的政策框架。例如，如何更好衡量数字贸易，如何完善数字贸易统计体系与行业分类体系；数字贸易等新型贸易方式引发的关于传统贸易规则适用性的问题该如何解决；数据流促进数字贸易增长的作用机制以及如何确保数字贸易的利益在国家内部与不同国家之间公平分配等问题。

2017年10月,经济合作与发展组织《数字经济展望2017》报告发布,审查并记录了数字经济中的演变和新出现的机遇与挑战,突出了经济合作与发展组织国家和伙伴经济体如何利用ICT和互联网来实现其公共政策目标;并通过比较不同经济体的数据,为政策制定者提供监管实践参考和政策选择,以帮助其最大限度地发挥数字经济在推动创新和包容性增长过程中的潜力。

(四)亚太经合组织

亚太经合组织多年来一贯重视数字经济与数字贸易环境建设。在2002年第十次领导人非正式会议上通过的《关于执行APEC贸易和数字经济政策的声明》中就指出,要通过制定全球性的数字经济与数字贸易政策框架,促进良好的全球数字经济与数字贸易发展环境建设,并在部分成员方率先实行,再逐步扩展到整个亚太地区。2010年的亚太经合组织部长级会议再次强调了发展数字经济的重要性,并指出各国都要更加全面地研究数字经济政策以及与数字经济发展相关的规章制度,只有这样才能更好地推动成员方支持数字技术创新,并不断提高数字技术发展的经济效益和社会效益。

2015年12月,亚太经合组织发布《PEC基于信息技术的创新服务链研讨会》报告介绍了2013年2月在中国举办的亚太经合组织研讨会内容,缩小亚太经合组织经济体之间的经济差异,创造更好的质量和生产性就业机会,推动基于信息技术的创新服务链目,旨在建立创新服务链支持各经济体之间的经济和技术合作提供手段。

2014年12月,亚太经合组织发布《通过亚太伙伴关系缩小数字鸿沟》报告,强调使人们克服因年龄、性别、健康、社会或教育状况而受到的限制,并享受数字化带来的好处,缩小亚太经合组织地区的数字鸿沟。

2016年11月,亚太经合组织出版《APEC区域趋势分析(重新思考数字时代的技能发展)》,强调数字技术使家庭和使用它们的公司受益,数字技术使用与GDP增长之间具有统计显著性和正相关性,但数字技术与就业之间没有明确的关系。在数字时代,需要重新思考教育和培训以及劳动与社会保障政策。此外,数字技术对区域合作也至关重要,要协调不同地区的政策和法规，促进信息共享和相关设施建设。

2017 年 4 月，亚太经合组织出版《促进包容性增长的数字贸易：提升 APEC 数字贸易的关键问题》，强调与工业革命一样，互联网和数字革命彻底改变了世界，但数字时代新出现的政策问题，可能会破坏互联网的有用性并阻碍其增长，因此尤其需要亚太经合组织政策制定者的关注。此外，还讨论了数字贸易带来的机遇和挑战，以及包括物理基础设施在内的数字经济增长推动因素。

（五）全球移动通信协会

全球移动通信系统协会认识到，随着数字技术革命进一步加速，大数据、云计算、人工智能和物联网等新兴数字技术均已在全球及各地区层面对人类的生产、生活产生了极其深远的影响，不仅促使众多传统领域实现数字化改造甚至彻底被数字化颠覆①，同时也给人们带来巨大的社会和经济效益，基于此，全球各国、各地区只有尽早制定前瞻性的数字经济发展战略及相关政策，才能够有效应对数字技术对经济社会各领域的冲击与影响，才能让所有民众、企业和整个社会享受到数字经济发展的红利。此外，全球移动通信协会也鼓励各国政府通过制定刺激数字经济投资和促进数字经济发展的战略与政策框架，为第四次工业革命和数字经济发展做好应对筹划与战略安排，此外，还强调在充分激励各国数字经济快速发展的同时也要强化对政府不作为风险的认识，呼吁各国政府为广大社会民众建设一个更加包容、更加普惠的数字化社会。

（六）二十国集团

二十国集团是一个国际经济合作论坛，其宗旨是在经济合作与发展等一些实质性的问题方面，促进发达国家和新兴经济体之间展开开放式的讨论与交流对话，进而寻求促进国际开放和合作的渠道与途径，促进全球经济沿着可持续健康发展的轨道再上台阶。

二十国集团领导人在 2015 年 G20 安塔利亚峰会上，就意识到数字技术与数字经济对全球经济增长的重要性，并在 2016 年的 G20 杭州峰会上，就将数字经济列为创新增长的重要议题，并对数字经济促进全球

---

① 赵立斌，张莉莉．数字经济概论[M]．北京：科学出版社，2020．

经济包容性增长的重要性以及如何应对数字技术发展过程中的挑战做了深刻探讨，并发布了《G20 数字经济发展与合作倡议》，首次对数字经济的定义及其他相关问题做出明确的鉴定与表述。

2017 年 4 月，在德国举行的二十国集团数字化部长会议对数字经济未来发展做出展望，并发布了《G20 数字经济部长宣言》主报告以及《数字化路线图》《职业教育和培训中的数字技能》《G20 数字贸易优先事项》分报告，其中主报告《G20 数字经济部长宣言》认识到数字技术以及传统产业数字化在创造经济繁荣、促进包容性增长和经济全球化发展方面的潜力，指出提升数字基础设施水平至关重要，要加快安全的网络基础设施建设，构建安全的网络环境，促进互联互通；强调 ICT 作为当今数字经济支柱的重要性，要推动融合应用创新与传统产业数字化转型；指出要推动包容性发展，呼吁缩小当前存在的数字鸿沟；提出要加强数字经济治理，完善数字经济对话协商与国际合作交流机制。

分报告《数字化路线图》为数字化过程中的数字基础设施建设、促进生产数字化转型，弥合数字鸿沟、衡量数字经济等 11 个关键问题提供了解决方案；分报告《职业教育和培训中的数字技能》指出数字技能已成为驱动创新、促进增长的重要推动力，在发展数字经济的过程中要重视数字技能欠缺对可持续发展带来的影响，要促进数字技术在中小学教育以及非正式教育中的使用，提升数字素养。

2017 年 7 月，二十国集团德国汉堡峰会通过《塑造联动世界》公报，指出数字化转型在促进全球包容、普惠、创新与可持续发展中的重要作用，并强调充分发挥数字化的潜力，还可结合全球发展差距，促进经济全球化进一步发展。故公报建议营造数字经济发展的有利环境，促进数字技术与数字基础设施投资和创新；通过教育与职业技能培训等提升全民数字素养和数字技能，缩小数字鸿沟；在促进相关数据自由、充分流动的基础上，也要加大对数字知识产权与个人隐私数据的保护力度，让民众树立起对发展数字技术与数字经济的信任度；建设性地参与国际组织相关论坛关于电子商务、数字贸易及相关规则制定等议题的讨论，促进数字贸易的快速发展与数字经济的持续增长。

（七）国际电信联盟

国际电信联盟是主管 ICT 事务的联合国机构。与其他联合国机构不同的是,国际电信联盟既有公共部门成员,也有私营部门成员。除193个成员方以外,国际电信联盟成员中包括ICT监管机构、领先学术机构和大约700家私营公司,在如今连接日益紧密的世界中,国际电信联盟成为在此生机勃勃、迅速发展的行业中首屈一指的全球性组织。国际电信联盟致力于联通世界各国人民,无论身处何方,处境如何,要保护并支持每个人的基本通信权利,其通过划分全球的无线电频谱和卫星轨道,制定技术标准以确保网络和技术的互联,并努力为世界欠发达社区提供ICT接入,目前凭借全球成员的带动,国际电信联盟以高效、安全、方便和负担得起的方式,让每个人都成为现代通信技术的受益者。

国际电信联盟有关ICT的出版物,专业性很强、独具特色且内容可靠,包括报告、软件和数据库,主要介绍ICT政策、ICT发展以及ICT市场分析、ICT统计数字、ICT指标和ICT趋势以及ICT相关大会的会议记录,特别是近年来连续出版的信息社会发展报告及开发的相关数据库成为数字经济研究者的必备资料。

(八)联合国经济和社会事务部

数字技术越来越多地被政府用来改善对灾害和其他冲击的反应,以提高社区的适应能力,与此用时,ICT的发展又增加了一个新的脆弱性层面,这就要求政府并不总是具备创业能力的其他地区增强抵御能力。为预测灾害及应对数学经济的冲击,并降低其负面影响,联合国经济和社会事务部公共行政与发展管理专门开展联合国电子政务调查的相关研究,从2000年起基本每隔两年就发布一份联合国电子政务调查报告,统计全球不同区域、不同国家甚至不同城市的电子政务发展指数,引导各国政府采取政策和措施,加强抵御灾害及数字经济冲击能力,并帮助受冲击影响最大的国家实现可持续发展目标,呼吁各国政府在与私营部门密切合作的同时,设法确保数字卫生等在线公共服务的良好标准。

(九)国际货币基金组织

2006年11月,国际货币基金组织发布了《金融发展,资本市场结构和全球数字鸿沟》的文章,发现金融发展在知识产品市场中的作用,导致其成为ICT发展的重要决定因素,意味着金融市场不发达的国家可能在ICT的使用方面也落后。文中利用1990—2003年76个新兴国家和发达国家的面板数据,发现信贷和股票市场的发展趋向于促进 ICT 的发展,进而解释了金融发展和金融结构在 ICT 跨国传播中的作用,但也说明金融结构似乎与 ICT 发展没有任何重大关系。

2017 年 1 月,《公共财政的数字革命》出版, 该书认为数字化有望通过改变政府收集、处理、分享和处理信息的方式来重塑财政政策。更多和更高质量的信息不仅可以改善税收和支出的政策设计,还可以改善税收管理、公共服务管理、社会计划的管理、公共财务管理等管理系统。各国必须制定自己的政策路线,以有效应对制度和能力限制、隐私问题以及欺诈和逃税的新途径等风险与挑战。

近年来,国际货币基金组织也从事着大量与数字经济有关的重要活动:调查数字化对财政政策的潜在影响、继续研究数字经济的衡量问题、制定数字时代的数据和统计总体战略、启动数字化平台建设和制定数字战略工作。

(十)联合国贸易和发展会议

数字技术具有改变国际化生产、全球贸易和国际金融的巨大潜力。联合国贸易和发展会议从 2005 年开始直到 2017 年,几乎每年都会发布《信息经济报告》,每年关注与数字经济发展相关的主题,从 2005 年关注电子商务和发展,到 2007 年关注 ICT 对发展的促进作用,到 2012 年关注软件产业和发展中国家,而到了 2017 年关注数字化、贸易和发展。《信息经济报告 2017》认为,随着人类步入数字经济时代,数据处理、传输、加工、分析和使用的成本不断降低与数字化能力的不断提升,全球的经济活动正在发生改变。报告主要研究了数字经济发展过程中数字化对全球贸易和生产价值链的影响,对发展中国家既是机遇也是挑战。而且不同国家数字化转型的速度存在差异,所以各国都要对多个领域的现行法律、监管框架和相关政策进行调整。此外,联合国贸易和发展会议发布的世界投资报告近年来也开始关注数字经济的问题,数字经济正在成为全球经济增长的新动力,其不仅从根本上改变着跨国公司国际体化生产、营销及贸易的方式,对东道国的经济发展也具有潜移默化的影响,所以数字经济的发展不仅关系到某种技术或某个企业,而且会影响到全球价值链的数字化,这不仅为全球包容性和可持续发展带来了诸多新机遇,同时也带来了各种严峻的政策挑战。

第三章　数字经济下的产业变革

当前，我国数字经济与经济社会各领域融合的广度和深度不断拓展，数字经济正在成为引领各地区（区域）培育现代化经济体系新动能和推动实体经济转型升级的重要新兴力量。

第一节　数字经济下制造业的变革

数字经济时代给制造业带来的变革，就是“新制造”将兴起。而数字经济是新实体经济，最突出的表现就是数字经济所带来的新制造。

一、制造业的未来是智能化

“新制造”是指应用互联网、IoT（物联网）、云计算和大数据等新一代信息技术，以用户需求为出发点提供个性化、定制化的产品和服务的生产制造模式。通俗地讲，就是用“新的制造方式”生产“新的产品”，提供“新的服务”。

（一）新的制造方式

用IoT、移动互联网、机器人等技术配合精益管理方法实现智能制造、个性化定制和柔性化生产。例如，家具企业索菲亚通过引入德国豪迈柔性生产线，配合3D设计、条码应用技术、数据库等软件技术建设了亚洲最大的柔性化生产线，实现了订单自动拆解、自动开料、封边和装配。东莞的共创服装厂是一家小型企业，则主要通过精益生产、单元式生产、供应商协同等管理方式变革实现了小批量、多款式、快速生产的提升。

（二）新的产品，即智能化的产品

新的智能化产品嵌入传感器等数据采集装置，不断采集用户使用信息、设备运行数据到云端，实现对用户行为和设备运行情况的管理。例如，阿里巴巴与上汽携手打造的互联网汽车——荣威 RX5，搭载了 YunOS 操作系统并实时联网。用车过程中产生的驾驶行为、个人喜好、车况等其他数据，通过 4G 网络上传到云端，通过算法优化再对用户进行相关推荐。汽车账号体系与支付宝账号打通，成为后者的一个新入口，其方式可以是汽车 + 保险、汽车 + 销售、汽车 + 维修等。

（三）新的服务

新的制造方式催生出研发、设计、软件服务等生产性服务；智能产品采集的数据，会形成数据服务，包括远程设备管理维护、用户数据服务等。

新制造是嵌套在整个 C2B 商业模式中的，与新零售是紧密联系在一起的。没有新零售就没有新制造。C2B 包括客户定义价值 + 个性化营销 + 拉动式配销体系 + 柔性化生产四个部分（图 3-1）。

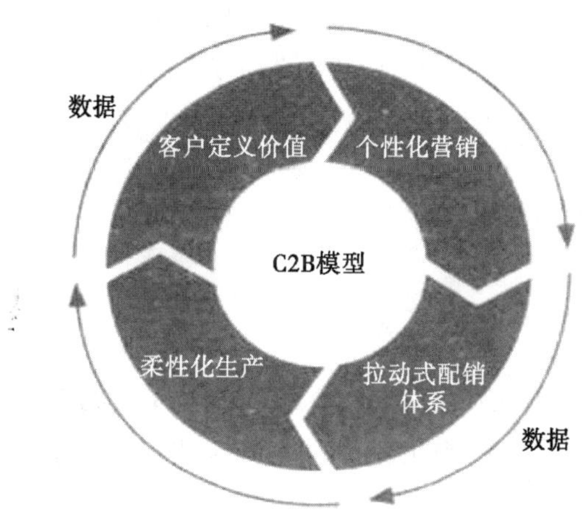

图 3-1　C2B 模型的内容

其中，新制造以客户驱动，数据全流程贯通，个性化定制、柔性化生产为主要特征。

二、数字经济推动“新制造”出现

“新制造”的出现有两大背景。其一，消费者主权崛起、个性化需求越来越旺盛。如《商业周刊》的一篇报道所述：“在20世纪五六十年代，整个美国都是一幅千篇一律的景象，不仅背景大同小异，人们的愿望也大同小异。美国人最大的理想就是与同一层次的人看齐：不仅仅是赶上同层次的人，还要与同层次的人一模一样——拥有同样的汽车，同样的洗碗机，同样的割草机。而产品丰裕度在20世纪七八十年代显著上升后，情况彻底改变了。我们从‘我想做正常人’转向了‘想与众不同’。”这种个性化消费的浪潮，近年来在中国也已经大量出现。今天的中国，已经是一个消费快速升级的社会，也是一个消费需求日益多样化的社会。比如，时装要求体现自己的个性，家具要匹配主人的喜好和户型，汽车要按照自己的需求来配置。个性化需求的大规模崛起要求供给侧能够给予满足。

其二，互联网、IoT、网络协同等技术的普及，首先使得设备之间、工序之间，甚至工厂之间、市场和工厂之间的联网轻而易举，市场需求、生产、物流数据可以非常便捷地在市场主体之间自由流动。数据的自由流动和产业链上下游紧密合作是产业变革的基础。例如，在大部分的工厂内部，ERP（企业资源计划）与MES（制造执行系统）都是两套系统，各自为政。产能情况、订单进度和生产库存对ERP来说只是“黑箱”作业。

三、新制造与传统制造的区别

（一）商业模式不同

传统制造局限在B2C（厂商主导）的模式之下，生产什么，生产多少，何时生产，都是由厂家决定的，追求的是标准化、规模化、低成本。

新制造是C2B模式的其中一环，生产什么，生产多少，何时生产，全部由市场需求决定，追求个性化、高价值。新制造的生产体系能适应多品种、小批量、快速反应的生产要求。

（二）技术基础不同

传统制造是第二次工业革命的产物，以公用电力为主要能源，以自动化设备的流水线生产为主要特征。

新制造以IoT为主要技术基础，以数据为主要供给能源，以柔性化的智能制造为主要特征。以一支高尔夫球杆为例，如果我们在球杆中加入传感器，就能够记录下消费者的每一次挥杆的力度、击球的位置等。成千上万的数据汇聚在云端做深度分析，来帮助工厂改善它们的生产制造和开发新的产品；同时，我们可以针对这个消费者进行智能化的服务，帮助他的训练和纠正不好的使用习惯，提升球技。

（三）价值不同

传统制造和研发、营销、服务分离，位于价值链的低端。

新制造将研发、营销和服务融为一体，通过生产服务化、产品智能化、服务数据化，大大提高了生产制造的价值含量，改变了微笑曲线的形状。

四、制造业变革

（一）数据驱动的制造业变革

大数据、云计算等新一代信息技术的崛起，使人类社会从IT时代向DT时代转变。大数据在深刻改变生产生活的同时，也促使制造企业的经营管理发生了重大变革。

和IT时代的传统制造业所不同的是，DT时代的制造业更加注重创新、创造，人类智慧的作用能够得到进一步的体现，利润获取回归到价值创造本质。DT时代将涌现大量的新模式、新业态，机器将被赋予和人一般的思考与决策能力，成为人类生产生活的绝佳伙伴。

随着互联网、物联网、云计算等信息技术迅猛发展，很多行业都涌现出大量数据，对于身处其中的企业来说，这既是机遇，也是挑战。近年来，由于智能化技术的迅速迭代，制造业企业的日常运营活动对大数据产生了较强的依赖（图3–2）。当前，制造业的整个价值链、产品的整个生命周期都会产生大量数据，同时，制造业企业的数据量仍在迅猛增长。

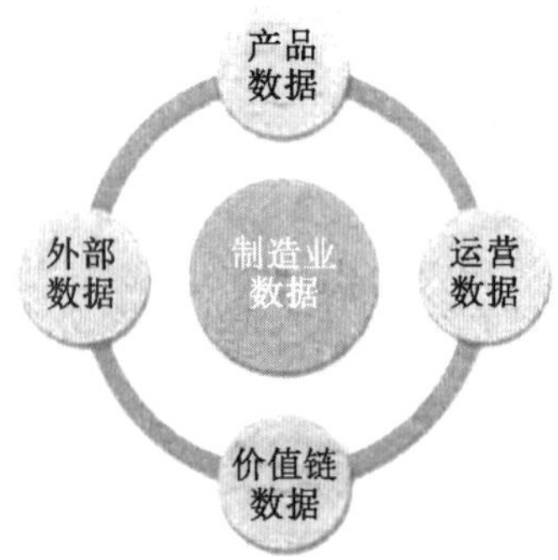

图 3-2　制造业数据的主要来源

制造企业需要管理多种多样的数据，其中包括很多结构化数据和非结构化数据。

（1）产品数据：具体包括产品设计、建模、生产工艺、产品加工、产品测试、维护数据、产品结构、零部件配置关系、变更记录等数据。

（2）运营数据：具体包括组织结构、业务管理、生产设备、市场营销、质量控制、生产、采购、库存、目标计划、电子商务等数据。

（3）价值链数据：具体包括客户、供应商、合作伙伴等数据。

（4）外部数据：具体包括经济运行、行业数据、市场数据、竞争对手数据，等等。

在网络协同环境下，企业在推出大规模定制之后需要实时从网上获取消费者的个性化定制数据，发挥网络的协同作用，对各方资源进行优化配置，对各类数据进行有效管理。

1. 数据驱动的大规模定制

对于制造业来说，大数据是其实现大规模定制的基础，其在制造业大规模定制中的应用包括数据采集、数据管理、智能化制造、订单管理、定制平台等，其中定制平台是核心。定制数据达到一定规模就能实现大数据的应用。企业通过对大数据进行挖掘、分析，可对流行趋势进行有效预测，实现精准匹配、社交管理、营销推送等多种应用。同时，通过大数据挖掘，制造业企业还能开展精准营销，使物流成本、库存成本、资源投入风险均得以有效下降。

大数据分析可提升企业的仓储、配送及销售效率，减少库存，降低成本，优化供应链。同时，制造业企业还能利用销售数据、传感器收集到的数据、供应商数据对不同市场上的商品需求做出精准预测。企业可通过这种方式实时监控商品库存与产品销售价格,因此可以在很大程度上降低成本。

从本质上看,工业 4.0 是利用信息物理系统(CPS)构建智能工厂,让智能设备利用经过处理的信息自我调整,自行驱动组织生产,直到将产品真正生产出来。由此可见,智能工厂让制造业大规模定制有了落地实现的可能。

为了满足消费者的个性化需求,一方面,制造企业要为消费者提供符合其需求的产品或服务,另一方面,制造企业要为消费者提供个性化的定制服务。因为消费者数量比较多,且需求各有不同,再加上需求不断改变,这些数据汇聚在一起就形成了产品需求大数据。

消费者与制造企业之间的交互行为也会产生大量数据,对这些数据进行挖掘和分析,可以让消费者参与到产品需求分析、产品设计等活动中来,真正实现产品创新。企业只有做好数据处理,将处理之后的数据传输给智能设备,然后对数据进行挖掘、分析,指导设备进行优化调整,才能真正实现定制化生产,输出能满足消费者个性化需求的产品。

2. 新一代智能工厂

为了满足消费者的个性化需求,传统制造业必须改变现有的生产方式与制造模式,对消费过程中产生的数据与信息进行充分挖掘。同时,非标产品在生产过程中也会产生大量数据,企业需要对这些数据及时进行收集、处理、分析,用处理结果对生产活动进行指导。

以互联网为媒介,这两类大数据信息在智能设备间流通,企业利用智能设备进行分析、判断、决策、调控,然后组织开展智能生产,最终生产出能够满足消费者个性化需求的产品。从这方面来说,智能工厂是在大数据的基础上建立起来的。

智能工厂中的大数据是在信息与物理世界的交互作用下产生的。在引入大数据之后,制造业迎来了一个全新的变革时代。以过去制造业生产管理的信息数据为基础,以物联网为依托实现物理数据感知,企业建成生产数据私有云,推动制造业在研发、生产、运营、销售、管理等均发生了巨大变革,加快了制造业的发展速度,提升了生产效率,增强了自身的感知力、洞察力。

（二）基于新制造理念的模式创新

新制造还有巨大潜力尚未被挖掘出来，正是基于这一点，如果将制造企业所有设备、生产线的数据全部打通，让它们全部实现智能化，就能使制造企业的价值创造模式发生根本性变革。除此之外，新制造的竞争力来源于其背后蕴藏的创造思想、体验、服务能力，而不是制造本身。

1. 按需定制

传统制造业是由厂商根据往期的订单情况制订销售计划。在这种模式下，厂商和消费者之间存在大量中间环节，很难了解用户的真正需求。随着生产力的不断提升，以及越来越多的创业者与企业进入制造业领域，行业面临严重的产能过剩问题。而新制造将由用户主导，从 B2C 模式转变为 C2B 模式，让厂商能够和用户无缝对接，基于用户需求与数据分析按单生产，满足用户个性化需求的同时，为自身创造更多的利润。

2. 云上大数据

未来的制造业是由数据驱动的，数据将成为不可或缺的重要生产资源。当然，想要充分发掘数据潜在价值，就要将大数据与云计算技术充分结合起来。推动传统制造业变革已成为中国、美国、日本、欧盟等经济体的重要战略，企业要充分利用数据来推动制造流程的精细化管理，促进生产线的柔性化、数字化、智能化。

对企业而言，发展新制造，打破数据孤岛是关键。传统制造企业内部以及上下游企业之间各系统处于封闭状态，缺乏统一的数据采集、存储、分析及应用标准，难以实现数据资源的高度整合与共享，不能实时了解生产线设备运行状况、库存信息、销售状况等，无法及时制定科学合理的经营管理决策，增加了企业经营的风险。

而转型新制造后，制造产业链中的商流、物流、资金流、信息流能够实现自由高效流通；MES、ERP、PLM 等信息化软件的应用，将有效解决信息孤岛问题；装备操作信息、运行状态、环境参数等将被实时上传至云端数据库；同时，企业将结合 PLM、ERP 等数据，对生产过程不断优化完善。

以大数据技术为核心的智能应用将有力促进企业的流程、组织模式及商业模式创新，是建设智能制造云端的核心组成部分。具体来看，以大数据技术为核心的智能应用主要包括以下几点。

（1）生产过程的持续优化；

（2）产品的全生命周期管理；

（3）企业管理决策的优化完善；

（4）资源的匹配协同。

未来，制造业设备的全面物联化以及业务系统的无缝对接，将使从制造生产到客户交付的整个过程实现数据化、智能化，而对过程数据进行深入分析，将为企业经营管理决策提供强有力支持，催生一系列全新的管理方式、商业模式。

3. 柔性制造

柔性制造是个性需求崛起时代出现的一种新型制造理念，由于企业面临的市场环境与用户需求具有较高的不确定性，且技术更新迭代使产品生命周期越来越短，企业必须提高自身的灵活供给能力，力求在满足用户个性需要的同时，将成本与交付周期控制在合理范围。

柔性制造未来趋势包括以下几点。

（1）生产线日渐缩短，设备投资占比不断降低；

（2）中间库存明显减少，厂房等资源得到充分利用；

（3）交付周期越来越短，用户体验逐步提升；

（4）成本损耗不断降低，生产效率明显提升；

（5）制造过程用户可参与，为其创造独特价值。

制造业服务化是新制造的典型特征，其价值创造并不局限于制造本身，更为关键的是用户获得的极致服务与独特体验，长期来看，世界经济低迷状态仍将持续一段较长的时间，中国制造业从传统制造向新制造转型也并非是一件短时间内可以完成的事情，广大制造企业要做好打持久战、攻坚战的准备，加强服务与创新意识，不断提高自身的盈利能力。

新制造给制造行业带来了新的发展机遇。行业头部的制造企业在智能化转型这条道路上没有停留在基础的感知阶段，而是努力地向新制造的高级阶段迈进，探索更多可能性。正因如此，那些迟迟不能坚定信心、做出决策的企业与那些积极拥抱新制造的企业之间的差距会越来越大。为避免被淘汰，接下来，制造企业要积极拥抱变化，主动改革，向新制造转型升级。

五、发展新制造的意义

在互联网条件下，制造业的转型升级不是独立发生的，而是呈现营销—零售—批发—制造的一个倒逼过程。在这个过程中，制造业出现由需求驱动生产的C2B模型，而柔性化是制造端的主要转型方向。实际上，在互联网出现之前，很多大型企业已经在探索大规模个性化定制、拉动式供应链，并取得了卓越的成绩，比如戴尔、Zara和丰田。但是互联网和电子商务的出现加速了这种进程，更多的中小企业也可以进行这种变革，并从中受益。

新制造的上半身是新零售，下半身是柔性生产，而中国作为全球最大的网络消费市场和制造大国，具备别国不具有的双重优势。互联网带来了新的竞争空间和新竞争规则，如果政策得当，中国在制造业领域完全可以走出一条独特的道路。

第二节　数字经济下金融领域的变革

随着移动互联网、云计算、大数据、人工智能、物联网、区块链、网络安全等先进信息技术应用的迅速发展，全球信息化进入全面渗透、跨界融合、加速创新、引领发展的新阶段。金融与科技融合创新，催生金融科技（FinTech）浪潮席卷全球。传统金融机构积极利用金融技术推动业务创新和经营转型，一大批新兴科技企业、互联网金融服务企业积极融入金融领域，迅速发展壮大。传统金融机构、监管机构与新兴金融科技企业等共同构成一个金融生态体系，共同推动着我国金融业的创新、变革与发展。

一、数字经济背景下的金融业

金融业是比农业更加古老的行业，每一次技术进步都推动金融业也随之发生变化。数字经济将给金融业带来的最大变革，是将推动科技在金融中的应用和金融的普惠化。尽管数字经济时代，金融的本质不会发生改变，但智能技术将能够帮助降低金融交易的成本，扩大交易范围，帮助金融业的普惠化。

（一）金融与好的社会

金融的本质没变，还是交易各方的跨期价值交换，是信用的交换。耶鲁大学金融经济学终身教授陈志武认为，互联网的出现改变了金融交易的范围、人数、金额和环境，但没有改变金融交易的本质。

人们的日常生活中充满了各种不确定性、各种风险事件，因此，对于金融服务的需求，可以说是每一个人都需要的基本需求，但是，在传统金融下面，由于技术的约束，针对大多数人的金融产品成本过高，金融机构无法实现盈利。因此，整个社会中只能有少部分人能够享受到金融服务。随着数字经济的发展，这一状况正在发生改变。

普华永道中国金融科技服务合伙人张俊贤说："中国的金融科技，尤其在大数据、人工智能和区块链实际应用上，量与质均领先全球。我们相信在政府鼓励创新的大环境中，以及金融机构和金融科技公司合作推动下，金融科技将继续快速发展，普罗大众将能获得更便捷的金融服务。"

普华永道发布的最新的《2017 年全球金融科技调查中国概要》认为，零售银行、投资及财富管理和资金转移支付将是未来五年被金融科技颠覆程度最高的领域，电商平台、大型科技公司和传统金融机构是这场变革中最具颠覆性的力量。

1997 年，诺贝尔经济学奖得主、哈佛大学荣誉退休教授罗伯特·默顿说："仅仅依靠技术本身很难对金融体系中'内在不透明'的服务和产品带来颠覆，金融科技能在某些金融服务领域带来巨大变革，几乎无须人工判断的任何金融业务都将面临巨大的变革挑战。但金融科技本身不能产生信任。"需要信任关系的是人和人之间，是金融企业和它们的客户之间。

数字经济的发展，将使得金融变得更加普惠，服务于那些处于原有金融体系之外的群体，推动一个更加美好的社会的到来。

（二）数字经济催生新金融

新金融与传统金融相比是一种新的金融服务体系——它以技术和数据为驱动力，以信用体系为基石，降低金融服务成本、提升金融服务效率，使所有社会阶层和群体平等地享有金融服务，并且它与日常生活和生产紧密结合，促进所有消费者在改善生活、所有企业在未来发展中分享平等的机会。新金融在“五新一平”中的定位如图 3–3 所示。

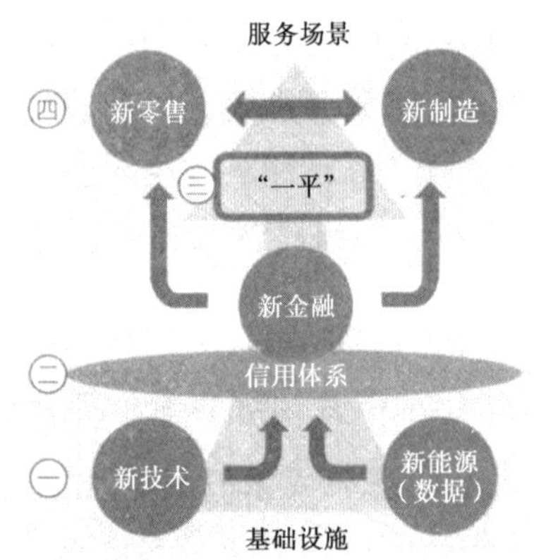

图 3–3　新金融在“五新一平”中的定位

（图片来源：阿里研究院）

这一定位包含四层意义。

1. 新金融以技术为生产力，以数据作为生产资料

两者结合对新金融产生的核心作用在于降低金融服务成本，提升金融服务效率：一方面缓解传统金融在触达获客、系统运营、风险甄别、风险化解等环节中的成本问题，极大地降低单客边际成本；另一方面以高效的算力和智能的算法，结合广谱多维的数据，帮助金融服务中实现决策，极大地缩短从前人工方式需要数天甚至数月的服务周期，甚至达到实时水平，同时避免人为判断失误等原因，达到更精准科学的决策。而金融服务成本降低和效率提升，将最终体现为两方面：一是拓展金融服务的边界，服务于更多人，服务于更多生活和生产场景；二是提升金融服务的体验，让消费者享受安全、便捷、丰富的金融服务。

2. 信用体系不只是新金融的基础，也是整个新商业文明的基石

信用体系的作用在于消除信息不对称，建立互信关系，它不只是金融服务的基础，更是整个商业文明的基石。但传统信用体系存在数据来源单一、更新频率低、用户覆盖不足等问题，新金融基于广谱多维、实时鲜活的数据来源，通过高效的算力和智能的算法，建立健全大数据征信，极大地补充了传统信用体系，并且不只用于信贷、保险等传统金融

领域,更将其拓展至出行、住宿、教育、就业等更多与日常生活息息相关的领域,成为整个商业文明的基石,推动诚信社会的建立。

3. 新金融通过提供平等的金融服务促进包容性经济增长

新金融首先为所有社会阶层和群体提供平等的金融服务,尤其是普通消费者和小微企业,保障社会所有群体共享普惠金融的红利。更进一步地, 新金融作为新商业文明的重要一环,进一步发挥金融在资源优化、匹配新供需关系上的作用,让所有社会阶层和群体在公平的环境中共享未来发展机会。

4. 新金融服务于实体经济,与日常生活和生产紧密结合

真正将金融与生活和生产融为一体,对普通消费者而言,金融不再是冷冰冰的金融产品,而是支付宝、余额宝、花呗、借呗、退货运费险、芝麻信用分等已成为“家常便饭”的生活方式改变;对企业,尤其是小微企业而言,支付服务解决零售服务“最后一公里”触达问题、基于大数据的企业征信和小微贷款解决“融资难”问题,低门槛、低成本的金融服务成为“大众创业、万众创新”的保障。总之,新金融融入日常生活和生产,与新零售和新制造等新商业文明有机结合,能更好地服务于实体经济。

二、数字经济改变金融业

新金融出现的背后是两方面原因:一是数字经济时代下数字技术大发展为新金融提供驱动力;二是新经济需要以普惠为核心的新金融有力支撑。

(一)数字经济时代下数字技术大发展为新金融提供驱动力,降低成本、提高效率

技术驱动是新金融发展的驱动力,也是新金融最鲜明的特色,通过数字技术发展,有效解决金融服务的触达、认证、风控、运营、审计等环节的难题。数字技术的核心作用在于降低成本和提高效率两点,最终目的在于:一是拓展金融服务边界,让金融能服务更多人、更多商业场景;二是提升金融服务体验,让所有人能平等地享受便捷、安全、可信的金融服务。

具体来说,移动互联技术有效缓解过去金融获客成本高、用户体验

不便的问题，让金融以低成本的方式便捷、有效地触达社会各个群体。大数据极大地消弭金融服务最核心问题——信息不对称性，有效甄别风险，保障消费者权益不受侵害，同时让金融服务风险损失可控、可持续发展。生物识别通过交叉使用人脸、眼纹、虹膜、指纹、掌纹等多个生物特征，已可实现比人眼更精准的远程识别，解决“如何证明你是你”的难题，尤其是为边远地区传统金融服务难以触达的地方提供便捷的金融触达。人工智能技术提升大数据处理效率，并能够通过深度学习的方式不断迭代升级，模拟人类思考方式，用技术拓展金融服务的边界。云计算通过低成本、高扩展性的运算集群极大地降低金融服务运营和创新成本，并提升其服务效能。区块链技术让资金和信息流动可审计可追溯，保障金融服务透明可信。相信未来还有更多的数字技术被用于新金融服务，为其发展拓展更多想象空间。

（二）新经济需要以普惠为核心的新金融有力支撑，匹配供需两侧优化

过去五年，中国人口红利所带来的传统动能正在逐步减弱，取而代之的是不断发展以创新驱动的新动能，生产要素通过供给侧改革正在逐步实现结构性优化，生产小型化、智能化、专业化将成为产业组织新特征，这其中，生产更灵活、更富有创新活力的小微企业作用日渐凸显。另外，从需求侧角度来看，传统由投资和出口拉动的“三驾马车”正转变为消费驱动。一方面消费需求规模正在快速增长；另一方面消费方式也正在升级，模仿型、排浪式消费阶段基本结束，个性化、多样化消费渐成主流。

英国经济学家、诺贝尔奖获得者约翰·希克斯曾以“工业革命不得不等待金融革命”指出经济与金融相伴而生的发展关系。如何匹配供给侧改革，为小型化、智能化、专业化的生产提供金融动力？如何促进需求侧优化，为不断增长的个性化、多样化、便捷化的消费提供金融支持？其核心问题在于有效解决“普惠”难题，即改变过去金融服务围绕大企业和高净值客户的“二八金融”定律，而为千万家小微企业和十多亿普通消费者提供平等的金融服务。

从供给侧角度看，小微企业无法获得服务的主要原因在于单体服务成本高、风险甄别难度高这两方面，而这正是新金融的优势所在一方面，通过移动互联、大数据、云计算、人工智能等技术不断降低获客和运

营所带来的可变成本，单个小微企业的服务边际成本已趋于极低，为包括小微企业在内的所有企业提供平等的金融服务已成为可能；另一方面，技术和数据驱动的不断完善的社会信用体系已成为新金融的基石，企业信用数据覆盖面的提升也降低了甄别风险的难度，让更多的小微企业可被纳入金融服务范畴。

案例：网商银行的小微贷款基于大数据和云计算技术，为小微企业提供"310"贷款服务（三分钟申请、一秒钟到账、零人工干预），已经为超过400万的小微企业提供超过7 000亿元的贷款，户均贷款余额不到3万元，为全社会"双创"发展提供金融支持。从需求侧角度看，传统金融服务具有一定门槛，使得普通消费者难以获得足够的金融服务；同时金融产品化在公众心目中更趋于冷冰冰、难以理解的形象，普通消费者接受程度较低，在日常生活中难以享受金融服务的红利。新金融与传统金融相比，在这两方面有极大的改善：一是通过技术驱动降低金融服务门槛；二是通过与日常生活场景紧密结合，为客户在生活中提供便捷、丰富、实用的金融服务。

例如，芝麻信用为上亿信用记录缺失而被金融服务拒之门外的用户提供大数据征信服务，并提供不断丰富的征信应用场景，如租车和租房免押金、办理出国签证、申办信用卡等；"余额宝"将理财门槛降低至一元起，普通大众通过互联网理财享受一定收益的同时还可方便地用于日常消费；场景保险中的典型代表"退货运费险"，解决消费者和小商户间的互信问题，减少因交易摩擦而产生的成本，其中大数据技术有效解决了保险中的"逆选择"难题，支付宝为消费者提供快捷、安全的支付体验，即使在偏远农村地区，也可通过互联网或移动互联网方便地购买和城市居民一样品质的货物。

三、金融业新形态

（一）服务实体经济

新金融的价值意义在于它能促进社会向更好的方向发展，包括一个更公平的社会、一个更高效的社会、一个更诚信的社会、一个可持续发展的社会，同时，新金融及其价值在全球都可复制。

（1）更公平的社会——普惠金融体系促进包容性经济增长，金融民主化为所有个体提供未来发展机会上的公平性(普惠)。

借助数据和技术,新金融致力于消除由于金融服务成本、风险和效率问题带来的不平等,让每个用户都享有平等的权利自由获取所需要的金融服务,进而促进整个社会在获取生活改善与未来发展机会上的公平性。

数字普惠金融作为可持续与包容性增长的有效实践,其作用在G20杭州峰会期间被世界各国所认可,并通过《数字普惠金融高级原则》向全球推广,大力推动整个金融体制改革。

(2)更高效的社会——重构资源组织、供需匹配,以便捷高效的金融服务满足经济发展需求(新供需关系)。提高资源配置效率、优化供给和需求两侧匹配关系是经济学的核心问题,新金融依托技术和数据,在服务上不断创新,既满足小型化、智能化、专业化的生产供给,也满足个性化、多样化、便捷化的日常消费。

新金融对消费型经济的促进已初露端倪。以网络支付为例,作为电子商务发展的底盘,激发消费潜力,在世界范围内换道超车,取得领先地位。其他包括消费金融、大数据征信、消费场景保险等金融服务也成为结合生活场景提升消费便利性和安全性,进一步刺激消费的有益创新。

(3)更诚信的社会——完善商业文明的信用基础设施,推动诚信社会的建设(信用社会)。

信用体系不只是金融服务的基础设施,也是整个社会经济发展的基础设施。“车无辕而不行,人无信而不立。”信用本质是甄别风险,解决各个场景中的信息不对称问题,在不同场景下具有灵活多变的特性,如在金融领域,可成为风控手段,应用于反欺诈和信用卡、信贷审核等,提高准确率和覆盖率;而在生活领域,则可解决商户与人、人与人之间的信任问题,在出行、住宿、签证、招聘等一系列生活场景中提高双方便捷性和可靠性。

但是传统征信体系并不能覆盖全社会企业和个人。根据BCG报告,美国个人征信覆盖率为92%,中国这一数字仅为35%。央行主导的中心化征信体系负担过重,需要更多市场化的力量加入,共同促进个人征信产业的发展。

在用户授权前提下,大数据征信依据用户各维度数据,运用云计算及机器学习等技术,为个人或企业提供信用肖像的刻画,成为传统征信体系的有机补充。与传统征信体系相比,具有数据源广谱多维和实时鲜活的特点。

同时，个人良好信用积累所带来的更便捷的生活方式，将对消费者和企业有良好的示范作用，助力推动诚信社会的建设。

（4）可持续发展的社会——推动绿色金融发展，以可持续发展的方式建设节能低碳社会（绿色金融）。

中国人民银行在金融改革与发展“十三五”规划中强调绿色金融体系的建设，通过金融服务促进社会经济可持续发展。新金融通过数字技术触达用户，天然具有低碳环保的基因。蚂蚁金服所有金融服务都在线上完成，没有线下网点，包括水、电和煤气等便民缴费让广大百姓减少了许多奔波，初步测算一年至少减少 80 000 吨碳排放。取代纸质票据的电子票据，经测算一年可至少减少 720 000 棵树的砍伐量。

另外，新金融基于生活场景，调动普通民众参与低碳消费生活的积极性，推动绿色消费意识的普及。蚂蚁金服计划为每个用户建立一个碳账户，用于度量其消费、出行、生活等领域的碳减排。鼓励用户步行、自行车出行、乘坐公共交通工具等低碳生活方式，同时希望一些公共交通、环保交通企业能加入自愿碳减排交易（Voluntary Emission Reduction，VER）或者中国核证减排量（Chinese Certified Emission Reduction，CCER）减排机制中，将碳资产在减排企业与使用用户之间进行合理比例分配，鼓励全民主动选择低碳生活方式。同时，支付宝还可以通过秀碳积分、点赞、贴低碳标签等方式，推动低碳、绿色兴趣社交和社群建立，促进各种新生活网络社区形成，积极推广普及低碳意识和绿色生活方式。

（5）可复制——新金融的发展模式及社会价值可推广至全球，为世界所共享（全球化）。

新金融实践不仅在中国获得成功，在世界范围内，尤其是发展中国家，也被证实是可行可复制的。2015 年年初，蚂蚁金服投资印度电子支付平台 Paytm，并为其提供“金融云”服务等技术支持，助力 Paytm 在一年间突破业务瓶颈，根据 2016 年 4 月 12 日发布的数据，活跃用户数已达 1.22 亿，是 2015 年年初的近 5.6 倍，跻身世界前四的电子钱包服务提供商。“新金融”模式被证实不只“成于中国”，更可“享于世界”。

（二）数字普惠金融

根据国务院 2016 年印发的《推进普惠金融发展规划（2016—2020

年)》,普惠金融指立足机会平等要求和商业可持续性原则,以可负担的成本为有金融服务需求的社会各阶层和群体提供适当、有效的金融服务。近年来,尽管普惠金融发展迅速,但仍然面临着成本高、效率低、“最后一公里”难以打通、商业可持续性不强等一系列全球性难题。随着数字化时代的到来,普惠金融与数字技术加速融合创新,为解决上述难题提供了一条可行的路径。

根据2016年杭州二十国集团峰会提出的《二十国集团数字普惠金融高级原则》(以下简称《高级原则》),数字普惠金融泛指运用数字技术来促进金融普惠。它具体包括:运用数字技术为原先无法获得或者缺乏金融服务的人群提供一系列正规金融服务,所提供金融服务对于被服务对象而言必须是适当的、负责任的、成本可负担的,同时对于金融服务者而言是可持续的。

《高级原则》同时指出,数字普惠金融服务涵盖金融产品和服务,具体包括:支付、转账、储蓄、信贷、保险、证券、理财、对账等。这些产品和服务通过电子货币、支付卡或传统银行账户等数字技术得以实现。

数字普惠金融在概念上可以看作数字金融与普惠金融的交集,其中也包含部分互联网金融业务,如网络借贷、互联网支付、网络众筹等(图3-4)。

1. 数字技术提高普惠金融服务的可获得性

数字普惠金融依托(移动)互联网、云计算等技术,突破传统金融服务的时间和地域限制,提高了金融服务的可获得性。用户可以通过数字化的交易平台进行支付、转账、投资等业务,由此产生的交易数据可以为相关的征信机构提供征信依据,以便为用户提供更好的金融服务。此外,民间资金可以通过P2P网贷平台、众筹平台等普惠金融机构,在基于网络和移动通信技术的基础上实现“面对面”融资。加大金融市场的供给,提高农户、特殊人群和中小企业融资的可获得性。

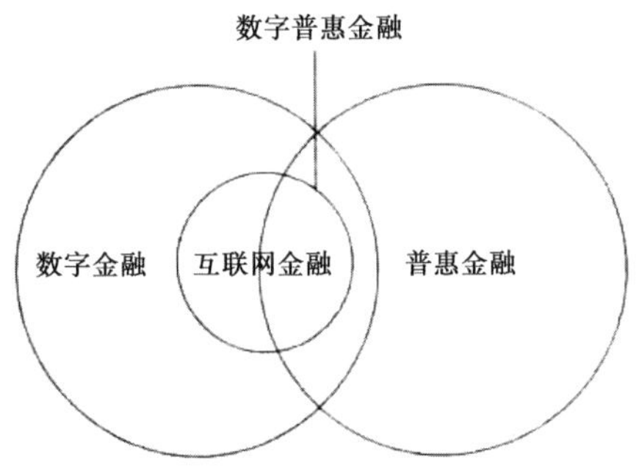

图 3-4 数字金融概念示意

2. 数字技术提高普惠金融服务的覆盖面

数字普惠金融通过电脑、手机及其他移动终端等设备提供金融服务，扩大金融服务覆盖范围，尤其是在农村地区。数字普惠金融改变了原有的服务提供方式，不论用户在偏远的地区还是在大城市，只要有电脑或者手机就可以获得金融服务，而不再需要通过固定的营业网点。以信贷为例，P2P 网贷平台可以实现在线信用贷款，不需要用户提交纸质资料，并且审核时间较短，通过审核平台后，客户就可以在线获得借款，并且在线完成还款。

3. 数字技术降低普惠金融服务的成本

传统的金融机构的服务范围依赖于其分支机构的数量和分布位置，服务范围的扩大必然伴随着营业网点的增多，办公场地、人工服务等都需要成本支出。如果为农村和偏远地区人口提供金融服务，则成本和难度都会增加。数字普惠金融改变了传统金融服务所依赖的基础设施，不需要物理网点，通过互联网、手机等就可以获得金融服务，成本支出明显下降。

数字普惠金融还改变了风险管理的方式，通过互联网、云计算等对数据进行挖掘分析，例如腾讯征信数据来源主要是社交网络上海量信息，比如利用支付、社交、游戏等情况为用户建立基于互联网信息的征信报告。电子商务平台（阿里、京东、苏宁）征信数据来源主要是大量的消费者和平台商户及供应商的交易数据、退换货数据等，对这些数据进行分析，能够准确衡量个人和企业的信用等级，从而降低信息收集、线下审核和风险管理的成本。

中国正在形成以消费为主导的经济增长新格局，超大城市居民消费水平已接近日韩，主要具有以下升级特征：一是消费新内容。居民的消费结构随收入增长呈现“先商品后服务”的阶段性特征，未来将是医疗护理、娱乐、金融服务保险占比不断攀升的时代，与闲暇生活相关的服务、娱乐、体验式消费刚刚起步，虚拟形式的内容及服务，如直播等形式将拥有更为广阔的发展空间。二是新一代消费。伴随着互联网长大的“数字原住民”（1980—2000年出生的人口，目前约占中国总人口的30%），他们身上聚集了两代人的财富，具有较高的消费倾向和超前消费意愿，追求在产品形成和消费中的参与感，并乐于分享。三是个性多样的消费。中国城镇化进程的差异、居民收入阶层的多样性、年龄的层级分布等决定了中国未来消费的阶梯特征，如农民工消费普及和中产阶层消费升级并存，二、三线城市复制一线城市的消费潮流之后再向低线城市扩散，“80后”成为消费主体同时伴随银发消费的崛起，女性消费特性在互联网时代被放大。四是消费新主张。与炫耀性消费不同，消费新价值主张以鲜明、年轻、时尚和自由为特征，消费更加回归理性，主要目的是“愉悦自己”，那些给消费者带来差异化终极体验的商品和服务将凸显竞争力，博得溢价成为赢家。

第三节　数字经济下零售业的变革

在数字经济时代，数字化转型已成为零售业高质量发展的必然趋势。近年来，我国零售企业纷纷进行数字化转型，呈现出从技术应用向数字赋能转变、从渠道线上化向线上线下一体化转变、从业务数据化向数据业务化转变、从营销数字化向全面数字化转变以及从大企业主导向大中小企业协同转变的特征，整体上处于探索阶段，存在着全面数字化战略规划缺失、数字化基础和能力较弱、需求驱动型供应链支撑不足和企业组织架构改革相对滞后等问题。零售业数字化转型的内在机理是数字化技术驱动的以消费需求为核心的生产供给体系和流通供给体系的变革，即以消费者需求为出发点，通过线上线下多维立体场景打造、供应链逆向整合、数据资源积累和数据分析能力构建、业务流程再造与组织架构变革构建数字化商业生态系统，打破商品生产与消费之间的时间与空间限制，重构人、货、场的关系，提升生产与流通体系供给质量和供给效率。

一、新零售满足个人主观效用

效用(Utility)是经济学中最常用的概念之一。一般而言,效用是指对于消费者通过消费或者享受闲暇等,使自己的需求、欲望等得到满足的一个度量。经济学家用它来解释理性的消费者如何把他们有限的资源分配在能给他们带来最大满足的商品上。经济活动的价值,正是帮助消费者实现效用最大化。

理解新零售,需要重新回到上述判断经济活动价值的标准。在市场经济条件下,我们用来判断经济活动价值的标准在于,最终接受某项商品或服务的用户对这些商品和服务的主观评价。这也意味着,并非投入的成本或服务决定商品的价值,只有这些商品和服务最终满足了使用者的需求,这一经济活动才实现了 其价值,否则,只是在摧毁价值。从这一角度出发,年复一年不能消化掉的库存只是在摧毁价值,而不是为社会创造价值。因为这些资源本来可以投入到其他的生产领域,去满足社会的其他需求。

在消费者收入低的时候,需求结构相对单一,主要是一些生活必需品,随着收入的增加,消费者的需求越来越多样化、个性化,而且随时发生着变化。如何更好地满足消费者的需要,需要利用不同技术的比较优势。通过线上线下优势互补,能够更好地满足消费者需要,实现经济活动的价值。

所谓新零售,就是以消费者体验为中心的数据驱动的泛零售形态。新零售的本质在于,无时无刻地始终为消费者提供超出期望的“内容”。传统零售当然也希望以消费者体验为中心,但实现这一目标的手段过于昂贵,除了少数价值极高的产品和服务,比如私人飞机、定制跑车等,产品的生产和销售者才会花大量的时间和精力去了解客户的需求,对于大众产品,零售商和生产者可以说是有心无力。随着数字经济时代的到来,实现这一目标正在成为现实。在新零售时代,了解消费者需求的成本急速下降,而随着人工智能的广泛应用,零售商将能够更好地了解消费者的需求,这些汇集的信息也将帮助生产者、流通行业更好地配置资源,生产出更加满足消费者需求的产品,减少不必要的物流成本。

区别于以往任何一次零售变革,新零售将通过数据与商业逻辑的深度结合，真正实现消费方式逆向牵引生产变革。它将为传统零售业态插上数据的翅膀，优化资产配置，孵化新型零售物种，重塑价值链，创造高效企业，引领消费升级，催生新型服务商并形成零售新生态，是中国零售大发展的新契机。

二、新零售诞生的原因

新零售产生的原因包括技术变革、消费者认知变化和行业变革三方面。

在技术层面，新商业基础设施初具规模：大数据、云计算、移动互联网端；智慧物流、互联网金融；平台化统一市场。互联网发展逐步释放经济与社会价值，推动全球化 3.0 进程。

在消费者认知变化层面：消费者数字化程度高，认知全方位，购物路径全渠道；中国消费升级引领全球消费增长，新一代价值主张，从活下去到活得更好。收入水平低的时候，消费水平很单一，主要是要生存，最重要的需求是卡路里。但随着收入水平不断提升，消费需求的多样化和个性化迅速增加，如何活得更好成为最主要的关注点。

在行业变革方面：全球实体零售发展放缓，亟待寻找新的增长动力。中国实体零售发展处于初级阶段，流通效率整体偏低，缺乏顶级零售品牌。多元零售形态涌现。

三、新零售与传统零售的区别与联系

传统零售业面临着改造升级，新技术、新产业、新业态、新模式不断出现。信息化、数字化、云计算是数字化转型的核心。新零售将最大程度地提升全社会流通零售业运转效率，与传统零售的区别主要体现在以下方面。

（一）智慧零售系统

智慧零售系统是将全球领先的 SaaS 模式导入门店，利用移动互联网、云计算、大数据技术，聚焦于“智能化管理 + 数字化营销”两大核心价值，专注于构建智慧零售云平台，专门为实体商家打造的门店新系统。

1. 以消费者为中心

智慧门店系统重构实体门店“人、钱、货、客、场”的传统运营方式，对珠宝 ERP. 薪酬绩效、OA 财务收银、SCRM（链接式会员管理）、场（创造客户、保留客户、打造自媒体）等传统运营环节进行全方位改造升级。

2. 依托移动互联网智能数字云科技

致力于为传统门店打造全新的“顾客终身价值体系”。全面为零售企业品牌升级、技术创新、渠道融合、会员管理、数据分析、精准营销提供云解决方案，达成“管理减负、营销增效”两大客户核心价值。总之，智慧门店系统是一套集合各种现代“黑科技”的智能系统。通过智慧系统，商家能重塑实体店的商业价值，解决实体店经营的难题，下面我们将从“人、钱、货、客、场”来介绍智慧系统为商家带来的革新。

（1）零距离智慧云管人

如果把实体店铺比作一个家庭，拥有智慧门店系统，就如一个大家庭拥有了一个靠谱的管家。

传统商店销售人员属于销售行业薪酬较高的人群，但销售人员随行业周期流失大、变动大，至今都是门店人员管理上周期性的难题。

一个店长往往要管理数十个销售人员，还要不断地重复培训新的员工，管理实体店铺不仅劳累，而且效率低下，相信所有实体店铺管理人员都深有体会。

如今，一个智慧系统就能管理和服务数百名甚至上千名销售人员。智慧绩效管理系统正是针对实体店人员管理难题而开发的系统，此系统是基于多年的零售绩效管理研究实践经验，转化成的互联网数字化工具。将这样一套系统植入实体店日常管理，不仅能极大地便利实体店的人员管理，还能为员工提供一套智能化、数据化、人性化的绩效服务。科学的绩效管理能够最大限度地调起员工的主动性和积极性。

通过智慧绩效管理系统，商家可将自身的业绩目标逐级分解并关联到每一个员工身上，使门店目标从上到下更加有效地传导。商家可将店铺的目标计划根据实际工作分解成任务，并通过系统后台实时跟踪效益与员工销售动态。

使用智慧绩效管理系统，门店管理人员可以在后台设置奖金提成、任务激励机制，并为员工自动排班，员工打开手机就能知道自己的工作目标和绩效。

同时，云管人还专门为门店研发了线上移动商学院，现在首批上线的是智慧系统功能的教材，接下来会逐渐增加其他内容板块，如产品终端专业知识、销售技巧、会员服务等。门店可以自主上传企业的培训教材和资料。以 PPT、视频、直播教育等形式，全面解决终端门店培训成本高、培训难度大的问题。云管人系统还开发出了员工培训后的考核机制，随时随地深化知识掌握，方便门店对员工进行考核分级。

（2）零误差智慧云管钱

对商家来说，传统的财务系统主要靠专业会计的人力、脑力，不仅费时，而且人工成本高，容易出差错，建立属于实体店自己的智慧财务管理系统迫在眉睫。

对客户来说，新时代的顾客们，都逐渐适应了用移动端口支付的模式，传统的现金收银模式渐渐退出历史舞台。

智慧财务管理系统正是赋能实体店大部分财务管理工作的系统，用系统取代财务管理中的事务性工作，减少财务管理中不必要的环节，能大大提高商家财务管理的效率，并对传统收银系统进行数字化的升级，不仅收银功能更强大，更集粉丝录入、会员营销、门店财报分析等功能于一身。

通过智慧收银系统，商家可以随时随地秒速开单，并支持多种支付方式。开单之后，客户可以看到实名认证的店铺信息，这为店家增添了更加可靠的信誉。同时，收银商品也可进行挂单，不耽误任何客户的买单时间，买单客户也可在挂单结束后再提取商品，更加方便安全。收银结束后，手机客户端会收到快速反应的消息提醒，第一时间了解支付成功情况。

相对传统的收银和买单，智慧系统让商家收银无烦恼，也能让买家的买单体验更加轻松愉悦。不仅如此，强大的收银系统还能绑定买家，将买单的客户变成粉丝，成为商家流量池的一部分。

在客户购物成功后，即可在手机端领取电子会员卡，免去传统会员卡需随身携带的麻烦，而商家通过收银就能将客户纳入商家的流量池，为客户提供相应的积分服务、礼品服务、现金充值服务等，方便会员进一步了解商家信息，也方便商家对会员进行二次营销。

除了收银的便利，智慧系统还为商家提供管理和数据上的全面服务。商家可对收银进行抹分、抹角、四舍五入等设置，让数据更加清晰明了。同一个店铺，可以同时入驻多个收银员，店长可以对收银员进行统一管理,查看收银员的收银,针对每天收银支出情况,店长可以对收银账单进行核对,看清每天的实际消费情况,进一步便利了实体店铺的管理。

在智慧云管钱系统的协助下,商家通过手机就可以在线实时了解店铺的营业额、当日盈利,以及查询每个店铺的日、月、季度、年报表,时刻了解店铺的经营情况,这是传统财务管理系统很难做到的事情,然而智慧财务管理系统能提供最及时、最快、最精准的财务报表。

总之,拥有一套专门的智慧财务管理系统,商家能在营收数据分析、实时登记会员、一键购物结算、兼容各类系统、多元营销对接、云端操作应用上节省不少开支,并将商家的财务系统(如金蝶财务系统)与其他系统连通,实现商家全方位一体化经营的目标。

(3)零压力智慧云管货

了解智慧云管货系统,我们需要先了解 ERP 管理系统。ERP 管理系统是现代企业管理的运行模式,它是一个在全公司范围内应用的、高度集成的系统,覆盖了客户、项目、库存和采购等管理工作,通过优化企业资源实现资源效益最大化。

为什么商家也需要 ERP 系统?传统的商家拼优质货源、拼优质渠道,注重货品的量与质,但一直缺乏对货品的有效管理。

纵观整个珠宝行业管理历史,珠宝商家存在着专卖店柜台盘点、库存管理、周转率分析、品类分析等难题。

一个普通商店的产品盘点工作,繁杂且低效,相信开过珠宝店的人都有这样的痛苦经历。低效率的盘点工作不仅增加了员工的负担。还会影响商家进出货的货品统计和销售计划。

在这种情况下,对产品的高效管理显得尤为关键。商店迫切需要一种有效的技术手段,能快速、准确、简便可行地完成对货品的盘点工作,帮助企业及时了解各种品类产品的销售情况,完成公司管理层对各类产品市场接受的数据分析,并能对货品的状态进行实时监控,最大限度地降低货品丢失的可能,并提高产品的销量。

传统 ERP 其实是在做记录和流程,它是把所有的货品进、销、存记录下来,然后按一个流程去做事。而今天零成本科技的智慧 ERP 系统是在做创新和升级,是在做消费者的增长、数字的增长的统计,一方面是帮助实体店提升获取潜在客户的能力,另一方面提升转化的运营能力。

智慧 ERP 系统可以完全解决管理难题,帮助商家没有误差地管理货品。智慧系统可以创新打通、全面链接门店所有的运营系统，构建店铺智能大数据云平台，对每件货品的销售做到精准监控与优化设置，从而实现对所有商品进行有效把控，并方便各分店之间货品调换，提高周转率，降低无效库存成本。

运用智慧 ERP 系统，支持集团、总部、门店等多层级将每件珠宝数据化、电子标签化，商家随时随地可通过系统后台了解每件珠宝的销售情况和产品信息，更加方便安全，销售人员再也不用担心不熟悉产品，智能化的电子货柜可对门店货品进行实时管理和自动盘点，成为店铺老板和员工最得意的管理助手。

不仅如此，智慧 ERP 系统还可以方便商家实时查询热卖爆款，有效分析库存结构，智能计算货品周转率、补货周期、资金占用等，达到真正的智能配货。门店库存还能智能预警，自动生成补货计划，优化库存，减少无效库存成本，完全解放了商家和销售人员的双手和大脑。

可见，智慧 ERP 系统的运作流程是硬件设备融合所有业务并采集精准数据，线上后台对该类数据进行挖掘与智能分析，最后商家通过大数据分析结果进行有效的智能管理运用。

总之，智慧 ERP 系统覆盖了客户、项目、库存和采购供应等管理工作，通过优化公司资源达到资源效益最大化，并为商家进行多店连锁管理提供了最大的便利，实现商家零误差智慧云管货的目标。

（4）个性化智慧云管客

客人关乎着实体店铺的盈利，管客就显得尤为重要了。过去，实体店传统管客的手段非常低效，店家很少有效保存客户的个人信息，大都依靠销售人员个人的关系维持。这种管客手段依托销售人员的个人营销能力与交流能力，多用人情会客、管客，不仅无法有效地利用客户资源，而且如果销售人员离职，就会带走个人客户，造成客户资源的流失。

当今的消费者，更注重隐私，很少主动去留下个人信息，并且注重个性化服务，尤其是年轻客户，我们用传统的人情方式很难维系住。同时，当下的流行风潮变化快，客户的喜好让商家难以捉摸，商家难以将客户资源有效转化，智慧 SCRM 系统可以完美地解决这些问题。

SCRM 是管理学术语，意思就是链接式客户关系管理。企业为提高核心竞争力，利用相应的信息和互联网技术手段协调企业与顾客间在销售、营销和服务上的关系，通过一种更加稳定可靠的管理方式，为客户提供创新式的个性化的服务。管理的最终目的是为商家保存更多老客户，吸引更多新客户，同时，不断地将保留下来的老客户转变为忠实客户，增加可持续性的销售。

智慧门店 SCRM 系统涵盖了客户管理、销售管理、客户服务、商业智能等各项功能板块，可为商家提供移动超级会员、用户数据画像、智能消费表单、关联引流工具、销售漏斗部署、营销数据反馈、多元服务支持、会员自动营销、情感维系等技术服务，帮助商家更好地管理店铺，并提升客户的满意度。

过去，实体店管理客户就是保留一个电话或者地址，不仅不利于保存，而且除非客户主动上门，否则很难对客户进行二次服务。智慧 SCRM 系统能将顾客的消费路径、消费行为、会员信息、消费足迹等数据收集在系统后台，将客户信息进行数据化管理，并利用大数据整合能力，将数据进一步分析整理，标签式精准管理顾客，这些信息不仅方便珠宝商对客户进行管理服务和二次营销，通过生成客户数据和市场数据，还能为商家的营销活动加以计划、执行、监视、分析，为商家创造更合理的营销手段，为客户带来更多个性化的服务，实现智能运营、营销、服务体验等方面的优化升级。

过去，实体店用人管客，现在在智慧 SCRM 系统的技术手段支持下，可以说是用客人管理自己。我们用“今日头条”的例子来分析，现在的人们都爱使用“今日头条”，因为用户越使用它，它就越能为用户推荐有价值的、个性化的信息，这就是数据化下的完美客商关系，了解客户的喜好，精准营销。

未来，智慧 SCRM 系统将关乎每一个珠宝店铺的命脉，因为它直接影响实体店铺的销售业绩，它能为珠宝店的销售额、用户满意度、用户忠诚度、市场份额等硬核的提升创造更多的成绩。

（5）互动化智慧云造场

造场造势是打通实体店营销的金钥匙。每到周末和节假日，所有的实体店都用尽办法为实体店造场造势，希望在一些固定的时间节点、客流高峰期打开销售的大门，为门店带来更多的人流量。

实体店传统的造场方式主要依托在实体店铺内和商场内，依靠店铺和商场的客流量，很难让造场营销真正地传播出去，吸引更多潜在的客户。而且造场模式太过单一，主要依靠变着花样地搞优惠活动。这种方式也许可以吸引部分对有需求的中老年消费者，却很难吸引年轻人。同时，如今消费者的消费观念与过去不同，更注重体验和个性化服务，优惠活动不一定能满足消费者的需求。

总而言之，依靠传统的造场模式，实体店铺本身无法真正有效地触达消费者。

智慧云场景营销系统致力于为商家打造一套线上线下结合紧密、功能强大、划分精细的营销服务体系，为珠宝实体店的营销紧密布局，打破场最限制，打破时间、空间的间隔，为实体店铺实现“人与人、人与货、人与场、货与货、货与场、场与场”之间的无缝连接和精准匹配，为实体店营销提供全面赋能的服务和方案。

智慧云场景营销系统为商家提供超级引流解决方案、顾客召回解决方案、成交变现解决方案、销售倍增解决方案、会员唤醒解决方案、裂变拓客解决方案，是商家进行营销的得力助手。

智慧系统能为实体店搭建专属的智慧云场景营销体系，并将订制的互动营销产品工具，植入实体店自有微信服务号，让顾客一秒变粉丝，形成黏性互动关系，提升进店率、成交率、连带率和复购率，解决全店引流、老顾客会员激活等终端运营问题，全方位实现智能数字化运营。过去的实体店铺就是一个固定的店铺，很难将营销辐射出去，有了智慧云场景营销系统，微信将成为商家另一个购物入口和引流工具。

依托于微信这个社交平台，定位买家用户人群，将所有的店铺粉丝进行数据化管理和分析，打造线上流量库和数据库。全方位地布局挖掘社交渠道的价值，为商家提供全面的营销服务，最终通过个性化的精准营销手段直击买家的内心，真正实现分层营销。

（二）有科技感的线下实体门店

拥有了智慧门店系统，实体门店也需要进行一番“装修”，打造出符合现代消费者时尚观念和消费习惯的科技感实体门店，打通实体店铺的线上服务和线下服务，为商家和消费者破冰，让营销最终变为消费者的买单。

近些年来，各行各业的零售门店都开始了智能化改造的进程，就连网店的大佬们也开始玩起了智能化的实体店铺，天猫小店、无人超市、智能家居集合店等，都从线上转到线下。

近几年“喜茶”“奈雪的茶”等奶茶店打着年轻时尚的口号成为众多年轻人的选择，成为爆款产品和网红产品，这些店最大的成功之处就在于互联网营销做得好。在这些网红店如雨后春笋般冒出来的2018年，马云也做起了奶茶店生意，变着花样与这些网红奶茶店竞争，还玩起了“智慧餐厅”的概念。被命名为“未来的茶”的智慧餐厅落地上海，这也是有人一直宣扬的新零售理念在茶饮实体店铺方面的首次落地。

这家智慧化的茶饮店的最大特点就是整个店铺无店员服务，完全依靠机器人智能化作业。顾客来到这家店面后，拿出手机通过扫码可以直接选择奶茶品类、大小和口味，并在移动端完成付款。两分钟内，一台机械臂会开始自动调配茶饮，并将做好的奶茶送到取餐柜，方便顾客取用。

这样的智慧茶饮店直白地体现了智慧实体店铺的内在本质，移动端口点单，智能POS完成客户信息的收集和运营，并在这种智能化的服务中改变和提升消费者的购物体验。

这里我们有两个问题。

第一，为什么如今的电商大佬敢于投资正在走下坡路的实体店铺？

第二，传统守旧的实体店如何进行智慧化改造？

关于第一个问题，一众大佬们看到了实体店的前景，实体店侧重于服务，也更有体验感。拥有线上流量的大企业很容易将流量嫁接到实体店铺上。

随着智能化场景的应用发展，连小小的奶茶店都能进行智能化改造，珠宝行业又有什么不能改变的呢？

第二个问题的答案就是，打造有科技感的智慧化的线下实体门店，并不仅仅是在店铺安装一些智能硬件，更多的是通过智慧系统，集合智能软件和硬件设施，并结合SCRM实现店铺消费管理和营销服务上的互联网化、数据化。通过门店的智能化升级，门店可以更好地吸引消费者，并将消费者有效转化，而门店可以更加有效地了解和管理会员资料和喜好，并通过线上的大数据分析实时改变店铺的营销策略和管理，高效运营门店，这就是数据的系统交互应用。

智慧营销系统已经不再仅仅只是一个软件，它已经成为新时代下零售的刚需，甚至可以说，现在已经是经营应用的“基础设施”。

特别要提出的是，智慧金店的落地解决方案不是一成不变的，而是根据每个金店的经营特点、品牌定位、客户层次、团队执行等来不断进化和改变的。功能、时机、环境、竞争对手等外部因素的变化都会导致落地解决方案发生改变。随着更多功能的开发上线、更丰富的实践总结，落地解决方案是要永远与时俱进的。门店是落地的主体，要从组织、职能、执行、监督各个管理环节进行设置，落地解决方案要从系统功能、活动规则、落地场景、员工激励等各个环节进行思考。只有每个细节、每个步骤都精益求精，才能确保每个落地方案都能成功。也希望有更多的第三方机构和专业人才加入智慧零售的落地实践中来，大家一起推动智慧零售的发展。

四、新零售发展的新契机

（1）中国实体零售业整体处于初级发展阶段，发展相对缓慢，业内尚未产生“顶级”实体零售品牌商。

发达国家以美国为例，1840 年后的近 200 年中，伴随着工业化和信息化的技术革新，零售业先后经历了工业化和信息化，形成了成熟高效的大流通格局。而中国自 20 世纪 90 年代后，工业化和信息化交织进行，零售业态紧密相接地出现，用 20 多年的时间走完了美国超过一个半世纪的零售业态变革，行业整体处于初级发展阶段。

（2）流通链条上批发零售业整体效率偏低，电子商务发展带动“最后一公里物流”的发展。

中国物流发展现状受制于工业化发展进度，综合大物流体系尚未完成，物流信息化程度偏低，此外，物流标准化程度低，使得商品周转率停留在较低水平。国内整体批发零售业交易效率偏低，据阿里研究院测算，美国的批发零售业交易效率是中国的 1.56 倍。近年来，中国电子商务发展带动物流配送发展，两者体量发展呈正向相关，特别是“最后一公里物流”的发展，显著高于实体商业基础设施建设发展的速度。

一个通过提高效率带来巨大收益的例子是小米之家。小米新零售战略模式的小米之家(线下连锁店)，由小米自己管理。开了 50 多家，年度营收过亿元的店面已经突破了 8 家。单店成本控制在了 7% 以内(包括总部成本就在 9% 以内)，坪效(每坪的面积可以产出多少营业额)目前稳定在每平方米 26 万元人民币。这个效率大概是老牌电器连锁企业的二十几倍。未来三年准备再开 1000 家，覆盖一、二线城市(考虑到客流量，这个模式可能不适合县城和乡镇)。

（3）消费升级。中国正在形成以消费为主导的经济增长新格局，超大城市居民消费水平已接近日韩，主要具有以下升级特征：一是消费新内容；二是新一代消费；三是个性多样的消费。“80 后”成为消费主体同时伴随银发消费的崛起，女性消费特性在互联网时代被放大；四是消费新主张。与炫耀性消费不同，消费新价值主张以鲜明、年轻、时尚和自由为特征，消费更加回归理性，主要目的是“愉悦自己”，那些给消费者带来差异化终极体验的商品和服务将凸显竞争力，博得溢价成为赢家。

五、新零售发展展望

不同的商业时代，有不同的商业形态。以超市、百货为代表的超级卖场集合了多种品类；以电商、团购为代表的超级平台聚集众多流量；以社交、资讯平台为代表的超级生态多维度地赋能商业；而在新的商业时代，零售商需要深挖超级用户。建立自有流量池。

实体店经历了从传统的物物交换到现在的移动互联网化，而在互联网时代，实体门店又经历了从门户网站到电商到微商，再到自媒体的时代。回顾实体店的商业发展历史，智慧零售就是时代发展的必然产物。

智慧零售的发展，使得整个零售行业的效率更高，这是智慧零售的特点。而在这个商业模式不断进步和完善的过程中，我们的零售业态也逐渐发生了改变。电商巨头们纷纷转向线下，线上线下开始从曾经的对立走向互相融合，正如新零售概念提出者马云说的那样：“未来十年是新零售的时代，线上线下必须结合起来。”这也预示着智慧零售时代的到来。在未来，商业的竞争已经不是线上线下的竞争，而是全网营销的竞争，拥有智慧零售系统落地的能力最重要。

对此，在这里我们探讨一些未来转型新零售的思路。

（一）流量是零售的本质

流量是一个互联网时代的网络用语，而它的本质所对应的是每一个消费者。生意难做，关键在于客户流量，客户流量分为自然流量和经营流量。大部分靠自然流量的生意都比较难做，因为一旦有竞争生意就下滑。

流量是实体店的血液，没有流量就没有生意。建立可掌控的私域流量池，是实体商店在新的商业模式下，掌握话语权的第一步。而建立流量池最好的互联网工具就是智慧门店系统，这是新营销最重要的“核武器”。

（二）用户至上的理念将更加突出

未来智慧零售，核心是互联网思维，而互联网思维，又以用户为中心。与传统的产品思维不同，转型智慧零售最为重要的一点，就是掌握用户思维，学会经营流量池里的“留量”。

经营“留量”的关键，在于锁客，一个是利益锁客，一个是情感锁客。设计工具产品进行利益锁客，设计一个人一生每个不同年龄段的情感需求点进行情感锁客，让“留量”成为“留财”，需要拉长时间周期来看整个战略的价值。

真正属于未来珠宝终端零售的盈利模式是什么？种种迹象表明，“用户思维”在今天是不可忽视的盈利之源。这要求商家从“商品效应”跳转到“群客效应”。在传统零售时代，商家需要大量的顾客来维持生意，通过广开门店、增产商品来实现利润最大化；而在新零售时代的背景下，商家要提升群客的价值，让20%的顾客贡献80%的业绩一这就是用户思维，经营“留量”。

在传统零售时代，由于物资匮乏技术手段落后等原因，零售市场是围绕着“货—场—人”的次序展开的。在这种经营理念和市场模式下，消费者没有太多选择的余地和权利；而且由于货品短缺，即商品供不应求的状态，决定了商家缺少提升商品品质的原动力。

后来随着新技术、新模式的发展，商品的供给不断加大，商品的品类、数量大幅提高，于是“货、场、人”的布局就开始向“场、货、人”反向演变，销售的渠道成为零售的核心要素，变成“渠道为王”的年代。而到了现在，商品、渠道的数量已经不是核心竞争力，而消费者将作为整个零售的中心，引领零售的方向，也就是“人、货、场”的时代。

这是零售市场竞争更加激烈的必然结果。在商品极大丰富的大背景下，零售的发展，已逐步走出以商品为中心的模式，转向以消费者为中心。商业零售将围绕用户生活需求来进行布局，即如何从内容、形式和体验上更好地满足消费者的需求，将成为未来零售经营的核心。比如，2017年出现了零售业大量“餐饮＋零售”等跨界的业态，在零售门店引入咖啡吧、书吧、设置休闲区等，这些跨界融合展现的一个基本业务逻辑是从卖产品转向经营用户，围绕顾客打造有特色的商品与服务。

为了更好地体现用户至上的理念，零售企业需要做到以下几点。

①充分利用数据技术开展用户画像。管理大师德鲁克说过，“要知道你的顾客是谁？”这是销售最重要的事情。大数据可以帮助零售商精准掌握消费者的用户画像，比如什么收入水平、什么样的习惯爱好等。借助 360 度的用户画像就可以为用户提供更精准的商品、服务，来建立消费黏性，形成消费闭环。

②在商品设计方面要体现出 4 个“好”。“好用”，也就是商品品质要高；“好看”，也就是商品的包装要精美；“好玩”，也就是商品自带融入感，比如具有社交属性；“好拿”，也就是全渠道营销，让消费者能够更加方便地获取商品。

③在商品消费环节要设计“沉浸式”场景。销售的场景将会从以前商品的展示与售卖场地逐步向消费者的生活方式演变，也就是“沉浸式”营销模式。消费者进入商场不再单纯为了购买商品，而是除了家庭、工作，第三个生活场景的延伸。当消费者融入场景后，就会不自觉地发生购物行为。

（三）无人零售将迎来新一轮发展

无人零售的新型便利店模式成为 2017 年新零售领域最火爆的关键词，天猫、阿里、京东等大牌纷纷布局新零售，各类资本也先后涌入无人零售领域。虽然得到资本热捧，但是无人零售始终面临营业额不理想的窘境，终于在 2018 年无人零售开始遇冷。

不过从行业趋势来看，无人零售、自助零售在成本、效率、体验等方面都具有得天独厚的优势，无人零售行业的爆发性发展指日可待。首先，无人零售将打破零售在时间上的限制，将零售轻松延长至 24 小时，使得消费者可以全时段购物；其次，无人零售将打破零售在空间上的限制，通过智能化的设备，购物数据的采集、分析，开店将变得非常容易，未来消费者可以随处购物，而且，门店会根据消费者购物行为和购物喜好，不断迭代店内产品，为消费者提供更好的服务；最后，无人零售将极大地提升用户体验，通过数据处理与智能化应用，使得消费者可以获得最精准的营销与最贴心的服务，同时，无人零售将去除购物过程中的人为不利因素，比如情绪因素、疲劳因素、出错因素等，使服务更为标准化。消费升级是一个不可逆转的过程，消费者永远都会选择更优质的服务，不可回退，所以在未来，更加智能化、无人化的零售形式必定会成为主流。智能技术将融入购物的各个环节之中，优化购物体验，革新购物模式。

目前随着人工成本和门店租金的大幅上涨，网络基础设施的规模化效应和移动支付的普及，尤其是物联网技术和各种识别技术的快速成熟应用发展，无人零售已经具备加速发展的客观条件，加之资本入局，无人零售将进入快速扩张阶段。自动售货机作为其中重要业态之一，有望迎来新一轮爆发。比如，在自动售货机行业，最新的报告预测，到2022年，全国自动售货机总数将达150万台，比2016年增长近8倍，发展潜力非常迅猛。

（四）数字化与数据分析应用

零售是世界上就业人口最多、环节最复杂的行业之一，也是最能体现供应链效率的行业之一。从商品下单采购、仓储物流、销售到售后，需要很多支团队的协同作战，数字化则是极具效率的指挥棒。

20世纪90年代初期，被称为百货商店之父的美国人约翰·沃纳梅克曾经这样说："我的广告费有一半浪费掉了，可我不知道是哪一半。"约翰·沃纳梅克没有足够的数据去解决哪一半广告费被浪费掉的问题，因为那时搜集数据太困难了，同时也缺少专业的数据处理技术。

在互联网和数据时代，对每一个顾客进行精准 分析和对企业本身的管理都需要数据支持。企业决策正由"经验决策"不断向"数据决策"的规范转变。

数据本身已经成为企业新的资产，并将大大促进劳动生产率的提高和资产收益率的增加。

（五）全渠道营销将成为零售新常态

智慧零售是打通线上线下的全渠道建设。

首先要实现的是建立"实体渠道"与"电子渠道"之间的连接，打通内部渠道，实现企业内部资源整合，内部全渠道对客户的服务一致。

其次是打通内部渠道与外部渠道，实现内外渠道对客户的衔接，放大全渠道客户人口价值。可以让客户在不同类型渠道之间无缝切换的全渠道，已经成为当前传统企业渠道转型的共同选择。

与此同时，企业要加强内在价值的建设。建设自身的文化价值，优化调整内部组织架构，以集中、统一运营管理为方向，最终，从业务流程、系统支撑、考核激励等三个方面，打破各渠道线上线下的资源壁垒，促进营销闭环形成和完善，实现渠道联动。

零售行业的发展历史，可以总结为三个阶段。

(1)产品时代——这个阶段，卖货思维导致产品越来越同质化，获取客户的成本越来越高。

(2)渠道时代——以广告拉动消费人群，抢占货架、卖场的模式，导致转换率越来越低，流量始终走不出渠道。

(3)消费者时代——现在已经进入去中心化的碎片时代，以消费者为核心，以数据驱动运营，实现线上—物流—线下的消费闭环。

“零售终将回归本质”。未来，主动连接消费者且比竞争对手更快一步的门店能够活得精彩。

谁能更早让消费者认知、链接、产生互动，谁能为顾客提供更高效的服务和更优质的体验，谁就能掌握C端(客户)。而掌握C端的商家，就能更早地从地面营销走向空中营销，就能在市场竞争中胜出。

“现代管理学之父”彼得·德鲁克说过：“创新是否成功不在于是否新颖、巧妙或具有科学内涵，而在于是否能够赢得市场。”

1. 线上线下相互引流将成为常态

未来的零售模式没有线上线下之分。因为技术的进步、移动互联网的普及，以及互联网下成长的年轻一代成为主力消费后，线上线下的界限越来越模糊了。同一群消费者既会是线下顾客，也会是线上顾客。他们在线上线下是来回穿越的，所以，未来的零售商需要同时具备线上、线下两种能力，并且拥有足够技术能力能打通线上线下。

从库存、会员到服务、营销，都将是线上线下高度融合的，零售商必须提供体验更好的商品与服务。经过测算，现在一些大型电商平台获得一个新用户的成本达到了600～700元，这是电商零售必然要往线下延伸的客观要求。未来的零售市场必将是更加充分的二维市场结构空间。市场不会再回到单一的线下市场结构，只有实现二维市场融和规划，协同发展，才能把握市场的全部。

2. 电商平台将呈现“去中心化”流量趋势

流量已经成为零售业中最核心的竞争领域。在流量零售的模式下，所有的顾客一定是注册的、可链接的、可统计的、可管理的、可互动的。

零售的经营将用一切有效的方式影响消费群体，逐步打造成终身价值消费者。电商巨头将继续高举高打，不仅将“全渠道”落实到更多零售实体业态，还会把电商平台的流量中心化逐渐开始向去中心化演变。

网络社群流量将成为新零售发展的重要方向之一。社交力、社群力正在成为新的零售营销影响力。在网络社群平台，消费者不仅可以获得一个品类丰富、汇聚海量商品的购物平台，而且还可以获得一个生活消费分享平台。在开展网络购物的同时，还能享受到网络社群交往的快乐。

3. 社区零售将成为一种新的零售业态

社区作为线下主要流量入口的作用将愈发重要。通过为消费者带来便利的购物体验，帮助消费者省时省事来吸引消费者，增加用户黏性。

社区消费不仅可以培养线下用户社群，还可以增加销售收入。一般来说，开在社区的超市，售卖的生鲜价格可以做到比大卖场贵10%~15%，因为社区超市为消费者提供了购物便利性价值。消费者愿意为便利和省时来支付更多费用，年轻一代的消费者更是如此。所以，社区消费可以提供更多新的商品形式以满足消费者更多的需求，比如提供易于烹饪的半成品、无须存储更省事的商品包装、餐饮化的体验，以及提供更快速的配送到家服务等。

4. 零售供应链将成行业争夺热点

（1）新零售将重构供应链

新零售中的供应链，有别于传统供应链和点对点供应链，它更多是基于互联网大数据技术和信息系统，智慧化、数据化、可视化的变革是供应链服务提升的基础，在此之上才可能衍生出更多的增值服务，零售供应链将变得更加透明和高效。

融合“商品、供应链、大数据”三个重要因素的新零售供应链将会得到重构，不仅将这三者之间的距离拉得越来越近，而且让“大数据”在“供应链”及“营销”的多种场景下得以应用。

①智能分仓：借助大数据分析预测，针对不同区域提前安排商品的种类和数量。②仓储便利：将门店作为仓库的载体，实现店仓结合。③配送快捷：新零售供应链中，最重要的就是快速响应的能力，例如，目前现有的生鲜类供应链可以实现生鲜最快30分钟送货到家，这有时比消费者下楼买菜更方便。

（2）重视零售供应链创新已成为社会共识

未来国家将大力支持推进供应链创新。2017 年 10 月，国务院办公厅印发了《关于积极推进供应链创新与应用的指导意见》，提出了供应链创新的“协同化、服务化、智能化”的发展方向，因此在未来新零售供应链还是将以消费者为中心，实现相关应用场景的智能和高效决策。2018 年 9 月 21 日，商务部、工业和信息化部、生态环境部等 8 部门经评审，公示一批全国供应链创新与应用试点城市和企业。

各大零售巨头纷纷争夺供应链创新制高点。2018 年 3 月，京东携手沃尔玛、唯品会、斯坦福大学、麻省理工学院、中欧国际工商学院等合作伙伴共同发起成立全球供应链创新中心（以下简称 GSIC）。据报道，该供应链资源平台将集管理洞察与研究、教练式辅导与咨询、运营服务与实施优化、管理技术开发与方案集成等功能于一体，实现供应链最佳实践、供应链场景大数据、供应链管理前沿技术的有机整合。京东成立 GSIC 的举措，展现了其在零售行业供应链方面的强大实力和创新决心。

阿里巴巴集团已经开始零售供应链的全球布局。2018 年初，菜鸟物流在英国、西班牙、马来西亚等 6 个国家的数十个重点城市率先实现了 5 日送达，且送达稳定性超过 98%。截至 2018 年 9 月，菜鸟物流网络的全球合作伙伴已经超过 3 000 家，所协同的仓库、转运中心、配送站点总面积超过 3 000 万平方米，天猫直送当日达和次日达已经覆盖 1 500 多个区县。在 2018 年 6 月召开的全球智慧物流峰会上，阿里巴巴集团董事局主席表示，要全力以赴建设国家智能物流骨干网，一部分是在中国打造 24 小时必达的网络，另外一张网络是沿“一带一路”在全球实现 72 小时必达。从行业发展方向来看，重视零售供应链创新已成为社会共识，得供应链者得新零售。

第四节　数字经济下物流的变革

物流业是支撑国民经济发展的基础性、战略性、先导性产业，服务体验升级、供应链协同管理、建设物流强国的内在需求等诸多因素，对物流业发展提出了更高的要求。随着传统物流行业与新兴电子信息的深入融合，数字经济正式到来，当前我国物流业正处于加速转型发展的进程中。如何发展新物流,从传统单一、条块分割的物流业态向联接、联合、联动、共利、共赢、共享的综合物流与一体化物流转变,扶持引导数字物流、智慧物流、共享物流、协同物流、平台物流、末端物流等物流新物种,成为我国物流业面临的一项时代课题。

一、数字经济时代新物流的智能化变革

(一)新零售驱动的物流模式升级

伴随着商业领域的发展,实体商业与虚拟商业之间的界限逐渐模糊,在商业生态方面,也实现了供应链、物流、大数据、金融、场景体验等的结合发展。新零售将取代电商,在用户与产品研发之间搭建桥梁,改革原有的供应链体系,并提出全新的物流服务需求。

1. 品牌企业需求升级

进入新零售时代后,品牌方实现了线上渠道与线下渠道的一体化运营,并据此提出了新的物流需求。一方面,在实施全渠道数字化运营的过程中,需提高物流体系的快速响应能力;另一方面,物流干线与门店融为一体的配送方式,促使品牌方更加注重对整个物流过程的管控。在物流配送的末端环节,品牌方越来越重视货物追踪,并致力于提高企业的信誉度,建立良好的品牌形象。

在新零售时代,很多企业实现了线上、线下一体化运营,品牌方对物流的反应速度及其运行的灵活性提出了更高要求,物流要完成多批次、少批量的配送任务。在市场需求的驱动作用下,不少物流企业采用O2O众包模式,实现了干线物流、门店集散配送与终端配送的结合发展。

2. 干线物流模式升级

以往,渠道压货模式占据干线物流的主体,主要采用直发模式满足用户需求,有些快消品则通过末端库存补货来保证其正常供应。在数字经济时代,干线物流能够将产品从工厂直接送往消费者所在地,给快速专线物流提供了良好的发展机遇。届时,零担运输将代替整车模式,大包裹将代替集约化的小包裹模式。

在生产环节,部分厂家实践了顾客对工厂(C2M)模式,通过主流干线将商品从厂家直接提供给终端消费者。在面向终端物流需求时,企业

更多地采用大包裹、零担干线物流方式,满足消费者的商品需求。

在新零售时代,公路港能够发挥枢纽的作用,其功能集中体现为越库及物流整合。在后续发展过程中,公路港、空港都应该锁定消费者集散地,并将开发重点从一线城市转移到二、三线城市。随着商业领域的发展,大部分产业链都不会选择在中转园区进行货品存储,因此存货型园区公路港的作用将十分有限。相较之下,一线城市的市场也很小。

3. 同城配送服务升级

在新零售时代,物流配送的末端环节打通了物流和社区商业,这个环节的物流运作将产生以下变革:整合发展与升级转型。前者体现为"最后一公里"物流配送的整合;后者体现为由物流服务延伸出社区商业服务,如将微店商与微电商融为一体。

城市配送市场是快递企业应该重点开发的领域,如若不然,城市配送企业除了与干线物流结合发展之外,很难拓展其快递业务。城市配送企业的业务主要由两大部分构成。

(1)物流集散中心面向企业客户,具体如商圈门店、社区店、专业店等。

(2)集散中心面向消费者个人,这类业务与宅配、传统快递存在共性。

在快递和城市物流方面,新零售驱动的物流变革具有多样化特征。以往,城市物流快递主要通过快递员进行推广,采用人工分拣方式。数字经济时代,城市物流通过获取海量的数据资源,能够实施精细化的用户管理,精确掌握用户的地理位置信息,节省分拣环节的时间成本,加快整体运转。对于城市物流,物流企业主要采用2B和2C两种模式:第一种模式是通过将干线物流与终端门店结合,配合O2O众包、快递柜,降低末端配送的成本;第二种模式会强化仓储管理、物流配送的自动化建设,充分发挥网络系统的作用,提高线下推广效果。

金融与数据是相伴相生的,要通过数据分析了解金融的价值,而数据资源就是为金融与商业的发展提供服务的。在新零售时代,物流行业发展的智能化水平不断提高,企业开始用云技术存储数据信息,数据资产成为物流企业竞争的焦点。传统模式下,企业的竞争力集中体现在物流资产上;如今,企业可通过融资租赁、众包方式获得物流资产。相较之下,数据资产更能体现其竞争实力。大数据将成为企业发展的主要驱动力，并促使物流企业的运营过程在各个方面产生变革。

（二）借助技术实现智慧物流转型

新物流引进并应用了大数据、人工智能、云计算等先进技术手段，这些技术在该领域的深度应用，将促使物流行业向智能化方向转型升级，通过在各个环节进行数字化、智能化建设，提高整体运营的智能化水平。

物流包含的五大物理要素包括人、货、车、节点、线路。实体经济与虚拟经济要通过这五大要素走向融合，为此要发挥物流在两者之间的连接作用。除了这五大要素本身的价值外，其背后潜藏的信息流、资金流、经济关系等，以相互关联的网络化形式表现出来。在进行智慧化改造过程中，物流本身与潜藏的数据网络都能够发挥不可靠替代的作用。

1. 在“人”方面

在对物流进行智慧化改造时，货运司机、分拣人员、园区运营者等，在传统模式下只能通过全球定位系统获取相关数据，如今则可通过智能移动终端收集多方面的用户信息。

2. 在“货”方面

以往多使用条码技术，如今则可通过射频识别技术进行货物追踪，并进行高效的信息管理。举例来说，PRADA在传统模式下主要依据服装销量判断其市场热度，将销量差的服装款式下架；如今，利用试品上装置的RFID，品牌能够对该试品试穿次数与销量进行综合分析，调整那些试穿次数多、销量却不高的服装有效促进其后期的销售。

3. 在“车”方面

以往主要通过全球定位系统获取相关数据，如今则在运载货车上安装了传感器。部分物流企业构建了相应的数据服务平台，能够从传感器硬件设备和远程信息设备中收集相关数据，进而实现数据资源的整合利用，为物流供应商和客户随时查询货车的运输状态提供便利。

4. 在“线路”方面

以往主要通过摄像头获取数据，如今则可利用传感器捕获集装箱、卡车、航空载具（ULD）的实时利用状态，据此分析这些交通工具的运力应用情况，从而制定最佳的运输线路。

5. 在“节点”方面

现阶段的大型物流中心、物流园区主要在内部管理系统进行信息化建设；而不少小规模企业则另辟蹊径，采用 SaaS（软件即服务）模式，通过使用网络软件，提高对自身经营活动的线上管理能力，并促进了系统内部的信息共享。

随着网络化、信息化的建设与发展，新物流也能够跟上数字化时代的步伐，促进企业当下的业务发展，实现资源的优化配置及整合利用，提高企业运行的规范化程度。

（三）新物流时代的企业运营路径

传统模式下，实体商业与虚拟商业之间相互独立；未来，两者将实现结合发展，商业生态体系也将发生颠覆性的变化，促使物流行业改革传统思维，实现创新式发展。

马云在第六届中国电子商务与物流企业家年会上表示，未来，将线上、线下打通的新零售将以主流姿态出现在市场上，电子商务将不复存在。物流行业将在新零售的驱动作用下产生变革，线上渠道与线下渠道的运营将被打通。

与此同时，线下渠道的运营将趋向于数字化发展方向，从而优化实体店的管理，有效提升用户体验，实现商品的优化配置。不仅如此，实体店的商品将与线上渠道进行互动，推动电商网店向线下渠道拓展，传统零售业开通线上渠道，并将这两种发展方式融为一体。在新零售时代，线下数字化将占据更加重要的市场地位，成为货物流通的核心。

在数字经济时代，客户对物流服务即时性的要求明显提高，为了满足消费者的需求，实体店会着重发展即时性供求体系，争取在半小时之内将商品送到消费者手中。传统模式下，网店的商品主要从仓库里发货；在新零售时代，则能够从距离消费者较近的实体店发货，让实体店在物流配送过程中发挥更重要的作用。末端物流体系将呈现出新的特点，物流数据化平台的发展将趋于完善，大数据会被广泛引进社会化仓储系统中，提高企业物流资源的利用率，扩大企业资源的社会化开放程度。近年来，以阿里、京东为代表的实力型企业，都积极融入社会化物流体系中，不断提高自身物流系统的包容度。

在数字经济时代，企业要想获得更加长远的发展，就要掌握评估企业价值的方法，那么，物流企业的价值体现在哪些方面呢？

（1）距离用户近的物流企业，商业价值更高。末端物流是企业价值的重要体现，这个环节汇集了用户的相关信息，便于企业挖掘其商业价值。

（2）积累物流运营数据多的物流企业，商业价值更高。同样是运输人员，能够获取丰富运营数据的人，才能获得更好的后续发展。

（3）推出供应链运营所需的各类增值服务，在整个运营过程中占据更加重要的地位的物流企业，就能强化自身对产业链的控制作用。

在数字经济时代，资产对物流企业的价值逐渐降低，相比之下，运营能力才是企业应该关注的重点。通过提高运营能力，企业能够充分利用现有资产推动自身发展。国内物流企业应该抓住机遇进行转型升级，如果仍然固守传统思维，就会在激烈的市场竞争中处于不利地位，最终被淘汰出局。

二、利用新技术重塑物流品牌

（一）技术驱动的品牌升级

电商行业的持续稳定发展，离不开物流提供的强有力支持，现代企业竞争强调供应链之争与生态系统之争，包括生产、供应、零售、物流等在内的上下游企业应该高效联动，促进供应链一体化建设。这里以菜鸟为例。

在2017年5月菜鸟网络主办的“2017全球新物流峰会”上，菜鸟网络对其品牌标识进行更新，并宣布启动未来绿色新物流汽车计划“ACE”，将与上汽、东风、瑞驰等合作伙伴共同生产上百万辆新能源物流汽车，通过新物流助力中小企业及中小物流转型升级。

1. 品牌升级，发布极具科技感的新LOGO

升级后的菜鸟网络LOGO用极具科技感的一组符号取代了小鸟，中间的运动箭头寓意货物及数据的流动。外观上，运动箭头像人工智能缩写“AI”，也像世界通用技术语言0和1。

AI寓意智能、智慧，菜鸟物流将基于大数据开展智能控制与调度，让物流业告别繁重的体力劳动；AI也是中文“爱”的拼音，代表了货物流动程中人与人的交互、爱的传递，传递了菜鸟网络践行“科技让生活更美好”的价值观。寓意菜鸟网络将长期坚持开放共享的商业理念，致力于将自身打造为全球性商业基础设施。

2. 个性定制百万辆新能源物流车助力运输配送网

菜鸟品牌升级的宏观背景是我国新物流迎来快速发展期。近几年，我国社会物流总费用位居世界第一，是全球最大物流市场，但物流智能化水平相对较低。虽然汽车厂商推出了新能源车型，但没有智能系统加持，对物流快递业发展带来了一定的阻力。同时，仓配、分拣、末端配送等环节的软硬件设备智能化水平都有较大的提升空间。

协同共享是发展新物流模式的重要基础，从诸多实践案例来看，物流企业需要的新物流服务主要集中在物流数据、物流云、物流模式及物流技术方面。

菜鸟网络作为全球领先的智能物流大数据公司，在行业标准制定过程中扮演了不可取代的关键角色，通过和汽车厂商合作，打造配置“菜鸟智慧大脑”的新能源新物流汽车，将为物流企业及从业人员的决策提供有力支持，在全国范围内构建一张庞大的移动绿色新物流骨干网。

3. 智能物流面向中小物流开放，服务万个中小品牌

新物流基于信息化互联网，充分利用大数据、云计算、物联网等新一代信息技术，实现多种物流系统的无缝对接，革新商业模式及产业结构。菜鸟网络将开展两个方面的战略升级。

（1）升级开放战略。此前，菜鸟网络主要将精力集中在加强物流基础数据整合与开放方面，为大型商家及物流企业提供技术与服务支持；未来，菜鸟网络会更加重视为中小商家及物流企业提供技术与服务支持，让广大中小品牌能够获得定制化的智能供应链解决方案。

（2）促进国际先进物流智能设备在国内物流业的推广普及。由于新物流成本与技术门槛相对较高，很多企业虽然认识到了其发展机遇，但因为没有足够资源，无法进行系统布局，而菜鸟网络未来将致力于物流智能设备的平台化，让中小企业乃至个体也能享受到新物流红利。

随着菜鸟网络的大数据及智能算法日趋成熟，其对物流业效率提升与成本控制的作用将得到充分发挥，中西部地区也将能够和沿海城市一样享受方便快捷的当日达、次日达等优质配送服务。此外，菜鸟网络还将积极实施全球化，为 eWTP（电子世界贸易平台）提供完善的物流基础设施，为国际企业及消费者提供新物流服务，在国际舞台上展现出中

国企业的风采。

(二)打造极致的服务体验

以苏宁为例。

在苏宁物流发布的品牌升级计划中,“轻简生活”概念得到了社会各界的广泛关注。苏宁物流之所以提出这一概念,是因为它认识到了现代人追求简单、便捷的生活理念,意欲通过去除物流冗余环节,创新物流配送模式,让消费者享受到更为智能化的物流体验,从而提高人们的生活水平与质量。

1. 苏宁的“轻简生活”新理念

苏宁物流的“轻简生活”模式从润物无声、海纳百川及无限可能三大视角上展开。苏宁物流“急速体验”产品集群为“润物无声”奠定了坚实基础。苏宁物流坚持服务理念,确保速度与精准性,为送货上门、包装回收、代扔垃圾等服务制定了严格标准,充分保障了用户体验。

“海纳百川”体验了苏宁物流的开放战略。自 2014 年实施开放战略至今,其服务领域从早期的家电 3C 扩展至商超、快消、服装、母婴、家居等诸多领域,客户不乏美的、夏普、松下等国内、国际知名品牌。

“无限可能”是苏宁物流在“三网一平台”基础上对新物流进行的深度布局。“三网”包括仓储网、干支线运输网、末端服务网,拥有 600 多万平方米的仓储网络、4 万多辆车辆资源、3 700 余条干线运输网、18 769 个快递点、超过 5 000 个售后服务网点、2 912 个易购直营店等优质资源;“一平台”是指大数据平台,在苏宁物流大数据平台的支持下,将会为客户提供全链路、全渠道、全客群的到达路径。

2. 收快递变得轻松简单

虽然电商购物在国内已经得到了大规模推广普及,但收取快递的痛点仍未得到有效解决。比如,上班时间快递送到家中无人接收;想要为居住在农村的老人购置电视、冰箱等商品却受制于配送困难等。

为了解决这一问题,苏宁物流推出了丰富多元的收货方案,其“急速达”服务能够在 2 小时内将商品送到用户手中;“准时达”服务强调收货时间精准性,上线初期将误差控制在 2 小时以内,全天有 6 个时间段可供选择。2018 年 5 月,苏宁物流对“准时达”服务进行升级,误差控制在 1 小时以内，可选时间段增加至 12 个。用户还可以使用“预约配送”服务，自由选择下单一周内的每天 9：00–14：00、14：00–18：00 预约送货上门。

苏宁物流还推出了一系列特色服务，连接人们更多的生活场景。比如，“苏宁帮客家”拥有超过 5 000 家线下门店，能够辐射全国 97% 的地区，可以为用户提供修电脑、洗空调、选家政、治甲醛等优质服务；“送装一体”服务极大地方便了购买家居、家电商品的用户，服务网点超过 2 741 个，可以为 114 个城市用户提供优质服务。

3. 苏宁物流品牌升级

线下门店为苏宁物流提高效率、提升用户体验提供了强有力支持。线下门店同时扮演库存中心、配送中心、中转中心、销售中心、体验中心、自提网点等多重角色。用户上班下单购买后，可以下班时前往附近苏宁易购门店自提商品。同时，海量苏宁小店使苏宁物流能够解决最后一公里问题，为苏宁物流提供“轻简生活”服务奠定了坚实基础。

苏宁物流的“轻简生活”还强调绿色环保可持续。比如，苏宁物流推出的“共享快递盒”能够实现循环利用。2017 年 4 月，苏宁物流在“苏宁 418”活动中首次投放了 5 万个共享快递盒，仅半年时间便节约了超过 650 万个快递纸箱。如果这种共享快递盒能够在我国电商行业实现全面推广，一年就能节省近 46.3 个小兴安岭（目前，小兴安岭约有 155.5 万棵树木）。

苏宁物流计划在 2018 年“双 11”期间对共享快递盒应用范围及规模进一步扩大，从如今的 8 个城市 5 万个共享快递盒扩大至 13 个城市（新增杭州、深圳、重庆、郑州、济南）20 万个共享快递盒。

无人物流也是苏宁物流正在积极布局的一个领域。比如，苏宁上海奉贤仓储基地投入使用 100 组机器人，后续将扩展至 1 000 组，届时将成为全国最大的机器人仓库；苏宁物流济南 AGV 机器人仓于 2017 年“双 11”期间正式使用；郑州、重庆、深圳等城市的机器人仓也在建设之中。此外，苏宁物流计划建立 5 000 个无人机新物流枢纽，并在全国范围内开通“镇到村”专属无人机配送线，为交通不便的农村地区物流配送问题提供新的解决思路。

（三）无人物流时代来临

数字经济发展对于流通业的影响，就是能够帮助减少流动环节，从而节约资源。消费者消费商品和服务的成本，主要包括两部分内容，一部分是生产成本，另外一部分是将产品和服务传递到消费者手上的成本。我们知道数字经济时代下的制造业将可能更好地发现、识别和满足消费者的需求，从而减少库存和资源浪费。而 C2B 模式的兴起，也使得商品和服务能够更快、更直接地传递到目标消费者手中，从而提高效率，减少损耗。以下以京东为例进行分析。

在京东 X 事业部于 2018 年 5 月 29 日在京举行的“618JDCUBE”大会中，无人重卡、无人机、无人超市、智慧餐厅等项目集中亮相，向外界展示了京东积极发力“互联网 + 物流”，以人工智能、物联网、大数据等新一代技术推动物流智慧化转型的决心和勇气。

1. 无人重卡

大会上亮相的无人重卡是京东自主研发的首款 L4 级别（自动驾驶分为 L0–L5 六个阶段，其中 L4 和 L5 级别都属于无人驾驶，区别在于 L4 是部分工况下的无人驾驶，比如仅在港口内运行等）无人重卡，长、宽、高分别为 9 米、2.5 米、3.5 米，车厢长度约为 14 米。

得益于汽车配备的激光雷达、摄像头等智能传感设备与系统，京东级无人重卡能够进行较远距离的物体检测、跟踪及距离估算，对自动驾驶行为进行判断。

京东 L4 级无人重卡基于高清地图提供的数据支持，运用视觉定位技术能够实现精准到厘米的车辆定位，可以完成自动转弯、自动避障绕行、紧急制动、高速行驶，能够适应隧道等特殊场景作业。传统干线物流存在人工作业劳动强度大、时间成本高、安全性较低等短板，而随着无人重卡不断走向成熟，这些问题将得到有效解决。

在京东 X 事业部总裁肖军公布的京东无人重卡发展计划中，2020 年在国内完成商业化试运营。未来，北京、上海、广州三大一线城市，以及华北、华中、东北、西南、华东、西北、山东七大区域中心的干线货运中转及长途运输工作都将由京东无人重卡完成。

2016 年，京东无人重卡项目启动，在美国硅谷搭建了无人驾驶、人工智能等领域人才团队，致力于推进无人驾驶技术与物流商业化应用实践。美国硅谷对无人驾驶汽车测试持开放态度，京东无人重卡项目团队进行了大量无人驾驶测试，对有人卡车大数据环境进行模拟，分析卡车与驾驶人的驾驶行为，提高无人驾驶的效率与安全性。

京东X事业部全面负责京东新物流项目，在京东无人机、京东仓储机器人、京东自动驾驶车辆送货、京东全自动物流中心等领域进行了一系列的探索实践。京东物流正在积极完善“空地一体”三级新物流网络，该网络涵盖了干线、直线、智能终端、智能机场，及进行末端配送的无人车、无人机等，能够为京东物流配送提供强有力支持。

2. 自主研发JDY-800无人机

JDY-800无人机是由京东自主研发而成，和部分企业选择购买飞机产品进行改造不同的是，京东从零开始，用1年多的时间，依据无人机设计制造技术与工艺研发而成。

JDY-800无人机翼展超过10米，起飞重量可达840千克，巡航高度可达千米，巡航速度达到200千米每小时，可连续飞行1000千米，具备全天候全自助飞行能力。JDY-800于2020年进入运营阶段。

京东北京与西安研发中心为京东无人机研发及市场应用提供了强有力支持。2016年6月，京东完成无人机首次飞行；同年11月，在陕西等5省完成飞行测试。2017年6月，京东无人机在陕西实现常态化运营；同年11月，在江苏也实现常态化运营。据统计数据显示，截至2018年4月，京东无人机出动次数高达2万架次，飞行总里程达10万千米。

由于我国现行政策对无人机飞行设置了诸多限制条件，京东无人机应用主要在农村和偏远地区，而且无人机飞行前要提前一天向空军、航管局报备，提交飞行计划，以便更好地维护空中秩序与安全。

3. 无人配送机器人

无人配送机器人是京东新物流体系的重要组成部分，2017年，京东在清华、人大、浙大、长安等部分高校开展无人配送机器人配送实验，目前已经进入常态化运营阶段。由于技术限制，京东无人配送机器人更加适合封闭式园区、校园，及交通管理有序的生态城，在解决最后一公里配送方面有广阔的应用前景。

无人配送机器人的出现，引发了外界关于快递员会失业的担忧，事实上，这种担忧是没有必要的。在相当长的一段时间里，无人配送机器人根本无法完成全部的快递配送工作，其对交通路况、路面平整度等条件有较高要求,配送员与机器人协作是主流方向,人机协作可以有效提高配送效率,降低工作负担,给用户带来更为良好的购物体验。

4. 无人仓

无人仓是新兴智能物流技术的典型代表,它通过智能算法指导仓库运营,使仓库具备数据感知能力,由机器人完成入库、搬运、分拣、装车等劳动强度大、溢价能力低的工作。

2017 年 10 月 9 日,京东物流首个全流程无人仓正式在上海落地,商品入库、存储、拣货、包装、装车等工作全部由机器人完成。整个仓库建筑面积 4 万平方米,库房顶部安装了大量太阳能电池板,白天充电,晚上为库房提供能源支持,未来正式使用后,日均订单处理量将超过 20 万单。

京东发展新物流并非简单地集中在某一个细节,而是从完善的物流体系高度进行全方位布局。进货、包装、分拣等环节由无人仓完成,无人机为农村及偏远地区配送,无人车完成干线运输,无人配送机器人解决最后一公里配送问题等,这使京东物流的智慧化转型具备更为广阔的想象空间。

京东新物流的商业化探索已经取得了初步成果,2017 年 12 月 11 日举行的京东物流峰会上,京东物流 CEO 王振辉表示,京东物流收入规模在 200 亿 ~ 300 亿元之间,已经进入盈利阶段。外单贡献占比不断提升,一方面是京东平台第三方商家订单快速增长,另一方面则是网易严选等合作伙伴给予的支持。

人工智能、大数据、物联网等智能科技的不断发展与应用,是京东新物流转型的重要推动力量,而物流水平的提升对提高社会供应链运行效率,降低成本具有极为重要的价值。当然,这仅靠京东物流等物流企业的努力是远远不够的,政府、高校、技术开发商、服务供应商等都应该积极参与进来,对新物流技术研发与应用进行广泛研究,推动我国物流业不断走向成熟,为中国经济持续稳定发展增添新动能。

三、构建全新的智能物流网络

(一)构建新物流体系

在数字经济环境下,交易互联网将超越传统的线下零售与分销网络，跳出传统的电商交易体系，比如 B2C 平台、B2B 平台、微商、社交电商等。新物流通过模式、渠道、利益机制的重构，借助互联网、移动互联网等技术，与大数据、云计算、分布式终端实现融合，将各个交易环节连接在一起，构建一个一体化的交易网络。在这个网络中，商品、组织、企业、零售、服务网络将实现无缝衔接、紧密融合，以用户需求与期望为中心对运营方法进行创新，重构零售供应链，降低交易成本，提升响应速度。

近年来，在各大电商巨头的努力下，比如阿里巴巴在线下渠道的布局，京东在农村电商、金融等领域的探索等，交易互联网逐渐成形，为传统产业与互联网、移动互联网的结合提供了有效路径。

进入数字经济时代，万物开始互联。随着各种新技术（AR、VR、人工智能、深度学习、NFC、RFID、LBS、4G、5G、智能仓储等）进入新零售市场，物联网逐渐实现了深度应用。2018 年上半年，阿里巴巴启动 NASA 计划，与京东 X、Y 事业部相结合可以发现，物与物、人与物将实现便捷、高效的连接。将来，零售产业链将实现深度重构，在物联网的作用下，产品生产制造、数据挖掘、在线交易、仓储运输、零售终端等环节将实现相互连接，进而催生下一波商业机会。

随着新零售全面推进、不断深化，智能物联网吸引了各大商业巨头的关注，这些巨头遍布美国硅谷、中国的中关村、以色列、东南亚等地。从这方面来看，未来，零售不再是单纯的零售，物流也不再是单纯的物流，可以实现自动连接、自我管理、智能互动的人机智慧连接器将应运而生，现有的商业模式将被彻底颠覆。

商业领域的竞争非常复杂，既有供应链的竞争，也有生态系统的竞争，但最主要的还是人才的竞争。在新零售环境下，复合型人才或高级专业技术人才将备受企业关注，成为企业争夺的对象。在新物流体系中，物流企业需要既知晓传统物流规律，又拥有互联网思维、新兴技能、商业变革领导力的人才。在这场产业变革中，关系不是竞争的焦点，资源整合、领导执行、创新管理等综合能力才是。

物流企业要想在新零售环境下实现更好的发展，必须创建一支能满足企业变革、升级需求的人才队伍。现如今，阿里巴巴、百度、腾讯等商业巨头正在利用各种方式布局自己的人才网络，比如寻找合伙人、战略结盟、招聘、投资并购等。将来，这个人才网络将成为企业核心竞争力的体现。

普通的物流行业从业者与创业者无须与 BAT 等商业巨头较量，只需因地制宜、积极布局,创建自己的人才队伍、打造自己的人才体系。

(二)提升仓储响应的速度

1. 全网入仓

进入数字经济时代,品牌塑造模式不断升级、变革,在品牌塑造方面,消费者产生了极大的影响。同时,在线上渠道、线下渠道同时加速前进的过程中,全渠道、碎片化、分布式、拉动式需求模式对品牌传统的分销渠道、供应链管理产生了极大的影响。

在这种情况下,货物调拨与管控都将面临极大的挑战。近年来,线上零售商也好,线下电商也罢,都开始进行仓储布局,既给品牌商带来了好处,也给品牌商带来了诸多问题。比如,通过仓储布局,品牌商可减少仓储投资,缩短货运距离,加快响应速度,但品牌商必须重新构建自己的物流分销体系。在新零售环境下,电商仓储、线下零售仓储是两种截然不同的运营方法,在采购、下单、交仓、逆向物流等环节,零售商有不同的表现。在这种情况下,品牌商必须全面提升自己的全网入仓能力。

现如今,这一需求变得愈发迫切。前期,阿里巴巴、京东等大型零售企业一直致力于面向 C 端及仓的物流布局;未来,随着新零售不断融合,从 C 端到 B 端,再到品牌商、生产厂商,入仓网络将成为竞争焦点,备受关注。

2. 分布式仓储

近年来,随着电商不断发展,物流地产,尤其是物流仓储获得了飞速发展。在一、二线城市,城市标准仓一度遭到哄抢,在某些一线城市,普通仓储甚至出现了一仓难求的状况。

在新零售环境下,受需求模式的影响,仓储将成为零售产业链核心资源。受新物流社会化模式的影响,物流企业不能利用传统的租用或自建自用的方式构建物流体系,需要变传统模式为综合管控模式。所以,零售产业链的仓储形式发生了极大的改变,逐渐从原来的核心仓、零售仓转变为微仓、社区仓、店仓等多种形式,以零售产业链为核心的多级分仓体系逐渐形成。

在这种情况下,将有更多零售平台、品牌商借合作、外包、联营、加盟等方式构建自己的核心竞争力,发展分布式仓储体系,为新零售环境下的供应链提供有效支持。从这方面来看,因为仓储资源本身就是一种公共资源,自建仓的数量将越来越少,众包共享共建仓将成为一种全新的发展趋势。

3. 仓到仓运输

在电商驱动下,物流网络实现了转型升级。随着快递、快运迅猛发展,物流市场的转型升级速度越来越快。近年来,专线物流市场备受关注。在中国公路物流市场中,专线物流市场的占比达到了70%,专业、高效、单线集约化是其主要优势。现如今,专线物流市场已成为连接仓与仓的主要线路。

除此之外,随着农村电商不断发展,支线物流业受到了极大的关注。所以,在新零售环境下,不仅分布式仓储呈现出快速发展之势,仓与仓之间的干支线网络也将全面升级。未来,干支线物流调拨网络将实现深度整合。近年来,借助自建、战略投资、外包整合等方式,阿里巴巴、京东、苏宁等企业加快了在该领域的布局。同样,物流探索者也通过设备、管理模式、技术体系的升级对仓与仓之间的运输网络进行了有效拓展。未来,运输网络有可能成为加快物流体系响应速度的一大关键要素。

(三)打通最后一公里物流配送

近年来,在国内物流市场上,同城物流备受关注,成为物流领域创业者、资本争相追逐的对象,其原因有以下两点:第一,同城物流与消费者的距离最近,覆盖了多种类型的需求,包括即时需求、计划需求等;第二,同城物流为“首尾最后一公里”配送难题提供了解决方案,覆盖了区域短板、区域配送等多种业务场景。

有人认为,现阶段,我国同城物流配送的市场格局已定,事实却并非如此。据观察,国内的同城物流市场还存在很多可能性,尤其是线上线下协同。随着客户体验、消费场景、管理模式持续升级,同城物流体系很有可能再次迭代升级。

在新零售环境下,传统的只专注于某个环节或某个细分市场的同城物流体系将面临极大的挑战。未来,面对大零售、泛零售、居民生活领域层出不穷的需求,同城物流需要全新的同城整合服务模式,这种同城网络体系不仅具有传统的仓到店、店到家、店到点的运输功能,还具有跨区域、跨品类、跨城市、跨场景的综合服务能力。

从阿里巴巴、腾讯、百度等行业巨头的布局来看，物流最后1公里、3公里领域的布局已经完成，30公里、100公里还没有迎来成熟的发展时机，存在很多竞争者。所以，该领域的网络建设将聚焦物流场景、零售场景的管理与整合，全渠道、全范围的物流服务网络与个性化响应网络体系的构建。

进入数字经济时代，商品监督权、使用权、所有权、决定权不断在零售产业链上移动，变化速度极快。在万物互联、交易互联的环境下，因货物缺损、换货、客户拒收等原因导致的物流效率低、成本高、响应速度慢等问题都尚未得到有效解决。

虽然菜鸟、京东自建物流在逆向物流体系建设方面取得了一定的成就，并在大力推进逆向物流体系建设，但逆向物流服务的场景要求越来越多，现有的逆向物流体系根本无法满足这些要求。究其原因，除了逆向物流需求具有复杂性、不确定性之外，还因为逆向物流需要在数据管控、线路优化、包装设计等方面开展一体化管理，不断转型升级。

在这种情况下，专业的物流企业迎来了一个很好的发展机会，其主要工作就是在阿里巴巴、京东这些行业巨头完成布局之前，找到逆向物流潜在的规模化价值，将其延伸服务纳入自己的产品服务体系，打造一个“人无我有，人有我优”的产品组合，以成功完成布局。

（四）品牌孵化与升级

现如今，品牌打造讲究“互联网+线下网络协同推进”的方式，于是，品牌打造成本也就随互联网流量成本的增加而增加。在品牌打造方面，随着社会营销门槛不断提升，线下品牌营销模式就成了一种最好的补充模式。

品牌塑造不是一蹴而就的，其需要企业与专业人才投入大量时间与精力。在这种情况下，各大企业纷纷在品牌塑造领域布局，凭借自己了解消费者，掌握销售渠道、流量、场景、用户、数据等方面的优势创建一个全链条品牌管理服务体系，为品牌商打造品牌提供了助益。

无论是天猫、淘宝平台上的淘品牌，还是京东的自营模式，抑或是内容电商、社交电商，这些商业模式的探索都以品牌管理与服务为切入点，最终通过与品牌商、生产商供应链体系的融合完成品牌孵化与升级，这是未来商业发展的主要趋势。

在物流方面，物流行业的从业者亟须解决以下问题：在新品牌网络体系中，物流企业如何借运输、物流、仓储等方式让品牌商更好地布局供应链管理及销售分销网络，从中获取更多价值？对于物流企业来说，这是其深入品牌服务体系最需要考虑的因素。

在数字经济时代，协同是一大典型特征，这里的协同不只是数据协同，还包括操作协同、管理协同。它要求以用户需求为核心，聚焦用户体验升级，通过平台开放、人工智能、支付体系、大数据挖掘等技术构建系统化、标准化、碎片化、U 盘化的新零售产业生态体系，让线上线下、企业内外、平台与用户共享物流、数据、规则、管理、流程、利益等内容，实现无缝运转、迭代升级，最终面向用户构建一个网络协同的分工服务体系。

在数字经济时代，公开透明、经济安全的服务协同网络是一切互联网交易网、智能物联网及其他网络体系的落脚点，它们以实现多方共赢为目标，共享产业链创造出来的价值，共担产业链风险。现阶段，新零售正在从电商领域向传统零售领域蔓延，原有的服务协同体系亟须打破重组。

在新零售环境下，无论是以阿里巴巴、京东为代表的服务商市场，还是以沃尔玛为代表的配套零售产业服务体系，抑或是其他细分服务商都需要调整、重组，其未来的发展趋势需要深入挖掘。站在新零售变革的风口上，物流企业能否成功转型升级，关键在于物流企业如何看待这场变革，如何采取行动。

第五节　数字经济下医疗行业的变革

如果说，离数字经济越远的产业有着越大的势能，那么，医疗行业正是这一有着巨大势能的行业。数字经济的发展给医疗与健康行业带来的影响，在短期，是将医疗资源的需求和供给更好地进行匹配，而在长期，则是动员更多的资源进入医疗和健康行业。

一、数字医疗的内涵

医疗卫生是一个很大的行业，而且是一项精巧的人类活动。它需要现代化生产的高效和规范化，也需要像神父一样的温柔及与人为本。它是一门科学，也是一门艺术。而科技将改变这一行业，改变医生的工作形式，也将改变医生之间以及医生和患者之间的关系。

医疗水平直接关系到广大人民群众的健康安危，作为最基本的民生需求，医疗在民生领域占据非常重要的位置。人工智能、大数据等数字技术不断向传统医疗行业渗透、融合，必将促进医疗行业的巨大变革。智慧医疗，是指物联网、大数据、人工智能等数字技术与现代医疗的充分结合，促进全国甚至全球医疗资源的优化配置，从而提高医疗效率，降低患者就医成本，改变患者就医方式。当前，患者通过在线医疗数字平台，采用文字、语音、图片甚至视频等多种方式向医生描述具体病患症状，就可让医生充分了解患者患病基本情况及病情变化趋势，从而有效制定并提出合理的诊断意见和诊治建议。根据马化腾等著《数字经济：中国创新增长新动能》一书及其他有关的公开资料，“春雨医生”“丁香医生”“温暖医生”以及其他一系列医疗 App 等在线问诊企业，其服务内容包含病情在线咨询、患者电子健康档案管理、患者相关医疗数据储存、远程视频诊治、药品等医疗物资电商服务等内容，借助这些医疗数字平台，患者足不出户就可以方便地享受运程在线问诊、咨询及医药用品购买一体化服务，不但为患者获得质量更高的医疗服务提供更大便利，也大幅度降低了其就医成本，提高了就医效率，关键借助数字平台患者和医生之间可以建立长久联系，缓解医患矛盾，患者和医务人员之间的信任度也逐渐提升①。

二、医疗行业变革

（一）数字病人

所谓“数字病人”（iPatient），是“一种新型的以二进制为单位”的病人，“这种病人在进入急诊室的时候，已经被注册，做了相关的检查，并已经有了大概的诊断”。在看到真实的病人前，已经通过电脑了解到病人的情况。真正的病人在这样的制度里只起到保持床位温暖的作用，并确保含有他健康信息的文件夹在计算机上一直处于激活状态。数字病人的血液检查结果和放射检查报告会被持续跟踪并形成道琼斯指数一样的趋势图，随着指标的增高或降低随时弹出窗口提醒医生和护士及

① 赵立斌，张莉莉．数字经济概论［M］．北京：科学出版社，2020.

时调节治疗方案,并做有关测试。

近年来,临床诊治的过程已被彻底改变,从传统的医生和病人之间的直接交流,以及医生和医生之间的相互讨论,转换成了信息技术主导一切。

(二)电子病历智能共享

在过去,医生一直是手写病历,并被告知过多与患者或家属分享信息是错误的,例如,诊断为结核病、病人所患癌症是不可治愈的这种信息便不宜分享。今天,大多数人,包括患者和医生在某种程度上都变得更开放、更诚实了。在智能医疗方面,可以通过区块链技术实现个人电子病历的共享平台。如果把病历想象成一个账本,区块链可以将原本掌握在各个医院手上的病历共享出来,患者可以通过共享平台获得自己的医疗记录和历史情况,医生可以通过共享平台详尽了解到患者的病史记录。共享平台为患者建立了个人医疗的历史数据,不论是就医治疗还是对个人的健康规划,都可以通过共享病历平台了解自己的身体状况和就医历史记录。将病历数据真正掌握在患者自己手中,不是被某个医院或第三方机构掌握。利用区块链技术的加密机制还能够保证共享平台兼顾患者的隐私性和病历数据安全性,患者能够控制自己的病历向任何一方开放,同样也能控制病历的流动方向。

此外,利用区块链分布式数据库的海量数据可以对个人进行健康画像,通过个人健康模型定期提示体检情况及需要注意的饮食。同样,结合电子病例数据库中的治愈情况,不同患者可以在智能电子病例中得到推荐的医院甚至是医生。通过智能电子病历,可以综合患者过往病史为患者提供预防性医疗建议。

(三)智能处方共享

智能处方共享是指医生在医治患者的过程中可以通过智能处方共享平台查看相似病情的处方信息,从而达到处方共享的目的。目前,医疗处方存在以下几个问题:(1)患者修改处方,医生滥开处方;(2)药店和医院分离,分发流程不透明;(3)医疗条件的极度不均衡导致相对落后地区的医疗人员经验不足,延误患者病情。

基于区块链技术的智能处方共享平台可以追溯处方来源,同时确保患者不会篡改处方。将药店纳入区块链平台网络中,可以有效确保药品分发透明公开。最重要的是共享平台有利于提高医疗条件不发达或欠发达地区的医疗水平,为患者谋福。尤其在我国中西部偏远地区,患者可以通过处方共享平台得到各大医院对不同病情所开出的处方,从而得到及时的治疗意见。

利用区块链技术实现医院与合作药店之间的连接,建立准实时处方分发机制,确保医院与药房处方的一致性、完整性。每份处方都具有处方标签,平台对处方重复使用进行严格控制,出现相同处方标签时会全网通知核验,杜绝处方重复使用的乱象。

(四)医疗智能评级

医疗智能评级是指基于区块链技术建立监管部门与各大医院的联盟链医疗平台,对全国各大医院的病例、处方进行监管,有效缩短查询查复周期,并保证数据的完整及透明性。此外,智能评级系统还会借助区块链中各家医院的数据建立医疗评级模型,对三甲及以下级别的医院定期评级,有效防止医院各自为政,有助于提高医疗综合实力。

(五)药品的溯源

区块链技术与物联网技术融合,能够实现对药品全生命周期的追溯。在药品原料采购方面,采用物联网技术,在药品原料采购、运输过程中进行数据采集和监控,并录入区块链分布式数据库进行跟踪。在药品生产制造过程中,通过打通生产制造执行系统(MES)企业管理系统(ERP)与区块链溯源系统的数据通路,实现生产、销售数据的实时监测和评估,药品溯源系统设有监管节点,所有生产药品需通过监管节点的数字证书签名才能进入市场。在应用端,可以提供用户App、二维码、微信小程序等追溯媒介,使用户能够灵活、便捷地溯源药品的全流程数据。

(六)助力临床和健康管理

通过为医生与患者开发虚拟形象个性化人工智能,医生利用个性化人工智能提醒病人注意遵医嘱并改进生活习惯。比如健康状况较差的独居老人往往会存在抑郁的风险,而借助个性化人工智能虚拟形象可以在日常生活中密切注意老人的生活,并督促老人正常饮食及锻炼。如果是一位老人熟悉的家人，还可以在某种程度上营造亲友就在身边的感觉，有正面的心理暗示作用。同样，对于出院后处于康复期的患者，虚拟人工智能形象也可以发挥同样的作用，减少患者再次入院的风险。

（七）维护临床数据完整性

在区块链上存储原始数据和文件的哈希表，通过哈希算法来验证其他拷贝，并将结果与区块链上存储的数据进行对比。由于区块链上的数据储存在百万计的节点上，任何数据篡改都会被及时发现。另外，此类技术还可以应用在对透明度、细粒度数据要求高的领域，比如医疗行业。医疗机构需要处理大量敏感数据，极容易成为黑客攻击的目标。区块链技术可以在跨机构验证，分享的病人完整数据，生成不可篡改的治疗流程数据账本记录，以及维护临床试验采集数据的完整性上都非常有用。

（八）医疗机器人

机器人医生正在大量出现，这些新的机器人，意味着智能医疗的发展，相当于在医疗系统中增加了大量的名医。这些“名医”，不仅具有高超的医术水平，最为重要的是，它们可以不受距离的限制，使得优质医疗资源能够到达很多偏远的地区。随着技术的发展，未来的很多医疗诊断，通过一个智能手机就能够完成。

文明的发展是通过扩大一些重要的行动来完成的，而这些行动我们却可以不假思索地完成。药剂师们在核对药方。核对完成之后几秒钟，就有标签从旁边的打印机打印出来，然后技术人员根据标签采集对应的药物。如果药物是药片，那么药剂师就将药片从药瓶里面倒出来或者从片剂包装里面挤出来；如果要求药物是以静脉滴注的方式供给，药剂师会用注射器穿过铝盖小心翼翼地将药物溶于注射液。

即使药房的技术人员发生操作失误，其他药剂师仍然有机会在药物离开卫星药房之前纠正技术人员的错误，因为他们会检查每一份即将被送出药房的药品。但是病人可能会在几个小时或更长时间后才需要服药，所以这意味着仍然有时间将电子处方传送到药房机器人进行处理。药房机器人是专门为了药房抓药而设计的，它还能够将药片装入贴条形码的薄膜袋，然后将这些包装用塑料环捆绑，送去病房装在储药柜里。加州大学旧金山分校医学中心的首席执行官在机器人启用时说，“这是我们为避免人为失误所迈出的第一步。”

毋庸置疑，机器人的确在某些方面比人类更加精准，这就是今时今日机器人已经在医疗行业和其他工厂作业中代替了人力的原因。加州大学旧金山分校医学中心的这台机器人就像其他的机器一样，非常准时又不需要休息，并且也不会像人一样分心。

随着机器人医生的出现，我们可以预估，优质医疗资源短缺的问题将得到极大的改善，也能降低医疗资源分布的地区不平等。

随着医疗卫生领域不断进步与完善，结合互联网技术与人工智能技术，我国也在大力推进智能医疗的建设。智能医疗是医疗与人工智能融合发展的产物，同时融合了物联网技术、计算机信息处理技术、网络通信技术，通过打造智能化医疗信息平台和医疗档案存储平台，实现患者、医务人员、医疗机构、医疗设备之间的互联互动，逐步达到医疗信息化。

三、数字医疗的发展趋势

近年来，越来越多的智能硬件都可随时连接网络，这无疑为数字医疗的发展提供了良好的土壤。虽然我国大众不像西方国家民众已经意识到健康的自我管理的重要性，并愿意为之支付高昂的费用，但数字医疗可助其健康管理更有效。在我国数字医疗能为解决医疗资源不均衡、过度医疗、药品和诊疗价格公开度低等问题提供有效的解决方案。

物联网、人工智能、机器学习、区块链数字技术正从消费和商业使用转移到医疗行业，如借助智能手机就能让用户获取和共享自身的健康数据，医疗供应商能够与患者全天候互动，还能实现医疗服务的追踪和个性化定制，数字医疗技术的发展和应用使人们越来越确信它将改变医疗行业的现状与未来。数字医疗的内容也非常多样化，涵盖了从面向消费者的一般健康应用程序到通常需要 FDA（Food and Drug Administration，食品药品监督管理局）批准的高级临床解决方案，医疗行业的数字化和向以价值为基础的医疗服务的巨大转变使数字医疗与传统医疗的结合将日益紧密，数字医疗行业的趋势也愈加明朗化（马化腾等，2017a）。

（一）数字技术优化医疗服务的工作流程

传统医疗过程中，患者从预约挂号到接受诊疗到享受医疗服务，通常需要几周或几个月的时间，医生们在诊疗时又十分匆忙，将患者数据输入电子病历还要花费太多的时间，如何高效地进行医疗服务交付成为困扰业内人士和患者的复杂问题。而数字技术的应用可以为那些时间紧迫的医疗人员提供决策支持、更高效的工作流程和不同形式的移动通信，使其能在更短的时间内接待更多的患者，同时也为患者提供更好的医疗体验。

此外，在决策支持、人工智能和数据工具等数字技术的辅助下，就医时间大为缩短，不仅使更多患者得到医疗服务，还有助于降低劳动力成本和医疗成本。例如，护士、初级保健医生、病例管理人员可通过数字技术分担一些原本属于专门医生从事的工作，使医生的更多精力集中于诊疗与医技水平的提升，甚至患者在数字技术的作用下也能利用智能移动设备在家中进行医疗方面的自我管理（互联网医疗中国会，2015）。

（二）AI 助力药物研发与数字干预

AI 落地医疗，在助力药物研发、医生诊断等方面表现非凡，目前正在为一线医生降低劳动强度，并帮助医疗资源覆盖到偏远地区。公众能够直观感受到的就是多地大医院配备的为患者回答问题、初步分诊、疏导患者的人形导医机器人。其实 AI 更多地表现为助力药物研发以及通过应用程序的设置与数字干预提高临床疗效，药物发现的过程涉及数百种化合物的鉴别以及这些化合物在后续试验过程中持续不断地被剔除，通过缩小治疗靶点的范围，AI 能够更迅速、廉价地帮助药企研发新药，大大缩短研发新药的时间和成本。此外，借助 AI 技术，通过以临床上可证明的方式改善患者的健康应用程序等数字干预措施，使用各种健康、行为和情境数据，如睡眠、血压、血糖、体重等来改善患者的治疗计划。这类应用程序具有令人信服的临床疗效，制药公司也有兴趣将数字干预与其生产的药物相结合，以改善预后，并进行产品细分，然后直接与患者接触。例如，将传感器嵌入药丸中，以追踪患者的药物依从性（王晶和朱慧颖，2015；马化腾等，2017a）。

（三）智能可穿戴医疗设备促进健康自我管理

虽然借助 AI 技术使药物研发方式不断改进，但目前药物的输送和监测手段仍然相对滞后。现行的医疗监测与药物输送手段，如量血压和测心率、输液等都容易出现人为失误，如果以皮肤为平台，将可穿戴装备放置在皮肤上以进行持续的生理监测和药物输送实现健康的自我护理，不仅能让患者减少住院时间，而且获得的数据更可靠，更可大大减少人为失误。此外，通过智能可穿戴设备实时监测身体体征数据，通过对身体各项数据的显现，既可改善患者的治疗计划，也可促进更多的患者参与医患互动，还可督促用户养成良好的生活习惯，对疾病的预防也有好处（王晶和朱慧颖，2015 ）。

（四）数字技术促进医疗数据的集成与分析

近年来，已经出现了电子病历中的数字化健康数据、智能手机捕获的健康数据和基因组数据等急剧增加的趋势。这些新型医疗数据集有许多用途，如医生可以通过分析这些数据来做出诊断和决策；患者也可以从数据的预后预测中受益，医疗保险公司和那些直接支付雇员保险的公司可以用它们来完善保险精算模型。而这些数据现在处于孤立、易受袭击的分散式状态，日益庞大的数据处理起来也很棘手，而且所有数据管理如今都面临一个共同难题，那就是无法实现数据共享。而区块链具备收集全球临床信息和共享医疗记录的巨大潜力。在区块链技术的作用下，医疗数据未来应该是集中的、受保护的、网络式的。例如，登记在区块链上的医疗数据会被加密处理，患者可以选择更有保障的途径，不同于将患者的信息孤立地存储在当地的医院，患者的每一次新的就诊经历都会被记录在一个公共平台上，而且这些信息的获取权限完全由患者本人控制，可极大程度减少隐私泄露风险。

四、数字医疗面临的挑战

数字医疗领域面临巨大的机遇，同时也面临很大的挑战。这些挑战表现在人才缺乏、监管风险等方面。

（一）人才缺乏

数字医疗行业人才严重缺乏的原因，首先，国内很多医生在心理上不接受数字医疗。他们所积累的经验、人力资本在数字医疗时代，其价值可能大大下降。其次，数字医疗有很高的专业门槛。我国的医疗行业，一直存在着较为严格的准入门槛,即使在医疗服务价格信号显示需要动员更多的资源进入医疗行业,实际实行起来也很困难,这使得医疗行业很难吸收熟悉数字经济的人才进入。

(二)监管风险

医疗与民生密切相关,一直是国家重点监管行业,进入新兴的数字医疗领域的政策风险和监管风险都比较大。很多数字医疗的应用是让患者自己诊断疾病,这也存在着很大的风险,因为,一旦发生误诊,其后果可能非常严重,因此,国家有很强的动力和责任来加强对数字医疗的管理力度。

第四章　数字经济时代人才培养

随着数字经济产业的蓬勃发展，人才队伍持续壮大，各级政府越来越重视数字经济人才发展情况，本章研究分析数字经济领域中高端人才（以下简称为“数字经济人才”）的发展现状及意愿、未来就业机会、应届生和海外人才发展状况等，旨在帮助政府、企业、求职者进一步了解数字经济人才现状。

第一节　数字经济时代人才发展及现状

一、我国数字经济时代人才现状及面临的挑战

当前，我国数字经济构架体系已基本建立，各级政府相继出台数字经济相关政策。北京市将加快推进5G通信设备智能化制造等产业化项目建设，促进数字经济快速发展。数字经济人才作为数字经济发展的重要支撑，各地对数字经济人才的培育也如火如荼，高校新开人工智能、大数据和物联网等新兴专业。

（一）我国数字经济时代人才现状

伴随着互联网新动能的发轫和数字经济的崛起，构建人才价值共同体日益成为互联网领域实现实体经济与虚拟经济无缝衔接和高效融合的战略共识。以需定供、以需调供、以需引供催生了按需经济模式下新技术新业态的革命性创新和历史性突破。与此同时，分享经济已成为数字经济的最大亮点，在互联网领域如何集聚各类高端人才、创新前沿科学技术、扶持新型产业形态、培育全球领军企业，已成为我国增强国家核心竞争力的行动目标。

1. 数字经济新增就业机会

互联网在全球技术革新和产业变革浪潮中，不断孕育出新的生产方式和消费模式，深刻影响了人类社会的生活愿景。作为世界上网民数量最多的国家，中国拥有网民数量达 11 亿人，互联网使这个“自行车上的国家”从“车轮上的王国”逐步转变为“网络上的王国”。互联网的发展在极大提升人类互联互通能力的同时，带领中国走进了崭新的数字经济，同时也加剧了新一轮人才竞争。

数字经济激发人类智力，提高人们的认知水平，促进生产能力的大幅跃升，引发产业结构变迁，对就业的带动作用十分明显。随着互联网行业的快速发展和向其他行业的不断渗透，互联网人才广泛存在于社会生产生活的各个行业和层面。互联网人才的概念与内涵在互联网技术和商业模式的瞬息万变中不断更新。所有以互联网为工作对象或载体，从事互联网领域相关工作或具有互联网相关技能的人都应该视为互联网人才，其涵盖范畴既包括以创投人员、企业家等为代表的战略决策者，也包括高等院校、科研院所中的科学研究者，还包括研发企业中的工程师、数据管理员等技术工作者和 CEO、产品经理等经营管理者①。

2. 数字技术提高人们的收入水平

社会均衡稳定可测的未来？答案也许并非在于数字经济发展本身需要与中国国情、社会发展阶段、政策统筹相结合，进行通盘谋划。但总体说来，在虚拟现实和人工智能等技术发展趋势日趋明朗、新一轮科技进步和融合创新无法避免。从移动互联网、大数据到虚拟现实和人工智能，这一波技术进步是与人类社会天然契合的，新技术的落地场景也不是从生产端的工厂车间开始，而是从社交、金融、教育、医疗等与日常生活息息相关的领域兴起，这一波科技创新天然是社会性的、是亲近人的，可能会以较低成本跨越公平性陷阱。

技术进步对社会各个层面的点滴影响，人类文明的成果以可以接受的方式融入社会、造福社会。社会的现代化要求管控手段和思想的现代化，技术赋能于人，单个人的力量越大，思想越丰富，社会作为所有人的总体理应更发展、更成熟和更可控。毕竟，科技进步是推动人类社会向

① 袁国宝．新基建数字经济重构经济增长新格局[M]．北京：中国经济出版社，2020.

前发展的终极力量之一。从中国目前的发展阶段来看，原始的社会资本积累已经完成，中国社会正在经历漫长的消费升级过程，富裕起来的国民正在从基本的衣食住行需求向更高级的需求转移。新一代的技术进步将极大润滑这一矛盾丛生的过程，与社会的总需求变化是一致的。

3. 数字技术对就业的影响

通过对就业生态的调研，可知大部分从业者倾向于选择固定职业，最向往职业排行榜的前三职业，为金融、IT/ 互联网与教育培训行业等与数字经济联系较为紧密的行业，而对副业与跳槽的态度则大多持支持或无所谓态度，则可能与数字经济下出现的自由职业、多重职业、兼职、斜杠青年等新就业形态息息相关。此外，大学生们更倾向于自由宽松的工作与企业环境，一半以上的大学生认为工作是为了成就自己的事业与实现自己的人生价值，但在择业方面薪资水平与兴趣爱好仍为首要与次要影响因素，说明数字经济时代的大学生希冀通过工作实现理想抱负的同时，也较为注重现实需求，在仰望星空的同时，也注重脚踏实地，这当然是正确的就业状态，可见，京津冀地区大学生就业生态更多受数字经济的影响，新就业形态苗头逐渐显现，而在最向往的前三新兴职业方面，大多集中在理财规划师、电子商务工程师等与金钱直接相关的行业，有其合理的成分但也存在一定的问题，特别是在期望的工资水平方面仍存在不合理预期，这都需要予以进一步正确的管理与引导，以促进大学生新就业形态的健康发展。

4. 大学毕业生在就业时面临多元选择

数字经济到底给我国的大学生就业生态带来哪些影响？这些现象到底是数字经济下的必然结果，还是大学生畸形心理、社会畸形发展的表现？大学生就业的利益相关方该如何更好应对这种现象，才能促进整个经济社会健康有序地向前发展？

中国越来越多的大学毕业生告别传统的“毕业就工作”模式成为“慢就业族”，也有越来越多的大学生更倾向于主播网红等新兴职业，更有大量大学生成为斜杠青年。这些新就业形态是近年来随着数字经济的不断发展，大学毕业生在就业时面临的选择更加多元的结果，未来这些现象可能会表现得更加明显。

大学生具有较强的学习能力和适应社会环境能力，同时又具备足够的专业知识储备和社会技能，是经济社会发展的人才储备力量，是未来经济社会建设的主力军。大学生就业问题是关系到国家稳定和民生水平提高的重要问题,数字经济环境为大学生就业市场提供了广阔的发展空间,同时也带来了极大的挑战。与大学生就业相关的高校、企业及社会机构既要为数字经济发展创造良好条件,也要积极应对数字经济促进就业生态变化中可能出现的各种问题,只有通过社会各方面的共同努力与协调配合,为大学生营造出适合数字经济发展的就业、创业良好的环境氛围,才能更好解决大学生就业问题。与此同时,大学生也应提高自身的综合素质,明确制定自身的职业规划,做好人生定位,提升自身对未来职业方向和职业技能的认识,树立不断适应数字经济社会发展的灵活就业观念,做到在面临就业选择时,抛开暂时得失,放眼长远,这样既能保证自身在将来的发展中占得先机,也能直到促进区域数字经济发展和社会稳定的重要作用。

(二)我国数字经济时代人才面临的挑战

数字技术的进步对整个社会福利的影响无疑是巨大的,特别是类似于移动互联网、云计算、大数据这样的通用技术,在整体上推进人类文明大步向前的同时,往往带来经济外部性的甜蜜烦恼,互联网人才的全行业紧缺程度持续加剧,行业间人才供需存在结构性失衡。

1.数字经济重新定义人才管理

人是经济社会发展的“第一资源”,人的行为驱动了新技术的发展、商业模式的创新,进而推动了整个时代的发展。谁都知道“人”的重要性,但要做好“人”的工作,并非易事。在数字化时代,应该重新定义人才管理的传统与未来。对于中国而言,教育体制的转型,也需要顺应中国经济大转型的需求。

2.数字技术促进就业和包容发展

依托互联网的新生代人才因网而生、因网而盛,以创新、技术和时尚为存在价值,以学历背景交叉、专业技能多元和年龄广谱分布为群体特征,他们是数字经济和分享经济时代网络空间治理的战略力量,更是重塑全球社会经济结构、引领世界现代文明变革、创造人类美好生活未来的不竭动力。

互联网正在引发经济社会各领域的深度变革,衍生出广谱系多元化的人才需求。互联网与经济社会的融合发展呈现出多样化特征：网络购物市场消费日益升级，用户偏好逐步向高品质、智能化、新品类消费转移；在线教育市场蓬勃发展，教育类资源供给渠道不断拓宽；人工智能技术驱动产业转型升级，涌现出形式丰富的生产经营模式；共享单车极大便捷个性化出行方式，形成共享经济的普适案例；网上支付用户规模呈非线性增长，互联网支付公司争相拓展潜在市场。

3. 数字经济受技术所限

数字技术的进步给人类带来的影响并不是完全正向的，技术给社会带来的深刻影响也比人们想象的复杂许多，并不仅仅体现在单纯的生产效率提升上。这些影响必然会外溢出来，动摇社会分工和分配结构。人类所征服自然的力量常常会变成一部分人以自然为工具统治其他人的力量。在庆贺科技进步取得巨大经济成就的同时，不应放弃从人文社会科学的角度对科技和社会的互动做冷静的思考。

4. 数字技术淘汰落后就业岗位

当科技进步的方向与社会需求的增长不在同一方向上时，科技进步就变得与社会脱节，找不到价值所在，产生了所谓相关性悖论。科技进步确实肉眼可见，但对社会福利的影响几乎可以忽略。从宏观的社会分配角度看微观科技进步，质疑科技进步的公平性，得到的结论更让人困惑。科技进步与贫富差距拉大联系在一起。虽然技术以惊人的速度发展，但是并非所有人都能均等地从中获益。事实恰恰相反，大部分人在科技的突飞猛进中被落下了，社会总体福利水平提升反衬的是中下阶层人群生活质量的下降，以及金字塔顶层在财富分配中占比越来越高。分配不均是科技进步本身造成的，抑或是现行的社会制度造成的扭曲，这就是科技进步的公平性悖论。

二、我国数字经济时代人才发展趋势

随着数字技术的不断进步，各式各样的工作都对就业和人才培养提出了标准更高的要求。工作形式也越来越多地转向使用计算机或移动设备，以在线形式进行，这些工作无疑要求求职者和教育行业顺应潮流、与时俱进，才能被胜任工作或者有更大的提升空间。在覆盖面更加宽泛的工作中，用人公司要求新时代人才拥有基础性的计算机和网络知识，以满足工作需要，提高工作效率。

（一）数字经济开启终身学习时代

科技带来的快速迭代，也让我们进入一个“终身学习”的时代。一方面，终身学习对工业时代所形成的标准化的学习方式提出了巨大的挑战。针对下一代的学习，教育的目标是让他们能够掌握更多新技术，同时在科技的赋能之下，让孩子们能从标准化学习“应试教育”的重压中解脱出来，真正做到定制化教育，按照每个孩子的特点和差异确定学习的节奏和方向。另一方面，终身学习也需要人们去持续思考学习和练习什么。对知识点本身的掌握、对零散新知的记忆，机器比人强很多。人与机器最大的区别是，人拥有学习、思考和跨界的能力，人能够构建面向未来的知识体系，而构建这样知识体系就仿佛织网一样，每个人的网都可能不同，但是一旦有了比较成型的网状结构之后，人们对于新知会有更敏锐的判断——这些新知应该被放置在网络的什么节点，又可能由什么新的关联催生出新的想法，新的机会。这样，人们不仅有更强的学习能力，也能不断培养创新力和想象力。

约翰·杜威（John Dewey）说：“如果我们用过去的方法教育现在的孩子，就是在剥夺他们的未来。”正如这句话所说，大转型时代将不再沿用工业时代形成的标准化教育体系，转而推动定制化和因材施教的教育创新，同时不再强调分数竞赛，强化团队竞争。未来，全新的“工学坊”将会是一种不错的教育方式。

（二）面向未来的个性化教育改革

个性化教育改革的优势在于突破了传统教育行业存在的师资、学校等教育资源总体不足以及各地分配不均匀、家长和学校间的信息不通畅、家长对学生在学校的安全存在担忧、教学方式枯燥乏味、学习效率低下等突出问题，借助数字技术与数字基础设施，通过在线教育、智慧校园、智慧教室与智慧课堂的建设，既可实现优质教育资源跨时间与跨地区的共享，还能为学生提供真实学习场景，甚至是互动的学习体验，增加学习的趣味性、提高学习的自主性，使学习更加高效，也便于教师全面、准确、及时地获取每个学生的学习状态，准确评价学习效果。

（三）老师角色的巨大转换

教师的职能突破了三尺讲台，可以通过在线平台，学习者之间、教师之间、学习者与教师之间都可以进行充分的互动，如学生对老师的测试、作业等要求的回应，使老师获得相应的反馈与评价等信息，老师可以对学生的疑问进行解答、学生之间可以交流学习心得与经验，甚至学生可以按自己的进度选择性接收学习内容，形成了最初的“翻转课堂”体系。

（四）在线学习的兴起

中国的在线教育经历了20世纪90年代以前的录音、录像等传统教育，2000—2010年以远程教育为代表的“互联网+”或数字化教育，以及2010年以后的直播课、知识付费等移动教育与智能教育。在线教育不但能使教学资源利用最大化，而且能使学生学习行为不再受时间、空间与学习内容匮乏的限制，不仅使学生学习行为更加自主，还可以与教师、同学就学习中遇到的问题实时互动交流，也促进了教学管理向数字化、智能化转变，提高了教学管理的效率。近年来，我国在线教育实现了快速发展，这除了与我国网民特别是手机网民等用户规模不断增加、我国数字技术与数字基础设施建设水平有了快速提高、我国财政性教育经费占比不断增加有关外，也在于我国教育部为在线教育发展提供了良好的政策环境。

2010年《国家中长期教育改革和发展规划纲要（2010—2020年）》提出要部署数字教育基础设施建设，实现教育信息化、数字化；2011年教育部成立信息化领导小组，推进教育信息化建设；2012年提出推进职业教育信息化发展的意见；2013年提出覆盖各级教育部门与各类学校的国家教育管理信息系统建设总体方案；2015年提出推进三通两平台建设，推动校园互联网全覆盖；2017年国务院《国家教育事业发展“十三五”规划》指出要形成教育与数字技术融合创新的新局面，使教育数字化水平再上新台阶2018年教育部又发布了《教育信息化2.0行动计划》提出到2020年，要建成“互联网+教育”大平台，发展基于数字教育与智慧教育服务的新模式，使教师与学生的数字素养全面提高。然而，我国在线教育行业仍面临着线上运营成本高、付费用户比例低、投资回报周期长、竞争激烈等问题，这既有待于未来在线教育企业教育产品的不断推陈出新、在线教育市场的不断细分、提供更加多元的教学情境体验，也需要政府在政策上对于在线教育的持续助推。随着教育改革的不断深化，数字化教育的前景必将愈加光明，但是数字化教育仍然将面临来自传统教育评估体系的挑战。然而美国慕课的成功实际上是在克服这些传统弊端以后实现了教育服务体制上的成功，目前已形成通过团队化、互动式运作方式满足学生学习需求的课型体系，涵盖了课前讲文、课常提问、随常测验、课后作业与交流、期终考试和结业证书等每一个教学环节，是一个相对完整的教育过程。在自主性较高的高等教育领域，数字化教育不仅提供在线教育服务，而且以数字技术的前沿模式将教育树立成一种新的公共教育 文化与新的时代风尚，以更好推动创新意识与创新能力的培养。

总之，我国目前的数字教育建设以政府为主导，以学校和企业为主体，通过传统教育机构、教育科技公司、互联网企业之间的相互协作，积极应用最新的数字教育资源推动着传统教育发展模式的不断改革与创新。

第二节　数字经济时代人才需求与流动

在工业化和信息化的潮流下，数字经济正在通过大数据、人工智能、物联网、智能制迁、云计算等多个领域，推动社会经济发展和传统产业转型升级，也成为推动区域经济协调发展的重要动力。数字经济的快速发展依赖于坚实的数字经济人才队伍。数字人才成为技术创新、产品创新、城市共融和产业协同发展的重要力量。数字经济的蓬勃发展给劳动力市场带来了重大变化，同时，高精尖的数字经济人才又进一步推动数字经济产业的繁荣发展。本节通过大数据分析，以粤港澳，长三角和京津冀三个经济区域的数字经济人才为例，分别从数字经济人才现状、供给、需求和薪资等来研究分析数字经济人才的现状和未来发展，并据此为数字经济区域发展和人才布局提供依据。

为综合考量各城市数字经济人才的就业环境，需要从城市发展、人才需求、薪资水平、人才流入情况等多个方面进行综合评估，对中国各城市数字经济人才指数进行测算与排名。

北京在TOP30城市中排名第一，上海、深圳、杭州、广州、成都五个城市发展也较为全国均衡，这六个城市在城市服务、城市治理、产业融合等领域的综合发展优势明显，数字经济人才需求较大。薪资水平相对较高，人才吸引力强，已经打造了一个相对健康成熟的就业环境。

此外，武汉、重庆等科技与人才重地也纷纷上榜。西安、长沙、贵阳、郑州等中西部城市也在数字经济领域崭露头角，释放出越来越强的人才吸引力。随着社会经济和技术的发展，不少城市都开始在数字经济领域发力，城市之间的差距逐渐缩小。在招才引智方面各显神道。

综合来看，数字经济从业者在选择城市就业时，不仅考虑薪资水平，还会综合考量城市的产业发展、市场需求、就业机会、生活成本等。因此城市不仅要大力发展新兴产业，还要创造更加友好、完善的就业环境。

一、我国数字经济人才画像

（一）数字经济人才性别差异较大，男性占7成左右

关于2019年数字经济人才性别特征的分析发现，性别差异较大，男性特征凸显，京津冀、长三角和粤港澳三个经济区域中男性数字经济相关人才占比均在7成左右。其中，粤港澳大湾区男性特征最为突出，男性占比76.36%；长三角数字经济人才男性占比为72.82%；京津冀数字经济人才男性占比为68.36%。

（二）数字经济人才年龄呈现年轻态，90后为主力军

在年龄方面，整体上呈年轻态特征，30岁以下数字经济人才占比数量最高，京津冀、长三角和粤港澳三大经济区近一半为30岁以下的数字经济人才，其占比分别为44.85%、48.28%和48.58%，说明90后是这三个经济区域的主力军。此外，从三大经济区域来看，京津冀、长三角和粤港澳的数字经济人才年龄分布呈现高度一致性。

（三）数字经济人才学历分布以本科生为主

数字经济人才教育程度，整体上数字经济人才教育水平主要集中在本科学历，粤港澳、长三角和京津冀三个经济区域数字经济人才本科学历占比均在6成左右。从不同经济区域来看，京津冀和长三角数字经济

人才的学历分布相似，本科学历占比位居第一。此外，京津冀和长三角高学历优势明量，硕士学历数字经济人才占比均位居第二，其占比分别为 24.54% 和 22.4%。

与京津冀，长三角相比，粤港澳大湾区本科学历人才同样位居第一，而大专及以下学历占比位居第二，为 21%，高学历人才占比略微逊色，说明粤港澳大湾区高学历数字经济人才相对缺乏，需高知人才加入。

（四）数字经济人才专业分布计算机科学与技术居第一位

通过对数字经济人才专业背景分析发现，专业背景 TOP20 中不乏“计算机”“电子信息”“自动化”“通信”“软件”等创新技术类专业，同时也携带有综合文科大类的“工商管理”“市场营销”等基因。

具体来看，计算机科学与技术专业背景位居第一，粤港澳、长三角和京津冀经济区占比分别为 6.32%、5.99%、8.74%。工商管理专业也较为突出，在粤港澳和京津冀数字经济人才专业背景上位居第二，在长三角经济区位居第三，机械设计制造及其自动化略高于工商管理。当前，全球数据爆发增长，数据产业迅速发展，培养具有创新技术和综合类专业基因的优秀数字经济人才迫在眉睫。

（五）数字经济人才职能分布大多具有工程师属性

整体上看，2019 年数字经济人才职能分布 TOP15 中，大多具有工程师技术属性。近年来，在秉承创新科技要素互联互通的发展理念下，“互联网 +”渗透到各个行业。数字经济产业发展对技术型人才提出了更高的要求，人才培养也持续跟进。可以看到，在各个经济区城中，排在前三的均是后端开发、产品经理和运营经理，其中，后端开发职能在各经济区数字人才中均位列第一。粤港澳、长三角和京津冀的后端开发职能人才比例分别为 4.59%、4.38% 和 4.92%，而产品经理在粤港澳和京津冀人才占比中均位列第二，比例分别为 3.85% 和 4.85%。在长三角区域位居第三，占比为 3.16%；运营经理在长三角区域占比中位居第二，占比为 3.19%，其在粤港澳和京津冀经济区人才供给位居第三，比例分别为 3.35% 和 4.44%。

二、我国数字经济人才城市分布对比

近年来各地纷纷出台各类人才政策,加码人才奖励等,各个经济区域人才争夺战如火如荼,吸引了众多高知分子加入。在未来,各个经济区域均需在自身的教育资源基础上持续深耕,培养更精英的数字经济人才。粤港澳大湾区相对劣势于京津冀和长三角,面对其他经济区域的人才吸引力,粤港澳大湾区需在人才竞争力上进一步加强。

从 2015—2018 年数字经济人才需求趋势(如图 4-1 所示)看,数字经济人才需求增长趋势呈现上升状态,整体态势良好,2018 年数字经济人才攀升,增长速度较快。对比三大经济区域,长三角经济区数字经济人才储备量一直保持较高增速。近三年同比增长分别为 17.47%、23.46% 和 44.03%。随着粤港澳大湾区数字经济产业快速发展,为数字经济人才提供更多就业选择,2018 年数字经济人才增长迅猛,增长比例达到 51.55%,一跃超过了长三角和京津冀。而京津冀在人才储备上,增长比例上相对平稳。

图 4-1 2015—2018 年数字经济人才需求趋势

从 2019 年数字经济人才城市需求分布(如图 4-2 所示)来看,一线城市表现不凡,聚集 5 成以上数字经济人才,北京、深圳和上海数字经济人才需求最为旺盛,比例分别为 22.6%、14.53% 和 14.28%,杭州和广州的数字人才占比位列第二梯队,占比分别为 6.53% 和 5.00%。在新一线城市中，杭州、武汉、成都、南京较为领先。整体来看，进入到全国数字经济人才城市分布 TOP20 排行榜中，多数为京津冀、长三角和粤港澳三个经济区域的城市，说明这三个经济区域是数字经济人才的主要聚集地。下面将分别以京津冀、长三角和粤港澳三个经济区域为整体对数字经济人才分布进行深入分析。

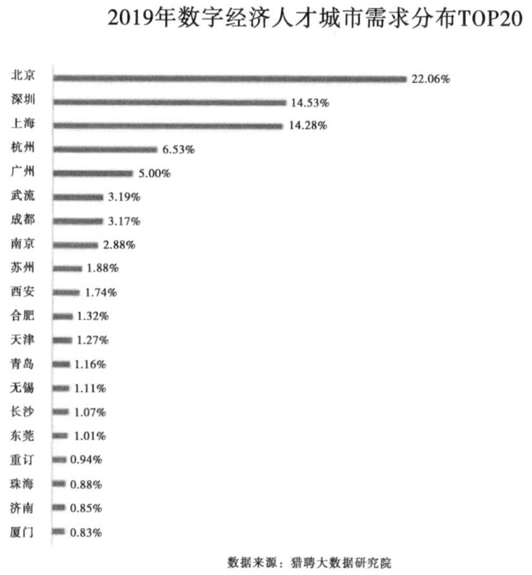

图 4-2　2019 年数字经济人才城市需求分布

（一）北京在京津冀地区起带动作用

从 2019 年京津冀经济区数字经济人才城市分布看，北京较为亮眼，其人才占比高达 82.86%。呈现一枝独秀；其次是天津，数字人才占比为 9.63%；京津冀其他城市数字经济人才占比相对较低，均在 2% 以下。

北京在数字资源上具有得天独厚的优势，信息技术、大数据、云计算平台、物联网企业云集，高校、科研院所集聚，为北京数字经济发展奠定了坚实的基础，因此吸引了更多数字经济人才，为北京的数字经济产业发展提供了充分的人才保障，在京津冀地区起到引领和带动作用。

（二）上海位居长三角经济区前列

从 2019 年长三角经济区数字人才城市分布看，上海数字经济人才高涨，比例为 50.62%，杭州位居第二位，占比为 12.68%，苏州、南京位居三、四位，占比分别为 10.05% 和 8.16%。

上海作为全国金融中心，充分发挥区位优势，在国内数字化转型走在前列，在教育资源上拥有复旦、交大等综合实力强劲的高等学府培育数字创新人才。在长三角经济区不容忽视的另一名城杭州，在数字经济人才储备上表现突出，作为中国电商之都、软件名城，拥有天然的互联网基因，在电子支付、云计算、信息技术等领域发展均较为领先，科技企业独角兽也纷纷扎堆杭州，促进数字经济人才集聚。

（三）粤港澳大湾区发挥“人才磁铁”效应

从 2019 年粤港澳大湾区数字经济人才城市分布看，深圳数字经济人才位居粤港澳大湾区第一，占比为 52.46%。位居第二位的是广州，占比为 28.57%。东莞、佛山、珠海数字人才供给位居第三、四、五位，比例分别为 5.93%、5.19% 和 2.78%。

数字经济是粤港澳建设中国特色社会主义先行示范区的关键，2019 中国工业互联网大会暨港澳大湾区数字经济大会在广州长隆举行，此次大会以“工业互联，数字湾区”为主题，发布了关于工业互联网、人工智能、5G 等多项成果。2019 年 8 月份，深圳市工业和信息化局对外发布了 2020 年第一批数字经济产业扶持计划申请指南。从相继推出的政策可以看到，粤港澳将数字经济产业提到前所未有的高度，因此对数字经人才的吸引力愈发增强，显示出强大的“人才磁铁”效应。

三、我国数字经济时代人才流动分析

当前，数字经济与传统产业加速融合，逐渐成为中国经济增长的关键驱动，在提高现有产业劳动生产效率，推动经济发展上发挥着至关重要的作用。在数字经济的变革浪潮下，人才作为发展的资源，人才有效流动和人才价值发挥的重要性日趋提升。

我国数字人才分布不均衡，其分布与数字经济发达程度具有高度一致性，人才流动“北上广深”趋势显著，人才储备“南强北弱”态势明显；人才结构性短缺成为企业发展瓶颈。本节通过大数据，分别从人才净流入率，人才来源与流向、流动产生的薪资涨幅进行分析，深入了解数字经济人才的流动情况，为未来数字经济人才城市选择给出现实参考。

（一）我国数字经济人才净流入率分析

从数字经济人才净流入率来看，京津冀、长三角和粤港澳三大经济区人才净流入均超过15%。其中，长三角地区数字经济人才净流入率最高，为20.15%；京津冀次之，人才净流入率为16.70%；粤港澳位居第三，人才净流入率为16.17%。长三角地区极具经济活力，是我国创新程度和开放程度双高的经济带，地理环境优越，气候温宜。从政策上，2018年6月1日，长三角区域主要领导座谈会审议并原则同意《长三角地区一体化发展三年行动计划（2018—2020年）》等指导性文件。根据三年行动计划，长三角未来将大力发展云计算、物联网、人工智能、大数据、5G等核心数字产业，打造覆盖长三角全境数字经济产业集群和全球数字经济发展高地。随着数字经济产业快速发展，数字化转型持续加深，数字经济核心区域对人才的需求也快速提升，数字经济人才高度汇聚有长三角区域。京津冀、粤港澳经济区也相继推出人才引进政策，进一步加强区域内数字经济人才培养和提升。

对数字经济人才流动分析，整体上，受地缘因素影响显著，京津冀、长三角和粤港澳经济区内部人才流动活跃，经济区内部人才输入和输出更为突出。经济区外部，在数字经济人才的内部培养和外部供给上，一线城市均表现不凡。

（二）我国数字经济人才薪资涨幅对比

分别以京津冀、长三角和粤港澳三个经济区域为整体，分析数字经济人才的流动和薪资涨幅。对京津冀数字经济人才流动及薪资涨幅进行分析，内部人才流动活跃，其中北京数字经济人才高度集聚。流入流出最为突出，天津次之。外部城市上海、深圳与京津冀人才互流突出。从流入京津冀的数字经济人才看，来自北京的人才最多，占比为68.10%，其次是天津，占比为8.29%。其余城市流入占比均小于3%。

薪资方面，流入量前十的城市中，来自沈阳的数字经济人才薪资涨幅较高，为81.29%，如果将流入量低于0.5%的人才来源城市也纳入进来，可以看到，从长春、郑州流入长三角经济区的人才，薪资涨幅高度突出。分别为83.19%和82.28%。此外，从大连、武汉和西安等二线城市流入京津度的数字经济人才薪资涨幅也比较可观。从京津冀流出的数字经济人才看，流向北京的人才最多，占比为69.73%。其次是天津，占比为7.30%。流向外部城市上海、深圳、杭州位居三至五位，占比分别为3.19%、1.53%和1.51%。薪资涨幅方面，流向宁波薪资涨幅最高，为70.66%。流向一线城市深圳和上海薪资涨幅也较可观，分别为51.06%和50.85%。

（三）我国数字经济技术职能人才流动分析

从数字经济技术职能人才流动城市（如图4–3所示）及薪资涨幅进行分析，从数字经济人才净流入率来看，京津冀、长三角和粤港澳三大经济区人才净流入均超过15%。其中，长三角数字经济人才净流入率最高，为20.15%；京津冀次之，人才净流入率为16.70%；粤港澳位居第三，人才净流入率为16.17%，其余城市流入量均小于5%。从薪资涨幅来看，流入量前十的城市中，苏州、武汉和南京薪资涨幅较高。如果从人才来源城市来看，可以看到，郑州、大连和合肥等城市流入的技术职能人才薪资涨幅更高，均超过50%。从数字经济技术职能人才的流出看，流向上海的人才最多，占比为20.78%，其次是北京、深圳和广州，占比分别为20.29%、10.60%、4.97%。从流向其他城市的人才薪资涨幅来看，流向上海和杭州薪资涨幅较高。如果将流出量低于1%的人才流出城市也纳入进来，可以看到，流向东莞的技术人才薪资涨幅更高。

图4–3　2019年数字经济人才净流入率

总体上，从数字经济产品职能人才流动城市及薪资涨幅进行分析，北京、上海数字经济产品职能人才聚集。其次是深圳、广州、杭州等城市。从数字经济产品职能人才的流入看，来自北京和上海的人才最多，占比为 22.72% 和 19.56%，其次是深圳、广州和杭州，占比分别为 9.47%、5.94%、4.48%，其余城市流入量均小于 4%。从薪资涨幅来看，流入量前十的城市中，武汉、苏州和重庆薪资涨幅较高。如果从人才来源城市来看，可以看到，青岛、郑州流入的产品职能人才薪资涨幅更高，均超过 50%。从数字经济产品职能人才的流出看，流向北京和上海的人才最多，占比为 26.17% 和 22.67%，其次是深圳、杭州和广州，占比分别为 11.36%、6.17%、5.88%，其余城市流出量均小于 5%。从流向其他城市的人才薪资涨幅来看，流向苏州的产品职能人才薪资涨幅较高，占比为 45.23%。如果将流出量低于 1% 的人才流出城市也纳入进来，可以看到，宁波、厦门数字经济产品职能人才薪资涨幅突出，分别为 53.81% 和 49.14%。在人才吸引上，除了保持现有薪资吸引力优势外，还需进一步提升数字经济企业未来发展、城市魅力等综合方面能力。

第三节　提升数字经济人才吸引力

当前，我国处于数字经济转型期和全面深化改革的重要历史机遇期，数字技术的使用不能自动引导数字能力的发展，培养新时代数字人才成为我国深化数字经济发展进程中的重要一环。

一、减少数字技术对就业的结构性冲击，提高全民数字素养

数字经济下，以互联网、云计算、大数据、物联网、人工智能等为代表的数字技术已被公认为第四次产业革命的重要驱动因素。数字技术不但会成为各国经济增长的新动能，其广泛融入各行各业，也会给传统行业的商业逻辑、组织形态和运行方式带来深刻变革，从而改变各行业对人才的需求，进而给各行业的就业领域、就业形式、就业人群乃至整个就业生态带来革命性改变。教学技术促进就业生态演变作用机理。

“数字素养”的概念，最初由学者保罗・吉尔斯特（Paul Gilster）在 1997 年提出。他认为，数字素养主要包括获取、理解与整合数字信息的能力，具体包括网络搜索、超文本阅读、数字信息批判与整合等技能，从

而有效区分了数字素养和传统的印刷读写能力[①]。

数字素养的内涵在实践中不断丰富、不断完善，以适应新的时代特征。今日的“数字素养”可以被看作在新技术环境下，从获取、理解、整合到评价、交流的整个过程中使用数字资源，使得人们有效参与社会进程的能力。它既包括对数字资源的接受能力，也包括对数字资源的给予能力。

（一）数字素养是21世纪首要技能

提升数字素养，无论是对个人还是对国家，都具有重要意义。对于个体而言，其数字素养的高下影响着他对时代的适应能力，影响着他在如今海量数字化信息面前能否有效地获取信息、传递信息、享受数字媒介社会带来的便利。对于国家而言，其国民数字素养也日益成为提高国民素养的一个重要组成部分，影响着这个国家国民的综合素质，乃至这个国家在数字经济时代里能否占得先机，勇立潮头[②]。

数字素养的作用与意义，已经得到越来越多的国家和组织的重视。美国21世纪技能合作组织提出的“21世纪的技能”中将“数字素养”作为首要的一类素养加以强调。发达国家也积极出台举措提升数字素养。

美国形成了一套多主体、多元化、全方位的培养体系。政府作为引导者和服务者，制定优惠的政策引导社会的数字素养培养，同时提供大量资金进行基础设施建设，为数字素养的培养打下了坚实的基础；教育工作者作为主要的培养者，通过科学、系统的研究制定一套合理、可行的标准，再通过多样化的课程体系加以推行；而社会组织也在这一过程中扮演着举足轻重的作用，他们一方面是政策的建议者，一方面又是独立的教育者，对政府和教育系统难以企及的部分加以积极的补充。

与美国类似，欧洲也同样形成了政府、教育机构和社会力量三方面共同发展的体系。但政府扮演的主要是数字素养教育的引导者和框架制定者的角色；教育机构进行教育的方式，也并非直接设立数字素养课程体系，而是融入各门课程教学的过程之中；而承担教育责任的社会力量，也并非如同美国模式一样主要由智库等研究机构承担，而是主要由

---

① 华强森（Jonathan Woetzel），沙莎，倪以理（Joseph Luc Ngai），等．崛起的中国数字经济[M]．上海：上海交通大学出版社，2018.

② 同上。

图书馆和图书馆协会负责培养,从而形成了一套独特而有效的欧洲模式。

"日本模式"是一种建立在公民自身的实践而非被动接受教育的数字媒介素养培训模式,这一模式能够良好运转的基础是日本的媒介素养教育已经达到了一个较高的水平,公民可以通过不断实践提高其数字媒介素养,将其媒介素养拓展到当代数字化时代与数字资源的交互过程中。

(二)培养数字素养的着力点是提高劳动力素质

随着数字时代技术的不断进步,各式各样的工作都对劳动力的数字素养提出了标准更高的要求。工作形式也越来越多地转向使用计算机或移动设备,以在线形式进行,这些工作无疑要求求职者拥有基本的数字素养,才能被雇用或是提升。在覆盖面更加宽泛的工作中,用人公司要求劳动力拥有基础性的计算机和网络知识,以满足工作需要,提高工作效率。

对于传统意义上的"蓝领工作"来说也是如此。即使是日用品生产商和零售商一类的雇主,也会对销售数据做出适当的数据收集和分析工作,从而紧跟市场的节奏以保持其竞争力。在这样的背景下,这些生产商和零售商的雇员,也被要求具有一定的数字素养,能够对这些数字资源进行收集和整理,并向雇主做出有

效的信息提供和反馈。因此,数字素养在新的时代下,对于提升"白领"甚至传统意义上"蓝领"的劳动力素质而言,都有着不容忽视的意义。

(三)缩小不同用户间的数字鸿沟,净化网络空间

数字鸿沟主要包括两方面;一是在数字设备和数字基础设施方面的鸿沟,二是数字素养方面的鸿沟。相应的,加强数字基础设施建设、提高数字素养,就成为缩小数字鸿沟的关键所在。无论对于数字原住民,还是对于数字移民来说,都需要培养数字素养,提高其在数字时代综合运用数字媒体和数字资源的能力。这对于将数字鸿沟转化为数字机遇,有着莫大的意义。

在信息大爆炸时代,数字素养在社交媒体的应用领域就有着明显的价值。在社交媒体上自由表达的能力、对海量信息的鉴别能力都取决于用户本人数字素养的高下。数字素养深刻地影响着网络用户在社交媒体上的言行,决定着身份特征,决定着在当今时代不可回避的社交媒体

交流中能否应对自如。

培养人们在数字媒体下的数字创造性是培养数字素养的一个良好方式，它可以帮助人们通过社交媒体与他人进行交流并追赶时代潮流，传递正确、有效的信息，识别网络上的虚假信息，维护网络空间的清朗。Facebook、谷歌等社交媒体也积极采取措施打击假新闻。Facebook 将设置新的举报按钮，并通过功能设计上的变化、算法的变化，来应对虚假信息的传播。除了政府和企业的努力外，民众数字素养的提高也将对减少虚假信息传播起到巨大作用。

（四）变革教育以提高数字素养

数字素养正被越来越多的国家纳入其国民教育课程的体系之中，越来越多的学校将数字素养的培养作为其重要的教学目标，希望借此跟上加速发展的技术变革脚步。通过对学生数字素养的培养，学生的学术素养、学术能力都能够得到明显提高，此外，数字素养本身便是教育学生适应当前时代的一个重要内容。正因为这样，数字素养在教育领域的作用还体现在教育体系本身便要求教师具有足够好的数字素养，如此方能教给学生获取资源的方法并传递给学生数字资源。除了学校教育以外，社会组织也承担着教育的责任。在数字时代，作为社会重要信息枢纽的图书馆逐渐开发出越来越完善的数字图书馆环境，也发挥着数字素养教育的职能。

民众数字素养水平直接关系到一国的数字鸿沟情况及相应的结构性失业和贫富差距问题，更关系到一国整体的数字经济发展水平。为了提高全民的数字素养水平，一方面，政府要与各方合作，开展面向全民的数字素养教育，比如，欧盟发布了《2015 欧盟数字技能宣言》《欧洲新技能议程——通力合作强化人力资本、就业能力和竞争力》等政策，为提高欧洲全民数字技能提出了方案；针对下岗失业人员等特定人群，可通过提供相应的数字素养培训和职业技能培训，协助其转岗就业。另一方面，要全面强化学校的数字素养教育，提高学生的数字能力。尤其是针对在校学生，可借鉴国外经验，在中小学甚至幼儿园普遍开设网络和计算机课程，使数字素养成为年轻一代的必备素质，并通过在大学举办竞赛、集训营、校企共建课程等方式培养数字技术高端人才[①]。

① 赵立斌，张莉莉．数字经济概论[M]．北京：科学出版社，2020.

（五）提升数字素养的有效措施

数字技术对劳动力市场造成的结构性失业冲击，不仅关系到国数字鸿沟与贫富差距问题的解决，甚至会影响一国整体的数字经济发展水平。

首先，政府要与各方合作，开展面向全民的数字素养教育，特别是针对下岗失业、残疾人员等不适合固定场所就业的特定人群，可通过提供相应的数字素养培训和职业技能培训，协助其向数字经济领域转岗就业。

其次，要全面强化学校的数字素养与数字技能教育，在中小学各阶段开设网络和计算机基础知识、基本技能、人工智能等课程，使数字素养成为年青一代的必备素质，在大学开设各种与数字技能有关的校企共建课程，通过举办各种技能竞赛、创业集训营等方式培养数字技术高端人才。

再次，借助数字技术打造各种就业、创业平台，持续降低创新创业的门槛和成本，支持众创、众包、众筹等多种创新创业形式，形成各类主体平等参与、广泛参与的创新创业局面，为社会创造更多兼职就业、灵活就业、弹性就业机会，增强劳动者在数字经济发展中的适应性与创新性，化解数字经济对就业的结构性冲击。

最后，推进移动互联网、人工智能、大数据等数字技术在养老、医疗保障等社会保障领域的广泛应用，加快建立、完善适应数字经济发展的用工和劳动保障制度，加大对弱势群体的扶持力度，为个人参与数字经济活动保驾护航，促进数字经济发展的成果全民共享。

二、数字经济时代人才管理新思维

虽然大多企业制定了数字化战略，在数字化进程中的投入持续增加，甚至有的企业也建立了专项实验室，但据调查，34% 的受访企业高管认为企业组织仍缺乏相关的数字人才团队，只有 36% 的受访企业拥有物联网相关的人才，而只有 8% 的受访企业拥有 AI 相关的人才。掌握数字化知识和技能的人才短缺成为制约许多企业数字化转型的主要障碍，特别是在经济基础薄弱、教育储备不足、人才流通不充分的偏远地区和相关行业，这一问题尤为突出。基于此，企业在数字化转型过程中，不仅需要对已有员工提供从事数字经济相关工作的职业技能培训，通过数字化人才培养提升企业数字化创新能力，也可以通过联合培养、在线教育等方式加强人才培养机制建设，从而弥补企业数字化转型过程中的人才短板并获得更大的数字化创新能力，还可以直接聘请更多的外部数字化人才，以推动企业沿着数字化技术进程快速前进。

(一)树立战略性人才思维

大数据的出现让数字化已经成为时代的新标签，数字化之于企业和人的生存而言，也许是机会，但也许会成为一种负担，关键在于，人们能否洞悉数字化的本质，以及数字化对企业和人的生存能力提出的要求。若能洞悉，数字化就是有效的，数据就会转化为有价值的信息。从本质上讲，数字化是人类科学进步的重要表现，随着数字化时代的到来，不论是企业还是个人，唯有具备更高的洞察能力，才能更好地生存下去。因此，数字化要求在管理上洞察出适应时代的精准思维。

过去的人力资源管理是按照模块来进行的，只要将各个模块分别做好就可以了，这种做法将人力资源管理作为一种职能的专业性体现得淋漓尽致。但是，今天的人力资源管理必须融入更高的洞察力，才能保证人力资源管理本身是有效的。换言之，如果缺乏这种洞察力，即便人力资源管理的各个模块做得都非常好，最后得到的结果也可能是无效的，而保证人力资源管理有效性的洞察力就是打破模块化的思维定式，将人力资源管理工作融入组织的战略价值创造链，形成战略性人力资源管理。

懂得运用数字化的企业应该在管理中敏锐地洞察到，成本必须要更具有效性。企业用人会产生成本，关键不在于这些成本的高低，而在于这些成本是否真正贡献出了价值。这是数字化时代企业管理应有的思维方式，这个思维方式的核心正是匹配。随着海量数据的涌现，再加上移动互联网的助力，看似有海量人才可以迅速呈现在企业面前，可是最后却发现人才效率并不高，原因正是违背了匹配原则。一定不要忘记，人与组织的匹配才是最重要的，既不是高配，也不是低配，而是匹配。

事实上，数字化在呈现机会的同时，也给相对独立的个体带来了一场生存危机，而要化解这种危机，不论是企业还是个人，关键在于打破个体思维，用合作的方式去迎接挑战。所以，不论是过去占山为王的企业，还是高人一等的强大个体，今天要生存，都不能仅仅依赖自身，还要开启合作共生的新思维，建立或融入共生体。

数字化时代的重要生存技能是洞察力，而洞察力已经渗透在人才管理的新思维中，并将这种新思维转化为有效的行动。

（二）人才管理要由“块”向“链”转变

传统人才管理，习惯上分为招聘、培训、绩效、薪酬、员工关系等几大模块。这种“分模块”的说法和思路更多的是从专业的角度考量，而非从经营的角度做顶层设计和推动。这导致很多企业的人才管理虽然有专业思想，也有很扎实的操作功底，但并不能帮助企业更好地实现经营价值，人力资源管理部也始终进入不了企业经营的核心。

由“块”向“链”转变首先要能洞悉商业的本质。全球最著名的CEO之一杰克·韦尔奇说过：“商业的本质就是能领导一群有使命、有激情、有方法的人去实现商业梦想和创造未来。”从这个商业本质出发，人才管理要能打造驱动商业成功的四条“链”。

1. 第一条链：战略聚合链

企业的梦想要转变为战略，战略要转变为可行动的目标，目标的落实要能保证一群人“力出一孔”。只有首先保证大家都走在正确的道路上，个人才能实现工作的价值，也才能因由一群有价值的人驱动组织实现商业成功。帮助企业实现战略澄清和目标分解，帮助员工更好地理解战略和目标，并全力以赴，达成使命，是人力资源管理工作的根本出发点。也就是说，只有帮助企业实现战略的人力资源管理才是有价值的。

人力资源部在确保各部门都能聚焦战略的前提下，一定要帮助企业明晰人才管理的第二条链。

2. 第二条链：价值创造链

这条链由三部分组成。

（1）价值创造

包括几个关键点：第一，明确每个岗位应履行的职责；第二，结合职责，明确各个岗位应承担的目标，并将目标转化成行动计划；第三，保证每个人都能理解职责和目标，并在此基础上，明确年、月、周、日的重点工作和关键结果；第四，确保大家全力以赴，并建立计划、行动、审查、提升的工作闭环，以日进日新。

（2）价值评价

评价要实现两点功能：一是审查的功能。目标不仅仅是拿来完成的，更是拿来超越的。因此，通过比对目标和实际结果之间的差距，发现并巩固优势，明白不足并解决其中的问题，便成了评价要实现的首要功能。二是分配的功能。如果离开了利益的驱动，很多人会丧失工作积极性而流于平庸，甚至不作为。因此，评价既要保证客观，又要与分配挂起钩来。

（3）价值激励

企业是一个舞台，要让想舞、能舞、善舞的人有机会站在舞台中央，并且保证有足够大的舞台使其发挥。这就要求企业创造一个机会均等的环境，激励有能力、有业绩的人脱颖而出，创造一种新的可能。

围绕“战略聚合”而衍生的价值创造、价值评价和价值激励是企业人才管理的基本运营机制，而这一机制要能发挥作用，就要打造第三条链——人才供应链。

3. 第三条链：人才供应链

通俗地讲，人才供应链就是：招得到人、用得好人、留得住人、育得对人、储得了人。

（1）招得到人

任何岗位的人，尤其是关键岗位的人，一旦缺失，要保证第一时间能够有合适的人接替。如果人力资源部不能保证做到这一点，那就意味着人力资源管理的失败。

（2）用得好人

用得好人最重要的一个衡量指标是人均产能。如果非常优秀的人因为企业内在环境影响而变成了一个平庸的人，甚至是制造内耗的人，那么，这样的人才管理就是失败的。

（3）留得住人

组织内良性和高效的运作无疑是由一群高默契度的人通过团队协同而取得的。人和人之间高默契度的形成并非朝夕之功，而要靠长期的磨合。因此，任何一个组织都要想尽一切办法留住人，尤其是那些身处关键岗位的优秀人才。

（4）育得对人

一个有竞争力的组织，其标志之一是能让平庸的人变成优秀的人。这样的转变当然离不开企业的培育，但是培育有效的前提是首先要确保选对人。对于一个天生擅长技术的人才，企业哪怕用尽洪荒之力，恐怕也很难将其培养成一个出色的管理者。

（5）储得了人

关键岗位的人才储备越多，企业的人才供应链越能显现战略价值。当然，人才储备不仅仅只在企业内部进行，也要做好在社会储才等相关工作。

以上是关于人才供应链的简要概述。人，最重要的是能够用心，否则很难保证个体绩效与组织绩效的提升。从人力到心力，仅有机制是不够的，还要有好的价值观引导。由此，第四条链就务必要做好做实。

4. 第四条链：文化和谐链

这部分主要应做好三方面的工作。

（1）价值观的塑造

价值观不是忠诚、责任、创新、超越诸如此类的词语，而要充分考虑企业的发展现状和行业特性。例如，初创企业突出的是“奉献”，成熟企业突出的是“创新”；互联网企业强调“快”，制造企业强调“匠心”。很多人都在说，企业文化是老板文化，但本书认为，“从群众中来，到群众中去”的价值观塑造方法更能打动人心，深入人心。

（2）制度的契合

有些企业的价值观强调“尊重人”，但考核制度的设计都是“达不到目标就扣工资”，非常简单粗暴，则这样的价值观很难影响到人的行为，也就无法引领人形成好的心态。由此可见，制度的审查是必需的，通过审查，一旦发现有违背价值观的，就要坚决改正。只有做到言行一致，价值观才能深入人心。

（3）管理者的表率

价值观的落地，首先是靠管理者做出来的。如果管理者都视价值观为儿戏，那价值观在企业还有可能落地吗？因此，对管理者的提拔、任用和考核，价值观应该是最重要、最核心的衡量准绳。与价值观不相匹配的人员，哪怕能力再高、业绩再优秀，都不能将其选拔到相应的管理者岗位上。

上述四条链，如果能逐条打造好并让其发挥作用的话，“实现商业梦想和创造未来”就不是一句空话。

（三）数字化时代的人才供应链打造攻略

在确保企业发展方向正确的前提下，均衡而高效的人才供给，以及组织能力的提升，将会成为关系到企业战略实现和企业经营成功的重要因素。因此，打造人才供应链系统，构建全面人才管理体系去满足企业发展的需要，成了各企业的当务之急。人才供应链如何打造，务必要按以下五个步骤进行。

1. 第一步，建立人才标准

这既是基础，也是核心。人才标准的构建应从三个方面、五个维度着手。

（1）人与组织的合，建立第一个维度：人与组织价值观的匹配。

（2）人与岗位的合，要从三个维度去观察：第一，人的职业兴趣与岗位的匹配；第二，人的专业知识与岗位的匹配；第三，人的应用技能与岗位的匹配。

（3）人与人的合，这方面要重点观察的维度是人与上级的匹配（第五维度）。

2. 第二步，进行人才盘点

人才供应链中的人才盘点在于发现牛人、胜任者、高潜力者和需要退出者，以便进行人才激励、人才培育、人才规划等专业决策。在人工智能时代，企业要学会应用智能化的云端人才盘点系统，用人工智能来替代或补充传统的人工操作，以便实现精准识人。

3. 第三步，做好人才规划

要结合企业的发展规划，做好人才规划，尤其要能预判企业关键岗位未来的人员需求和变动情况，至少要做出对未来三年内的人才需求预测，这样才能从容应对企业的人才需求。如果不提前准备，等到需要人的时候才去着急忙慌找人，往往是找不到人的，特别是高层次的人才。而且，这样匆忙找人，质量是很难得到保证的。

4. 第四步，布局人才渠道

要从内外两方面去布局人才的供应渠道。内部要通过发掘高潜力人才，做好人才接替以及人才培养，保证人才供应。外部要和猎头、人才供应机构、高校等建立长期而紧密的联系，甚至将触角直接延伸到竞争对手企业。当然，在数字化时代，构建人才线上交流圈等方式非常有效，也是职场新生代比较喜欢的一种方式。

5. 第五步，优化人才环境

通过优化人才环境，一方面能激励人才更加高效地开展工作，提升组织效能；另一方面，人才环境的优化可以让同事之间的相处更加简单和融洽，从而提升职场幸福感，让更多的人愿意留下来，为企业的发展长期效力。

只要按照上面所讲的五个方面坚持不懈地努力，就一定可以实现源源不断的优质人才供应，帮助企业实现可持续发展。

（四）人工智能重塑传统人才管理理念和技术

人工智能（AI）正悄然改变着我们工作和生活的方方面面，在人才管理领域也同样如此。诚如李开复所言，AI 会在十年之内改变、颠覆、取代 50% 的人。马化腾也发出感慨，不管现在多强多好，在互联网这个大浪潮面前，稍微疏忽，就可能完全翻盘。以校园招聘为例：一家公司的招聘主管准备了一周的时间，花费了 6 000 多元的物料，开展了三场学校线下宣讲会，仅收到了 120 份简历，最终面试 17 个人，7 个人通过，入职的只有 4 个人。这就是传统校招，依靠人工作业，不仅接触的学校有限，而且算上差旅、物料、人员成本的话，每招一个人的成本在 3 000 元左右，费时、费力而低效。

但在移动互联网时代，通过人工智能，这一切都会发生颠覆性变化。未来校招的场景是这样的：在招聘季节，企业可将自己的宣传视频、招聘岗位的需求和要求等相关信息，在各目标高校的网站或第三方招聘平台进行即时发布。而在校学生登录网站，即可一站式了解感兴趣的岗位及相关企业的情况，并远程进行简历投递。企业收到毕业生的简历后，可发布相关测评工具对毕业生进行在线测评，并由人工智能依据大数据自动筛选出与岗位最匹配的应届毕业生，双方进行精准对接。对于对接成功进入下一轮的应届毕业生，企业可通过在线视频，完成远程面试流程，决定是否聘用。一旦决定聘用，企业可远程与其签订就业协议以及发放录用通知书等。

这样一来，原先费时、费力而低效的校园招聘，在人工智能时代将变得省时、省力、高效。当然,人工智能颠覆的不仅仅是传统招聘,也会让企业的用人、育人、留人、储人发生翻天覆地的变化。

1. 智能化用人

用好人的前提是识人。当前很多企业因为识人的偏差,往往会犯诸如将技术型人才用到管理岗位上的毛病,导致产生了一批平庸的管理者,却牺牲了一批技术型天才。识人会产生偏差大多是因为凭经验、凭感性看人。

如果应用人工智能识别人,系统就会自动根据大数据的运算结果,非常理性地给出人才与岗位的匹配意见,让用人主管理性地发现每一个人的长处,用好每一个人,真正做到将合适的人放到合适的岗位上。

2. 智能化育人

育好人的第一步是帮助大家实现更好的自我定位,明确适合干什么,不适合干什么;第二步,将合适的人匹配到合适的岗位上;第三步,明确岗位与人的各项能力的差异;第四步,因材施教,缺什么补什么;第五步,明确发展路径与学习地图,使每个人都能逐步走向优秀。

在人工智能时代,上述每一个步骤都可以通过对大数据的分析和计算,由系统自动给出相关的结果和实施指引,从而大大提高用人主管在育人方面的有效性①。

3. 智能化留人

事实上,留人的根本在于企业能不能保证人在工作期间始终保持心情愉快,并由此产生一种发自内心的幸福感。在此基础上,讲待遇、讲感情、讲事业才会对留人产生根本影响。

是什么在影响着一个人的心情?很大程度上是内心的压力。会疏解压力的人,通常都比较快乐,生活和工作质量也较高。要疏解压力,就要了解压力的来源。但现实中,相当多的人不知道自己的压力来源于哪里,更遑论用对应的方法去疏解。如果内心的压力越积越多,人就不会快乐。一旦不快乐,对所处的环境便会产生厌倦,从而萌生退意。显而易见,这些与待遇、感情、事业都没有任何关系。因此,找到人的压力来源,并用对的方法去疏解它,是企业留人非常管用的招数。可是,如果通

① (美)亚当·格林菲尔德.区块链 人工智能 数字货币:黑科技让生活更美好?[M].张文平,苑东明,译.北京:电子工业出版社,2018.

过人的经验去判断这些，不一定做得好。但通过人工智能去判别人的压力来源并告知疏解策略，便是轻而易举的一件事情。这也就意味着，人工智能在帮助企业留人方面必将大有建树。

4. 智能化储人

人才池是企业发展重要的奠基石，池里人才储备数量的多少，尤其是关键岗位人才储备数量的多少，将直接决定企业竞争水平的高低。很多企业人的人才储备工作主要局限在本企业内部，并出现了无才可储，或储好的人才最终跳槽等弊病。近几年出现的第三方智能储才系统，有效地帮助企业解决了以上困境，并将储才的触角延伸到了企业之外，使企业实现了广储社会之才。

智能化储才系统将运用各种途径和方法吸纳天下英才入库，并结合云端智能测评等技手术段，综合各类数据分析后进行分类。企业一旦有人才需要可随时登录系统，系统将按照企业的岗位要求，自动从人才库中匹配最合适的人才供企业精准选择，“一站式”解决企业对人才的需求。

在人工智能时代，除了选人、育人、用人、留人、储人全方位实现智能化运作之外，各种信息化系统也将帮助企业实现智能化的员工考勤管理、绩效管理和薪酬管理等。

企业人才管理水平的高低取决于各层级管理者在这方面愿不愿意作为，以及如何作为。那么，怎么让管理者像开展业务工作一样娴熟地操作好人才规划及人才的选、育、用、留、储呢？很多企业对此束手无策，因为没有好的工具让管理者去使用。人工智能的出现将极大地帮助管理者在人才管理方面取得成功，进而改变组织的人才管理运营生态，提升人才管理水平，驱动组织发展。

三、数字技术助力中国人才教育腾飞

人工智能、大数据、云计算、物联网等数字技术日新月异的发展，导致人类的工作、生产、生活方式等方方面面都发生着重大的变革。发展数字经济离不开专业人才，而人才的培养离不开教育。随着数字技术不断向教育领域融合渗透，在线培训、远程教育等数字化教育形式不断涌现，随着教育行业数字化技术投入的不断增加，未来更加个性化与互动化的教育新模式、新形式也会纷纷涌现，这必将会给存在诸多弊病的现行教育行业带来更大的冲击与改革的良好契机。

（一）各国普遍重视智慧教育发展

根据马化腾等著《数字经济：中国创新增长新动能》及其他与数字教育相关的公开资料，在数字技术的引领下，教育产业的数字化程度正成为各国数字化发展程度的重要体现。提高教育数字化水平，促进数字技术在教育行业的运用，提高教育系统的有效性，是各国推动教育改革与创新的重要举措。美国、澳大利亚、英国、印度、中国等国都在本国制定的数字经济发展战略框架下，通过提出促进数字技术在教育中广泛应用的具体措施，促进数字教育的发展，特别是美国 K12 集团与慕课的成功更成为全球数字教育发展的典范。

中国教育长期面临着资源分配不均、投入产出失衡、素质教育水平较低等困境，在国家政策的大力支持与引导、数字经济的催生与带动等众多因素的作用下，数字技术与教育领域逐渐融合渗透，数字教育新生态雏形逐渐显现。随着以大数据、云计算、人工智能、AR/VR 为代表的新技术应用获得群体性突破，政府也出台系列政策文件鼓励数字教育发展，随之越来越多的互联网公司进入教育领域探索在线教育发展模式，移动数字教育平台与应用也不断兴起，特别是数字直播教育与传统教育的结合推动着教育方式的不断创新。数字教育的发展不仅在优化教育资源配置、促进教育公平方面做出贡献，而且在尊重学生个体差异、丰富学科内容、满足学生个性化教育需求上也可发挥作用，更有助于突破学生学习时空限制，不断加快教育教学方式变革的进程。

（二）数字技术带动我国智慧教育发展浪潮

虽然全球各国物质资源禀赋、经济发展水平、教育普及程度、基础设施水平等存在差异，教育发展水平也良莠不齐，但随着数字技术在教育领域的蔓延，全球范围内兴起了教育数字化转型与智慧教育改革的浪潮。

智慧教育是在各级政府主导作用下，由各层次学校和各类型企业参与共建的、具有教育与数字化双重属性的现代化教育服务体系，其本质就是通过大数据、云计算、物联网、人工智能等数字技术与手段，实现教育资源与信息、知识的共享；还可促进教育管理者和家长之间的信息自由流动与沟通衔接，提升教育管理效率，助力美好、安全的校园环境建设。

1. 人工智能开启智慧教育新模式

人工智能技术的不断成熟及其与教育行业的深度融合，将不断革新传统教育的学习范式，开启数字教育新模式。以人工智能为核心的教育技术可以从语音、图像、面部表情等更多维度实现更大量级的数据采集与汇聚，可以从采用语义识别、情感计算等更高效的数据处理方法和 VR/AR、机器人等更具互动性的人机界面实现与教育行业深度融合，可以分别沿着扫码搜题在线答疑、自动批改作业、智能测评和个性化学习四个方向，逐步提高教学的灵活性、智能性及互动性（李昭酒等，2016）。例如，从学生角度出发，借助人工智能的自适应学习系统通过大数据精准分析，为学生制订个性化的学习方案并自动生成智能化的学习内容；从老师的角度出发，依托人工智能的帮助可实现虚拟教学助手、作业自动批改、学情智能测评等应用，提升教学反馈的准确率，促进教学质量的提高。

2. VR/AR 助推智慧教育新变革

未来教育的发展，学习者能否获得动态更新的学习内容，更多的交流互动与更高层次的学习体验的学习环境，在限制了学习主动性和创新活力的线下学习方式，无法形成完整的学习体系、碎片化较为严重的线上学习方式方面能否有更大的突破与创新，都面临着机遇与挑战。

日臻成熟的 VR/AR 技术和应用通过与教育环境相融合，不仅为学习者提供更丰富生动的线教育场景和动手操作机会，优化了学习者的学习环境，还可改善学习者的学习习惯、学习方式与思维方式，为学习者带来更加沉浸式的学习体验。例如，学生戴上体验学习环境的虚拟现实头盔，就能更好地观看体验与感知教学场景，使学习者沉浸于整个教学环境中，从而促进学习效事的大幅提升。

3. STEAM 传播智慧教育新理念

STEAM（Science，Technology，Engineering，Arts，Mathematics；科学，技术，工程，艺术，数学）教育提倡“动手动脑的探索式”学习过程，以重实践、重跨界、重创新为主要特点，是科学、技术、工程、艺术和数学多学科交叉融合发展的综合性教育。人工智能、VR/AR、3D 打印技术与 STEAM 倡导的教育方式相继融合发展，可以使中小学各个阶段的学生在智能化学习场景中不断提高动手、逻辑思维与创新能力，进而开启素质教育新模式。例如,在高级教学机器人的陪伴下,在人工智能与VR/AR的仿真实验室中,借助认知计算的复杂决策辅助系统,可帮助学生在游戏化的学习体验中实现智能交互,进而完成多学科交叉融合的探索式学习过程,学生的动手能力、逻辑思维能力和创新能力也得以提高。

(三)我国智慧教育存在的问题

综观各国智慧教育发展,其在取得重大成就的基础上也存在一定的问题,如所有的教育信息都实现数字化、网络化会不会存在教育信息被泄露与非法使用的风险?数据管理技术能不能有效保护学生个人隐私;在纷繁复杂的学习资源中,学生们该如何有效选择适合自己的资源,把更多的时间、精力花在学习上,而不是浪费在不同资源的选择上;由于数字技术与数字基础设施水平在不同区域间存在极大的差异性,智慧教育有没有可能导致教育差距与不公平的进一步扩大,如何才能更多地发挥智慧教育的优势并积极规避其弊端,既依赖于国家及不同地方政府的财政投入扶持与有效监管,也依赖于学校教学模式的创新、社会大众对不同学习方式的有效选择与多样化教育资源的高效利用,还依赖于不断迭代创新的数字技术对隐私泄露与安防等问题的不断攻克。

第五章　智能化数字经济的构建

数字经济有三个关键点：一是数据成为新的生产要素；二是数据活动是为了服务于人类经济社会发展而进行的信息生成、采集、编码、存储、传输、搜索、处理、使用等一切行为；三是数据活动具有社会属性、媒体属性和经济属性，数字经济具有数字化、网络化、智能化、开源化的特征。特别是区块链和人工智能技术的出现，使数字经济的这些特征更加明显。区块链、人工智能等技术的诞生，使数字经济的内涵更加丰富。

第一节　区块链与人工智能加速数字经济发展

数字经济时代，数据成为最重要的生产要素，有助于促进并加速包括人工智能、区块链等新一代信息技术与社会经济的各个领域的深度融合，为形成新产业、新业态和新模式提供了催化剂。人工智能、区块链等新一代信息技术的高速发展，极大地减少了数字经济活动中信息和价值流动的障碍，有助于提高社会经济运行效率和全要素生产率，提高供需匹配效率，实现社会资源最优化配置。

一、区块链与人工智能的概念与起源

（一）区块链的概念与起源

区块链技术起源于化名为“中本聪”（Satoshi Nakamoto）的学者在2008年发表的奠基性论文《比特币：一种点对点电子现金系统》。区块链是一个分布在全球各地、能够协同运转的分布式核算、记录的数据存储系统，由于交易记录在此记账系统中分区块存储，每块只记录部分，同时每个区块都会记录前一区块的ID（identity，身份标识号码），按交

易时间的先后形成一个链状结构，因而称为区块链，其本质上是种去中心化的、分布式新型记账系统。区块链具有三大特点：一个是去中心化。区块链技术不需要中心服务器，不存在中心化的硬件或第三方管理机构，连接到区块链网络中的所有节点权利和义务都是均等的，数据块由整个系统中具有维护功能的节点来共同维护。二是透明性。除了交易各方的私有信息被加密外，区块链上的所有数据对所有人公开，所有参与者的账本都公开透明、信息共享。三是安全性。区块链技术支持的交易网络中所有交易采用加密技术，使数据的验证不再依赖中心服务器，极大提高了全链条上发动网络攻击的成本和篡改信息的难度，维护了信息的安全性和准确性，降低了信用成本[①]。另外，由于所有节点都拥有相同的全局账本，所以个别的原本被破坏或消失不会影响到整体。

近年来区块链技术处于高速发展期，在经历了比特币虚拟货币的1.0时代、只是提出概念以以太坊为代表的2.0时代后又进入支持复杂的商业应用的区块链3.0时代，区块链技术开始从金融领域不断向其他行业快速渗透与广泛运用，不仅推动着传统产业的转型升级，也成为推动全球经济转型与数字经济发展的不竭动力。

（二）人工智能的概念与起源

人工智能（Artificial Intelligence，AI）的概念于1956年，由John McCarthy等10位年轻学者在达特茅斯夏季人工智能研究会议上首次提出。人工智能是研究模拟用户，延伸和扩展人的智能的理论、方法、技术和应用系统的一门技术科学，它不仅试图理解智能实体，而且还试图建造智能实体。而人工智能中最重要的一环就是让机器拥有思维认知，即人类智能。换句话说，人工智能就是让机器或是人所创造的其他人工方法或系统来模拟人类智能。人工智能的概念较为宽泛，按照人工智能的实力可大致将其分成三大类：第一类，弱人工智能，指只擅长于某个方面的人工智能，如只会下象棋可以战胜象棋世界冠军的人工智能；第二类，强人工智能，指在各方面都可达到人类级别，人类能从事的脑力劳动，它都能和人类一样得心应手地去干，能和人类比肩的人工智能；第三类，超人工智能，指在科学创新、通识和社交技能等几乎所有领

① （美）亚当·格林菲尔德．区块链 人工智能 数字货币：黑科技让生活更美好？[M].张文平，苑东明，译．北京：电子工业出版社，2018.

域都比人脑聪明、都可超越人类大脑的人工智能。

历经20世纪50年代重视问题求解的方法而忽视了知识的重要性、六七十年代实用化专家系统的研究和开发、80年代神经网络飞速发展到90年代由单个智能主体研究转向基于网络环境下的分布式人工智能的研究阶段，目前人工智能的研究不仅研究基于同一目标的分布式问题求解，而且研究多个智能主体的多目标问题求解，推动人工智能技术更面向实用化。

二、区块链与人工智能技术加速数字经济发展

（一）区块链的关键技术

区块链是由包含交易信息的区块从后向前有序链接起来的数据结构。它可以被存储为一种包含非相对关系记录的文件，或是存储在一个简单数据库中。比特币核心客户端使用数据库存储区块链元数据。区块被从后向前有序地链接在这个链条里，每个区块都指向前一个区块。区块链经常被视为一个垂直的栈，第一个区块作为栈底的首区块，随后每个区块都被放置在其他区块之上。对每个区块头进行加密哈希，可生成一个哈希值。通过这个哈希值可以识别出区块链中的对应区块。同时，每一个区块都可以通过其区块头的“父区块哈希值”字段引用前一区块，这样把每个区块链接到各自父区块的哈希值序列就创建了一条一直可以追溯到第一个区块的链条。

区块链是链式的数据结构、点对点去中心网络技术、加密算法、共识算法、智能合约、公链、主链、侧链、跨链导技术融合创新的全新技术方案，通过加密技术形成一个去中心化的可靠、透明、安全、可追溯的分布式数据库，推动互联网数据记录、传播及存储管理方式变革，大大简化业务流程，降低信用成本，提高交易效率，重塑现有的产业组织模式、社会管理模式，提高公共服务水平，实现互联网从信息传播向价值转移的转变。这些技术几十年前就已经兴起，但最近几年才开始在很多领域被广泛使用，目前重点部署的应用有数字货币、跨境支付、证券发行、数字资产、供应链金融、互助保险、票据服务、版权保护、物流追溯等。

1. 链式的数据结构

区块链之所以被称为“链”，就是因为其数据结构的巧妙设计，其

把多个收支与交易记录通过大量计算打包为一个数据块，每个数据块都附加有版本号、时间戳、随机数等常规信息以及前一个数据块的哈希值，所有数据块都通过这种链状的结构连接起来，存储着所有交易的记录信息。区块链技术本质是一种分布式数据库，是互联网数据记录、传播及存储的新方式，相关数据的分析、解读同样离不开大数据、人工智能技术，将相关物品连接起来，也需要物联网基础技术支撑。

比特币本质是构造了一个永不停息、无坚不摧的时间戳系统。然后在该系统上添加若干特性后使其具有货币的功能。报纸从另一个角度来讲也是一种时间戳服务。

传统的跨境支付需要经过开户行、央行、境外银行、代理行、清算行等多个机构，每个机构都有自己的账务系统，因此处理速度缓慢，业务执行效率低下。应用区块链以后，能够降低中间流程的操作成本和费用，减少冗长的复杂环节和人工审查出错的情况。

2. 点对点去中心化网络技术

点对点网络技术是区块链系统中连接各对等节点的组网技术，网络上的各个节点可以直接相互访问而无须经过中间实体，同时共享自身拥有的资源，包括存储能力、网络连接能力、处理能力等，是区块链的核心技术之一。区块链技术应用不同于传统的服务想到客户端的服务方式，区块链中的所有节点都处于对等地位，每一个节点既是服务器也是客户端，且拥有所有交易记录数据，任何接入区块链的节点都有权获取所有的交易记录信息。

区块链给传统的分布式系统赋予了一种崭新的、更加广泛的协作模式，解决了点对点对等网络下的数据一致性问题和基于单一信用背书实体的传统信任机制不同，区块链技术创建了一种基于公认算法的新型信任机制。由于算法的客观性，即使网络中存在恶意节点，也能保证达成共识，实现业务的正确处理。这便是区块链技术带来的显著价值，在网络视频、网络语音、搜索、下载等多个领域得到广泛应用，可使多个行业领域受益。

3. 智能合约

“智能合约”（Smart Contract），最早是由跨领域法律学者尼克·萨博（Nick Szabo）于 1994 年提出来的。一个智能合约就是套以数字形式定义的限定合约参与方执行相关协议的承诺，其本质为运行在可复制、可共享的分散式记账本上的一段计算机程序，在此程序下合约各方既可以维持自己的现有状态、控制自己的资产，也可对接收到的外界信息或者资产进行处理、储存甚至再发送。智能合约主要有两个系统：一个是使用 solidity 编写智能合约的以太坊，因多功能性和智能合约执行能力成为银行业与互联网金融行业的首选；另一个是起源于 counter party（合约币）项目的 symbiont，正在建立一个拥有比以太坊更加安全的代码库的智能合约系统，可以有效保证电子货币在不同情境下的安全流通。

在传统证券交易中，证券所有人发出交易指令后，需要经过证券经纪人、资产托管人、中央银行和中央登记机构这四个环节的协调，才能完成交易。一般来说，从证券所有人发出交易指令到交易最终在登记机构得到确认，通常需要“T+3”天（买卖之间隔 3 天）。使用区块链，买方和卖方能够通过智能合约直接实现自动配对、自动清算和结算，将节省大量的交易费用，让交易过程更加透明、有效率。

4. 公链、主链、侧链、跨链等技术

根据网络上有关资料，公链是公有链的简称，即全网公开，任何人不需要任何授权机制，都能随时加入与退出、都可读取、都能发送交易且交易都能获得有效确认的“完全去中心化”区块链。公链通过密码学保证交易难以篡改，利用密码学验证以及共识机制在互为陌生的网络环境中建立共识，从而形成去中心化的信用机制。

公有区块链，任何人都可以读取公有区块链的数据，任何人都可以在公有区块链上发送交易，任何人都可以参与到共识过程　该过程决定什么区块被加入链上和现在的状态是什么。公有区块链的安全性由密码经济学所保证。密码经济学结合了经济激励和密码验证机制，使用例如工作量证明或者权益证明机制，它所遵循的基本原理是参与者对共识过程的影响力正比于他所投入的经济资源。公有链一般被认为是“完全去中心化的”。

侧链实质上不是特指某个区块链，是指遵守侧链协议的区块链。侧链则主要用于解决公链交易吞吐量不是和交易速度限制的问题，起到进一步对公链拓展的功效，本质上是一种可以让数字资产在主链与其他区块链之间实现安全双向转移的协议。向侧链写入数据的权限只被一个机构所拥有，也许公众拥有读取数据的权限，也许只有特定的人才拥有读取数据的权限。侧链的应用包括公司内部的数据管理、审计等，在许多情况下,读取区块链的权限也不能开放给所有人。

而跨链则是为解决两个成多个不同链上的数字资产功能状态互相交换、传递和转移等难题的协议,跨链的存在,不仅使区块链的可拓展性进一步提升,也使其可操作性进步增强,使不同公链之间因数字资产交易困难导致的“数据孤岛”问题得以有效化解。

5. 分布式存储技术

从另一个角度来说,区块链实际上是一种参与者共同记账的分布式账本体系,由于比特币被定义为点对点的电子现金系统,因此支撑它的区块链实际上也是交易结算体系。它的特点是通过引入数字加密签名的方式,将进出账行为与外部对手方结合,形成一种交易(Transaction),并引入第三方对交易进行电子签名来提高账目的可信度。

6. 共识机制

在分布式账本当中,共识机制是一种通过算法来保证网络中的大多数参与方对于某一份特定数据或一项更新账本的交易申请价值的认可。也就是说,共识机制是一种保证参与方节点对于事实具有连贯性认可的规则与程序。随着关于比特币及其底层区块链分布式账本技术的认识逐渐被传播,对共识机制进行进一步优化被提上了日程。如何在区块链网络的多方协作中以确保整个价值网络的稳定为前提,并能满足不同方向的性能要求,也成了关系区块链发展的核心问题。

7. 互联网协议

为了满足未来互联网的发展需要,通过传统 P2P 技术和创新比特币技术相结合,一种颠覆式的全分布式 P2P 网络概念浮出水面,该网络提倡共同的参与、透明的开放、平等的分享、公平的激励理念,在 P2P 网络环境中,成千上万台彼此连接的计算机都处于对等的地位,整个网络不依赖专用的集中服务器。网络中的每一台计算机既能充当网络服务的请求者,又对其他计算机的请求做出响应,提供资源和服务,系统能根据用户提供的资源多少奖励相应的数字货币。

(二)人工智能的关键技术

人工智能技术关系到人工智能产品是否可以顺利应用到我们的生活场景中,从语音识别到智能家居,从人机大战到无人驾驶,依托相关技术，人工智能产品在不断升级，在家居、媒体、医疗、金融等行业有着较成功的应用，人们的生产与生活方式也因此发生了重大变化。人工智能领域包含了机器学习、知识图谱、自然语言处理、人机交互、计算机视觉、生物特征识别、虚拟现实/增强现实七个关键技术。

1. 机器学习

机器学习就是计算机自动获取知识，也是人工智能的一个重要研究领域，一直受到人工智能和认知心理学家们的普遍关注。近年来，随着大数据技术的快速发展，企业和机构所拥有的数据量越来越大。为了从浩瀚的数据海洋中发现有用的知识，机器学习受到了企业和学术界的高度重视。

机器学习（machine learning），是人工智能技术的核心，涉及统计学、计算机科学、脑科学等诸多领域，主要研究计算机怎样模拟或实现人类学习行为的方式，从而以获取更多所的知识或特殊技能，并不断重新组织已有的知识结构使之不断改善自身的知识结构，提升相关的技能，特别是基于数据的机器学习研究如何通过观测样本数据寻找相关规律，并对未来数据或无法观测的数据进行进一步预测，进而指导相关的行为。根据学习模式的不同将机器学习分为监督学习、无监督学习和强化学习等，根据学习方法的不同可以将机器学习分为传统机器学习和深度学习。

机器学习的研究意义重大，取得重大进展往往意味着人工智能甚至整个计算机科学向前迈进了坚实的一步。对比人类的学习，机器学习具有诸多优势。一方面，人类受教育和学习的过程是一个相当艰苦的过程；另一方面，由于年龄和精力的限制，积累知识较为缓慢，同时无法继承，每一个人都必须从头认识和改造世界，但机器能够不知疲倦地接受信息，并将获得的技巧延续下去，避免大量的重复学习工作，因而使知识的积累非常迅速。因此，对机器学习的研究将有助于加快获取知识、技巧和规律的进程。

2. 知识图谱

知识图谱就是一种语义网络，基于图的数据结构，由节点（Point）和边（Edge）组成，将节点之间用无向边连接，每个节点即为现实世界中存在的“实体”，而每条边即为实体与实体间的“关系”。本质上是一种由现实世界实体节点和表示不同节点相互关系的边组成的网状知识与数据结构，主要通过节点与边的相互连接描述现实不同实体之间的概念及其相互关系。通俗地讲，知识图谱就是把所有不同种类的数据与信息节点连接在一起而得到的一个关系网络，提供了从不同节点关系的角度去分析问题的能力。

对于知识图谱的构建可以采用自上而下或自下而上的方式。以自下而上的知识图谱的构建为例，它可以说是一个更新迭代的过程，通过逻辑的获取设定可以将每一轮的迭代分为三个阶段：信息抽取、知识融合、知识加工。目前知识图谱通过异常分析、静态分析与动态分析等数据挖掘方法，广泛运用在业界搜索引擎、可视化展示和精准营销等方面，并表现出巨大的优势。此外，知识图谱技术也可用于反欺诈、不一致性验证等公共安全保障领域。

3. 自然语言处理

自然语言处理作为计算机科学与人工智能领域中的一个重要方向，主要研究人与计算机之间如何通过自然语文进行有效沟通的各种理论和方法，主要涉及机器翻译、语义理解和问答系统等领域。其中，机器翻译技术是指利用计算机技术特别是基于统计和深度神经网络技术将一种自然语言翻译成另外一种自然语言的技术。语义理解技术是通过计算机技术阅读、对文本篇章上下文的理解进而精准回答与篇章文本相关问题的技术。语义理解技术可进一步提高问答与对话的精确度，未来将广泛运用在自动问答、智能客服等相关领域。至于问答系统包括开放领域和特定领域的对话与问答系统两部分，问答系统技术就是指让计算机可以像人类一样用自然语言实现与人充分交流的技术。

自然语言处理包括自然语言处理技术和自然语言处理资源两方面。其中，自然语言处理资源包括 WordNet 和 HowNet 等词典，而自然语言处理技术则包括去除停止词、取词根、词性标注、词义消歧、句法分析、命名实体识别及指代消解等。本质上，就是将自然语言与计算机语言进行打通，让计算机程序模仿人脑结构的人工神经网络，通过加工处理符号信息来实现语义的理解转换。而在信息检索中，常常将自然语言资源（如词典）与自然语言处理技术两者结合运用。研究自然语言处理所涉及的领域有智能语义搜索、问答系统等。

就目前的应用来看，自然语言处理还面临着词法、句法、语义及语音等不同层面的问题，并且语言具有高度复杂性，所以机器在如此不确定的环境中获得的学习模仿能力还是相对较弱的。

4. 人机交互

人机交互指的是计算机与用户之间的交流互动，是人工智能领域重要的外围技术，是与认知心理学、多媒体技术，虚拟现实技术，人机工程学等密切相关的综合学科，主要研究人到计算机和计算机到人的人与计算机之间的信息交换，具体交换内容除了传统的基于智能设备的基本交互和图形交互外，还包括语音、情感以及体感等交互技术。

人机交互有三个重要元素在设计时需要考虑人、交互设备、交互软件。其中，交互软件是整个交互计算机的核心，其重点在于对算法的研究；交互设备则是用来实现人与计算机间传递消息的媒介。同时，交互程序的设计还需要在物理层面、认知层面及情感层面进行充分考虑。人机交互一般基于视觉、听觉、触觉三种感官出发进行设计，所以可以分为四种类型：视觉人机交互、音频人机交互、传感器人机交互、多通道人机交互。

5. 计算机视觉

计算机视觉是使用计算机模仿人类视觉系统的科学，使用计算机或摄影机对事物进行识别、跟踪、测量等，并通过模仿人类的视觉系统，让机器拥有信息提取、处理、理解和分析图像的能力。计算机视觉融合了多个领域，如计算机科学（图形、算法、系统等）、数学（信息检索、机器学习）、工程学（自然语言处理、图像处理等）、物理学（光学）、生物学（神经科学）、心理学（认知科学等）。

视觉识别是计算机视觉的关键技术。以图像分类为例，一般情况下视觉识别是利用多层识别方式来处理图片：第一层为像素亮度分析层，主要用来识别像素亮度；第二层为边界确定层，根据相似像素的轮廓确定图中的所有边界；第三层则用于识别质地和形状等。经过层层识别之后，对图像做出准确的分类。目前，基于深度学习的视觉识别系统的检测效率和精度都已经有了极大地提高。

计算机视觉技术已广泛运用在无人驾驶汽车、无人机以及智能医疗等需要通过从相关图像等视觉信号中提取并处理信息的领域，根据解决的问题不同，计算机视觉可分为计算成像学、图像理解、三维视觉、动态视觉和视频编解码五大类。

6. 生物特征识别

生物特征识别技术是指通过对个体生理或行为等生理特征的分析，进而对个体真实身份进行识别与鉴定的智能化身份认证技术。生物特征识别的整个过程通常分为注册和识别两个阶段：注册阶段主要是通过图像及语音传感器采集人体的人脸、虹膜、指纹、掌纹以及声纹、步态等多种生物特征信息数据，并通过预处理技术对采集的数据进行处理，提取相应的特征并进行存储；识别阶段就是对提取的特征数据与存储的特征数据进行比对分析，完成身份识别、鉴定与认证。通过生物特征识别技术，既可完成一对多的辨认问题，即从存储特征数据库中确定待识别人身份的问题，也可完成一对一的确认问题，即将待识别人信息与存储数据库中特定单人信息数据进行比对进而确认身份的问题。

然而，单一的生物特征识别系统在实际应用中具有局限性，为了提高系统的性能，多生物特征识别开辟了一个新的方向。其主要运用数据融合方法，结合多种生理特征和行为特征进行身份鉴定，进一步提高了识别的精确度和系统的安全可靠性。其中，数据融合指的是对多源信息进行有效的融合处理，主要通过数据层、特征层及决策层的融合来做出最优决策。多生物特征识别系统一般可以采用多个同一生物的特征融合和多种不同生物特征的融合两种方式工作。

目前生物特征识别技术既涉及人脸、虹膜、指纹、掌纹等图像特征，也涉及音质、声纹等多种语音特征，所以其注册与识别过程既涉及图像处理、机器学习，也涉及计算机视觉与语音识别等多项技术，而这些生物特征识别技术已广泛运用在教育、医疗、交通、刑侦及其他公共服务领域，为生活带来更多的便利和体验。

7. VR/AR 技术

VR/AR 技术（Virtual Reality / Augmented Reality）是以计算机为核心的新型视听技术，在结合获取与建模技术、分析与利用技术、交换与分发技术、展示和交互技术以及技术标准与评价体系五个不同的处理阶段技术及其他相关科学技术的基础上，在一定范围内模拟生成与真实环境在视觉、听觉、触觉等方面高度近似的数字化环境，用户只要借助必要的数据获取设备、显示设备、触觉交互设备等智能装备就可实现虚实环境无缝融合，实现与数字化环境中的对象进行全方位智能化与舒适化现场自然交互，甚至相互影响，进而获得近似真实环境的感受和情感体验。

这两种技术都分别为人类带来了不一样的感官体验,可以说人人都体验到了其中的乐趣。像 VR/AR 这样的新科技逐渐深入人们的日常生活之中,所以 VR/AR 时代也被称为第三代互联网时代。VR/AR 技术的日渐成熟也带动了大批新的产业的发展,其在各个领域也得到了广泛应用。

总之,人工智能技术在提高人们生产效率和生活质量方面显现出巨大潜力,既可能对传统产业链的生产、消费等经济活动环节进行重构,也可催生出新产品、新模式、新业态,彻底颠覆传统经济下的价值创造模式,重塑整个产业链,与此同时,人工智能技术的发展也将给各国数字经济发展带来巨大的挑战,如可能会对劳动力市场上的供求产生深远影响,可能导致工作岗位替代、传统职业消失、高数字技能员工供给不足甚至冲击整个就业生态,也还会引致 些新的政策与伦理道德问题,甚至会引发威胁人类生存等不可预知的问题,所以人工智能技术对人类来说既是机遇也是挑战,人们在享受人工智能技术带来的红利的同时,也应把如何应对发展人工智能可能产生的挑战与问题纳入考虑范围之内。

(三)算法驱动数字经济发展

在数字经济时代,如果说人工智能技术可以提高生产力,那么区块链可以改善生产关系,算法则是数字经济发展的方法论。区块链和人工智能技术是人类向数字化社会迁徙和进行数字经济活动的工具,前者保证数据资料的质量、安全和产权,为人工智能建模提供数据资料,后者能够在经济活动中实现取代大量人工,提高生产力,两者共同推动数字经济发展。

区块链与人工智能技术背后依赖一整套算法,正是这一整套算法体系构建了人类数字经济活动的基础。例如,区块链技术涉及共识算法、非对称加密算法、同态加密算法、零知识证明算法等;人工智能涉及神经网络算法、深度学习算法等。可以说,基于区块链和人工智能等技术驱动的数字经济,实质上是算法驱动的数字经济。正是这种以数据为载体、以算法为驱动的数字经济活动,相对于传统经济活动表现出了以下新特征。

区块链加密算法依靠 hash 函数、椭圆曲线密码实现, hash 函数包括消息摘要算法以及安全散列算法，是将任意长度的输入，经过不可逆的处理过程，转换为固定有限长度的输出内容，所以理论上存在着重复或碰撞的可能性问题，这也依赖于未来诞生计算能力更强、更高级别的加密处理机制去解决。而椭圆曲线密码与传统的 RSA 非对称加密算法相比，所占用的存储空间与计算量更小，安全性却更高，所以椭圆曲线算法对于记录完整交易记录信息的每个节点与整个区块链都是极其重要的。区块链共识算法是指通过计算机的工作量，计算节点算力占全网算力的比例，证明其无差别的劳动价值，也决定着挖矿成功的概率。在工作量证明机制的共识算法下，挖矿、矿机及矿池等社会资源才成为整个数字货币产业链条中不可成缺的重要成分。

支撑人工智能算力需要基础硬件设施，除了芯片，更重要的是软件和算法，算法的复杂程度决定了算力资源的需求。虽然数据不断增长，但是计算机无法跟上其规模。即使计算机本身的速度越来越快，但和不断增长的数据相比，可以处理的数据规模却越来越小。分布式计算（Distributed Systerms）和并行计算（Parallel Computing）等计算方式的出现，减少了单个处理器的速度约束。分布式计算把一个需要巨大算力的问题分成几块，然后分配给多台计算机处理，最后把这些计算结果综合起来得到最终的结果。分布式算力可以理解为分布式计算的能力的输出集合。最近的分布式计算项目被用于，利用世界各地成千上万的志愿者的计算机的闲置算力，通过因特网分析来自外太空的电信号，寻找隐蔽的黑洞和探索可能存在的外星智慧生命等。并行计算则意味着同时运行两个或更多的处理器，彼此共享数据且工作同时进行，目的在于提供单处理器无法提供的性能。云计算是分布式计算、并行计算等计算方式的商业化发展。云可以使用廉价的 PC 服务器，管理大数据量与大集群，并且能够对云内的基础设施进行动态按需分配与管理。云通过整合、共享硬件设备，弹性扩展伸缩以适应工作任务需求，实现 IT 资源利用率的最大化，因此云计算意味着可以较低成本获得算力。

（四）区块链与人工智能存在的隐患与弊端

有人将安全可靠视为区块链最突出的优点。比特币是基于区块链的、公认最成功的全球应用案例，但是比特币的安全事件却时有发生。不论是 2011 年 6 月全球最大的比特币交易所 Mt.Gox 被盗事件，还是

2016 年 8 月发生的 Bitfinex 交易所遭黑客攻击事件，都揭示了比特币虽然比现有系统安全可靠，但也并不是理想中那么安全。除此之外，2016 年 7 月，基于以太坊的全球最大的众筹项目“The DAO”被黑客攻击，导致价值 6 000 万美元的以太币被盗，最后只能通过硬分叉的方式来解决。2017 年 2 月 25 日，SHA-1 安全加密演算法遭破，谷歌发布了攻破 SHA-1 加密算法的实际案例。

总之，包括移动宽带、云计算、大数据、物联网、人工智能、区块链、3D 打印等在内的数字技术日新月异的发展，必将对未来数字经济的发展进程及走向产生深远影响，其在为人类带来更大便利的同时，也必将带来更多的新问题与新挑战，只有深入研究与了解这些技术的发展趋势，并进行适时控制与调节，使其向有利于人类发展方向发展，才能让技术更好地服务于广大民众。

第二节　区块链与人工智能技术的融合

目前，随着区块链和人工智能两大技术的飞速发展，越来越多的人开始将两者相提并论，探讨区块链与人工智能融合发展的可能性。如果说人工智能是一种生产力，它能提高生产的效率，使人类更快、更有效地获得更多的财富，那么区块链就是一种生产关系，可以决定生产力的发展。人工智能和区块链能够基于双方各自的优势实现互补。

一、区块链与人工智能相互赋能

人工智能应用包含三个关键点：一是数据，二是算法，三是计算能力。人工智能与区块链两者融合，可以在这三点上相互赋能。

（一）数据层面

实际上，分布式并行计算并非仅在人工智能的神经网络领域中使用，在视频处理领域的分布式并行计算相较于串行计算，由于在同一时间内的计算能力强，因此能够非常好地服务于图像增强算法，从而提升图像或视频的分辨率。实际上图像识别技术中的人工智能深度学习所使用的基础架构,也同样来自分布式并行计算对视频图像处理的研究积累。

并行计算相较于串行计算来说,可分为时间上的并行和空间上的并行。时间上的并行就是指流水线技术,多线程处理器就属于在时间上实现了并行,而空间上的并行则是指用多个处理器并发地执行计算,也就是核心数的增加。并行计算的目的就是提供单处理器无法提供的性能(处理器能力或存储器),使用多处理器求解单个问题。分布式计算研究如何把一个 需要非常巨大的计算能力才能解决的问题分成许多小的部分,然后把这些分配给许多计算机进行处理,最后把这些计算结果综合起来得到最终的结果。并行计算和分布式计算两者是密切相关、相辅相成的,分布式并行计算必然会越来越普遍,逐渐发展成主流的计算模式并取代集中式的大型计算机[①]。

分布式算力是为分布式计算提供逻辑运行支撑的计算能力输出集合,包含了两大特点,即延展性与冗余性。由于整个逻辑运行被分配到多个不同的参与方当中,因此分配机制的确立确保了整个分布式计算网络可通过不断纳入新的参与方来增加整体的工作效率。此外,冗余性则体现在即使有失效节点的存在在功能上也不会影响整个分布式计算系统的运作,仅可能影响一定处理效率,从而使得整个网络具有较高的容错性。

(二)算法层面

人工智能为区块链中相对粗糙的智能合约技术带来了福音,并有助于实现合约智能化。人工智能结合区块链智能合约,将从以下三个层面重塑全新的区块链技术应用能力。

第一,人工智能结合智能合约,可量化处理特定领域的问题,使智能合约具有一定的预测分析能力。例如,在保险反欺诈应用中,基于人工智能建模技术构建风控模型,通过运营商的电话号码不同排列的数据组合进行反欺诈预测,并依据智能合约的规则进行相应的处理。分布式人工智能从另一个层面来看就是一种分布式认知,被动体以及其他认知体都是某一认知体学习判断获得反馈的来源,某一个认知体通过一系列被

① 王云,郭海峰,李炎鸿.数字经济区块链的脱虚向实[M].北京:中国物资出版社,2018.

动体做出反应并持续获得反馈与提升。基于人工智能的智能合约能够处理人脑无法预见的金融风险，在信用评级和风险定价方面比人脑更具有优势。

第二，每一个认知体对于一个人工智能系统来说都是在拓展其认知边界，各个认知体系统在本地化的传感器获取与数据分析中进行认知总结，并提升了对整个系统总体性的认知边界能力。就像在物联网与车联网场景当中，每一个传感器、车辆都在不同的环境与路况中做出反应，这些反应会成为整个网络所积累到的知识，从而自我更新再认知。人工智能的介入让其拥有仿生思维性进化的能力，每一个计算节点都是人工智能认知边界拓展的源泉与动力。就智能合约本身而言，通过人工智能引擎，在图形界面的模板和向导程序的指引下，能够将用户输入转化为复杂的智能合约代码，即生成符合用户和商业场景的“智能协议”。

第三，人工智能不断地通过学习和应用实践形成公共化的算力。当然，人工智能与智能合约的深度结合还需跨过法律和技术两重难关。尽管一些相对简单的合约通常可以将履约自动化，但对于更加复杂的合约，可能还需要人的介入来解决争议。在博弈类 AI 系统中，由于本身商业属性不强，因此社区化的参与度较高。社区爱好者都由于共同兴趣和研究方向秉承资源分享的原则，为整个网络系统贡献出自己的 GPU 资源和设备电力。也因此，在商业模式清晰的 AI 应用当中，分布式算力的瓶颈还在于有效的经济激励机制的施行，而比特币及其底层的区块链则为分布式算力资源的激励提供了启发性的指导。

（三）计算能力层面

在理想的情况下，随机数生成器的随机性应该是可被证明且事前无法被预测的，同时它又是确定且事后能很容易被重现以验证的。P2P 网络的节点应该能够在开奖之后验证随机数生成器是否公平。一种可供验证的方式是通过事先公布随机选定的密钥的单向哈希值，在下一个区块产出，密钥被公布之后，参与者可以验证这个哈希值。通过委派给一个中心信任实体，这项工作便可以很容易地实现，但此方法有一个缺陷，任何一个知道了密钥的实体都可以通过提交经过挑选的交易来舞弊。因此，中心实体对于其他玩家而言有相对优势，密钥对于他们来说并不是那么随机，他们可以利用这一点。“分布式”意味着一个区块的随机数是由前一轮受托人所提供的密钥产生的,需要相信一个实体能长期持续地保持诚实,无疑是一个严重的缺点。

首先,通过传统 P2P 技术和创新比特币技术相结合,一种颠覆式的全分布式 P2P 网络概念浮出水面,该网络提倡共同的参与、透明的开放、平等的分享、公平的激励理念,在 P2P 网络环境中,成千上万台彼此连接的计算机都处于对等的地位,整个网络不依赖专用的集中服务器。网络中的每一台计算机既能充当网络服务的请求者,又对其他计算机的请求做出响应,提供资源和服务,系统能根据用户提供的资源多少奖励相应的数字货币。

其次,在商业模式清晰的 AI 应用当中,分布式算力的瓶颈还在于有效的经济激励机制的施行,而比特币及其底层的区块链则为分布式算力资源的激励提供了启发性的指导。在人工智能的自动驾驶、智能语音、图像识别等应用场景中,由于 AI 系统本身的商业价值,目前的算力投入仍然被限定在由某个公司或组织来集中进行,并售卖 AI 系统价值的服务。服务端与客户端分离的结构,导致公司付出了高额的投资在算法与算力当中,而客户端则承担高昂的服务使用费。由于商业组织模式的边界限制,即使使用了分布式算力的终端,也往往仅支持某个公司所生产的设备。因此中心化的模式并没有很好地完成资源的有效分配。

再次,区块链通过奖励数字代币激励用户分享算力来维持整个网络稳定的机制,而同样的机制也适用于人工智能领域的分布式计算,也只有将区块链与分布式计算相结合,才能够将虚拟化的算力资源通过利用区块链分布式账本的安全可信、私钥自管、可追溯特点构建为有价值的数字资产。虚拟化资源将能够通过区块链数字资产的计价得到更为合理而高效的分配,而作为人工智能进化动力重要组成部分的算力也将从广大的分布式设备中得到进一步的挖掘与利用。

二、区块链与人工智能技术深度融合

人工智能的发展需要算力的支撑,数据是“喂养”机器学习的资料。分布式计算和云算力的进一步发展,使得算力能以较低成本获得。人工智能为区块链中相对粗糙的智能合约技术带来了福音,并有助于实现合约智能化。随着物联网设备的增加和互联网的深入发展,数据的规模和类型也越来越多。但是,伴随着数字化社会的形成,安全、隐私和伦理问题逐渐产生，引起了人们的广泛探讨。

（一）分布式自治保障人工智能数据安全

认知计算的成功并不以图灵测试或模拟人类的能力作为判断标准，它的标准更加实际，贴近每个人的生活。因此，在人工智能大规模落地之前，数据安全和隐私问题亟待解决。在隐私轻易被泄露和创作被轻易侵权的今天，社会公众必须信任人工智能技术能够给人类带来的安全利益远大于伤害，才有可能发展人工智能。因为人工智能的发展伴随着越来越多的个人数据被记录和分析，而在这个过程中保护个人隐私、明确数据的所有权和使用边界是社会信任能够增加的重要条件。

人工智能模式可能将多台设备连在同一个网络上，在遭受黑客攻击时可能相关联的部分都会被控制，造成恶劣影响。运行在区块链上的人工智能更可能聚合大量数据和模型，极易成为黑客攻击的目标。在区块链上存储原始数据和文件的哈希表，通过哈希算法来验证其他拷贝，并将结果与区块链上存储的数据进行对比。由于区块链上的数据储存在百万计的节点上，任何数据篡改都会被及时发现。另外，此类技术还可以应用在对透明度、细粒度数据要求高的领域，比如医疗行业。医疗机构需要处理大量敏感数据，极容易成为黑客攻击的目标。区块链技术可以在跨机构验证，分享的病人完整数据，生成不可篡改的治疗流程数据账本记录，以及维护临床试验采集数据的完整性上都非常有用。

分布式存储系统也可为链上数据安全提供解决方案，使用以太坊区块链和星际互联文件系统来注册和解析域名。利用区块链存储 DNS 条目，可提高安全性。公开透明的分布式 DNS，将使任何单一实体几乎不可能随意操纵条目。而且区块链技术将消除与 DNS 读取相关的网络费用，只会增加更新条目的成本。这有利于解决互联网基础设施的压力，这也意味着可以消除传统 DNS 的许多冗余。

区块链具有数据加密、不可篡改、来源可溯的特点，作为安全的分布式自治网络基础设施有望成为下一代互联网。未来区块链可能改变许多行业的商业模式，使人们从信任一个中介机构转而信任一个不可人为操控的智能合约。在价值互联网上，数据及数据产品可作为所有权明晰的资产流通起来，共享生态将激发创新、创造新的社会价值。人工智能具备自主决策能力，能够调度资源并不断进化。区块链可为其提供发展的土壤，给予 AI 所需要的数据、算法和算力，两者结合将有助于发展出更强大的人工智能系统。

（二）区块链为数据的安全流通搭建桥梁

数据在人工智能的许多领域可能异常有效，许多公司通过各种产品收集用户数据，不断迭代产品使其获得用户的青睐。正是因为互联网时代的这种竞争，企业和机构纷纷建立起自己的数据“护城河”。但是每个企业都希望获得更多的横向数据，从而建立更大的消费者数据库去更好地指导业务拓展。因此，企业或机构一边希望获得跟业务或用户相关的数据，一边又担心自己数据会泄露。许多公司认为数据共享带来的风险高于回报而不愿提供自己的数据，这就是现有数据交换中心面临的困境。

由于人工智能在算法优化阶段需要投入大量的算力，除了算力巨大的投入外，还需要集合全球爱好者的算力资源，来持续为人工智能算法进行优化运算。可见集合全球人工智能爱好者所共享的分布式算力已经能够为一个单一领域的人工智能算法优化提供强大的支持。

深度学习社区与计算机围棋爱好者社区通过分享各自的 CPU，在深度学习的过程中不断获得算力的输出，对算法持续地进行着判断权重的优化。有观点认为，算力的输出实际上集中在算法的优化，实际的运转仅需要少量的算力执行优化过的算法就行，但实际上算法的优化就来自反复博弈，每一个算力参与节点都是在不停地进行自我博弈，自我博弈的过程往往使用的是这个节点的本地算力，但过程与结果会在事后向整个网络进行同步反馈，成为整体的学习成果。

（三）区块链加密性保护 AI 创作版权

人类的大脑是有逻辑和创造力的，逻辑是有序的，而创意和直觉可以是凌乱的。很难说出人通过什么样的机制达到创作的状态，如何激发灵感产生独创性的作品。人工智能在模拟创作方面，深度学习算法已经取得突破。在互联网快速发展的今天，人类艺术家通过数字化工具创作的数字艺术、网络文学作品已经成为传统行业中不可忽视的部分，便捷的网络带来分享和传播便利的同时也面临盗版泛滥的问题。无论是人类创作还是 AI 创作，这都是无法回避的挑战。

共享到区块链上的数据本身具备资产属性，可以直接交易与变现。区块链可以标记创作的来源和去向，构建智能合约在开放平台上出售作品使用权时自动完成版税支付并颁发授权许可，对创作者直接形成激励。这也可能成为一个数据共享的驱动力。在AI支持下，算法通过学习1~10小时就能模拟出风格鲜明的画家作品、音乐作品，快速习得的“风格迁移”作品产出数倍于人类临摹或创作，而消费者可能因为喜爱这种风格而接受此类产品。这就意味着只要研发出一种算法就可能产出大量名家的模仿作品，成为创作市场争相追逐的对象。这将改变艺术、设计、文学、新闻及影视文化等诸多创作行业的版权保护现状，进一步促进文艺行业的全球化传播和数字化发展。

区块链能够为人工智能带来全球规模的数据、算法和算力，助其成为自主进化的高级人工智能。在安全的范围内，可以预见区块链对人工智能应用落地的助力，链的分布式和加密性可使个体或机构放下疑虑共享数据，并在授权他方使用中获得收益，这种激励必将促进行业繁荣兴盛。

三、区块链与人工智能融合的优势

首先，对区块链和人工智能技术的研究及应用均以大量真实数据为基础。作为一个分布式数据库，区块链需要保证网络中多个节点共享真实的交易记录，形成冗余备份，进而保证链上数据的完整性和一致性。人工智能算法的研发也需要大量真实的培训数据集，采集的数据越多，则人工智能算法的结果越准确。

其次，区块链技术能够帮助人工智能应用更好地完善数据的收集、存储和处理。在数据的收集方面，人工智能技术的发展依赖于大量数据，区块链通过引入点对点连接的方式来解决这个问题，同时，区块链数据的难以篡改性也保证了数据的真实性。在数据的存储和处理方面，利用区块链分布式的数据存储方式能够将目前中心化数据存储和运算的模式改进为去中心化的模式，因而有助于利用分布式的算力对数据进行处理，加快人工智能算法的训练。在人工智能算法的标准和共享方面，利用区块链的价值链特性，可以解决算法的有偿共享问题，可以帮助人工智能市场变得更开放。

最后，人工智能将使区块链更加自治和智能化。人工智能算法的引入能够改进区块链的共识机制，通过人工智能帮助人类做出判断，例如，实现投票的智能化、PoW 算力智能化。除此之外，引入人工智能还可以改进区块链智能合约，使区块链更加智能化。

第三节　区块链与人工智能融合的行业应用

在互联网、大数据、区块链、人工智能等技术的发展过程中，技术新概念是从未间断的，但万变不离其宗，这些技术本质上都是信息技术。信息技术构建了人类数字化的生活方式，从衣食住行到工作环境和商业活动，包括社交网络、电子商务、虚拟现实游戏等。所有人类在物理世界的行为活动被映射到数字世界，都是被数字化的过程。经过这个过程，行为活动最终被刻画成数据并存储在数据库中。

一、区块链与人工智能在金融行业的应用

随着互联网、人工智能及区块链技术的快速发展，我国金融行业也呈现出多种发展路线，政策引导及行业趋势使金融行业不断拓宽范围，形成了智能金融、互联网金融、供应链金融、金融科技等多种发展方向。智能金融即将人工智能技术与金融行业相融合，以优化算法、大数据分析、云计算等高新科技为核心要素，全面赋能金融机构，提升金融机构的服务效率，拓展金融服务的覆盖范围及纵深，使大众都能获得平等、高效、专业的金融服务，实现金融服务的智能化、个性化、定制化。智能金融基于不断成熟的人工智能技术在金融行业的应用，逐渐获得金融行业的认同，其具体应用包括以下几个方面。

（一）智能金融信任平台

区块链是一种分布式数据库技术，具有防篡改、可追溯等作用，在智能金融领域可以具有确保数据的真实完整性以及分布式数据处理等优势。智能金融以人工智能、大数据及云计算为主要依托。其中，大数据是智能金融的核心，云计算则是智能金融的实现工具。利用区块链的分布式数据存储技术，可以确保海量数据的难以篡改和可追溯性，在确保

数据准确性的同时实现了智能金融的精准定位，打造金融信任平台。区块链技术在智能投顾、风险控制和智能获客等场景具有较大的发挥空间。

1. 智能获客

智能获客是以大数据为基础，通过数据分析和特征提取技术对金融用户进行画像，并通过建立不同需求的响应输出模型，从而极大地提升获客效率。对于垂直创业企业来讲，获客成本至关重要。随着互联网的快速发展，市场流量竞争愈演愈烈，流量获取成本大大提高，严重限制了中小型企业的发展。智能获客通过人工智能技术进行场景创新，形成了新型的低成本获客模式，将智能技术与产品运营相结合，而不是粗暴的流量买卖，在提高获客效率和精准度的同时，也为中小型创业企业提供了良好的发展环境。在智能获客方面，区块链技术可以更准确地提供用户信息画像，为用户提供准确的匹配服务，提高业务效率。尤其是对于目前的互联网金融、教育、医疗等热门行业来说，更是获益匪浅。

2. 大数据风控

大数据风控是指结合大数据分析、云计算、智能分析算法，搭建反欺诈、信用风险评估模型，从多维度、全方位控制金融机构的信用风险和操作风险。即通过海量数据优化风险评估模型的方法找到模型最优配置参数，从而对借款人进行风险控制和风险提示，同时避免资产损失。传统的风控技术多由各机构自己的风控团队以人工的方式进行经验控制。但随着互联网技术的不断发展，整个社会发展大力提速，传统的风控方式已逐渐不能支撑机构的业务扩展。在风险控制方面，区块链技术可以提高风控数学模型的准确性，提供更有效的风控服务。而大数据对多维度、大量数据的智能处理，批量标准化的执行流程，更能贴合信息时代风控业务的发展要求。越来越激烈的行业竞争，也正是现今大数据风控如此火热的重要原因。

3. 智能投顾

智能投顾是指基于大数据和算法能力，对用户与资产信息进行标签化，精准匹配用户与资产。智能投顾又称为机器人理财，是基于客户自身理财需求，通过数据分析和搜索算法来替代完成以往人工提供更科学精准的理财顾问服务。根据投资者提供的风险承受能力、收益预期目标以及个人风格偏好等要求，运用一系列智能匹配算法及投资组合优化理论模型，为用户提供最终的投资参考，并根据市场的动态对资产配置再平衡提供建议。智能顾投可以利用区块链技术进行数据存储和处理，在确保数据完整性和安全性的同时，利用分布式网络结构可以实现数据并行处理，提高了数据的安全性和处理效率。目前，智能投顾主要包括智能选基金、智能调仓、智能服务等业务。

（二）智能供应链金融

供应链金融是银行围绕核心企业，管理上下游中小企业的资金流和物流，并把单个企业的不可控风险转变为供应链企业整体的可控风险，通过立体获取各类信息将风险控制在最低的金融服务。供应链金融为供应链末端中小型企业的融资提供了重要的保障和支撑。

1. 智能客服

智能客服是在大规模知识处理的基础上发展起来的一项面向行业的应用，它是大规模知识处理技术、自然语言理解技术、知识管理技术、自动问答系统、推理技术等的结合体。智能客服具有行业通用性，不仅为企业提供了细粒度知识管理技术，还为企业与海量用户之间的沟通建立了一种基于自然语言的快捷有效的技术手段。此外，智能客服还能够为企业提供精细化管理所需的统计分析信息，拓展客服领域的深度和广度，大幅降低服务成本，提升服务体验。

2. 金融云

金融云服务旨在为银行、基金、保险等金融机构提供 IT 资源和互联网运维服务。依托云计算能力的金融科技，为金融机构提供了更安全高效的全套金融解决方案。我国有大量城镇银行在 IT 和互联网方面较为薄弱，因此在网上支付以及和支付宝对接的过程中会遇到各种困难。在供应链金融领域，利用区块链技术防篡改、可追溯的优势打造智能供应链金融，不仅降低了银行的放贷风险，还为企业提供了有力的信任凭据。在接入金融云服务后，银行可以用较低的成本实现在线支付和网上银行。

3. 身份识别

以人工智能为核心，通过活体识别、图像识别、语音识别、OCR 识别等技术手段，对用户身份进行验真，大幅降低核验成本，提高身份核验效率。区块链的分布式数据存储可以保留完整供应链条中所产生的数字凭据，而且保障了账本的可追溯、透明、防篡改。银行、供应链平台方可以利用账本中的数据构建供应链企业信用评级模型，通过多维度数据训练并完善模型，为供应链企业提供完整、合理 的融资评级指标。

二、区块链与人工智能在工业互联网的应用

工业互联网的关键技术包括传感器技术、微型化、人工智能、低功耗与能量获取技术、信息与通信技术、计算机网络技术、工业组网技术、网络管理与系统运维技术、信息处理技术、海量信息处理、实时信息处理及安全技术等。近几年，互联网技术已经应用于各行业的生产流程以及制造业的产业结构调整中，促进了各个工业企业在节能减排、提高生产效率、提升生产效益等方面的改善。在应用上，通过对终端数据的采集及分析，可以帮助企业分析各类设备或产品的状态，实现对异常状态的预警或报警，从而实现预测性维护，避免非计划停机；还有助于帮助企业改进产品性能、降低能耗、保障安全等。

（一）打破企业内部的“信息孤岛”现象

工厂生态圈是指工厂内部各系统之间的协同与互联，有效地解决了“信息孤岛”问题，充分利用数据，并提高了数据交互效率和各部门协同办公的效率。区块链技术可以将生产控制、生产计划、企业管理、能源管理等各个系统信息融合起来，利用区块链的溯源和难以篡改的特点，保证企业内部各部门的协同办公有迹可循，结合数字签名和智能合约等技术特点为企业内部责任追究提供凭据。同时，传统企业数据集中存储的机制一旦遭遇攻击就会导致数据大量泄露，而基于区块链技术打造的工厂生态圈采用的是分布式账本技术，区别于传统中心化系统结构，将原有中心化数据中心的结构改为分布式数据存储，大大提高了工业互联网的数据安全性和完整性，有效地遏制了企业数据的泄露和恶意篡改问题。

（二）防止恶意终端设备接入

在工业物联网领域，恶意终端设备的接入已经极大地影响了工业物

联网的安全性和工业生产。利用非对称加密原理，为每一个终端设备分发数字证书，为终端设备提供公私钥，在终端设备上传数据时为数据进行编码或加密，在服务器端为数据进行解码并形成终端设备公私钥对应表。没有编码或无法用表中公钥解密的数据将被自动删除或报警，从而提高工业生产的安全性。

（三）降低设备成本

在未来，不断开放的网络服务应用程序接口将允许设备进行连接，与复杂的多厂家网络合而为一，协同工作。3D 打印和数字化制造将使得制造商可以小批量地建立和部署生产设备，快速地创造新产品和提出解决方案。

如此一来，数以千亿计的设备将不会再比现在非智能的设备更加昂贵，并能够运转，成为复杂的整合系统的一部分。如同以前的计算革命，物联网设备将导致计算成本再次下降一个数量级，从现在 200~600 美元的智能手机和平板计算机价格，下降到 20 美元的门把手和电灯泡。

三、区块链与人工智能在车联网中的应用

目前，我国车联网技术尚处于起步阶段，主要受限于汽车前装市场发展缓慢，以汽车硬件装配为主的后装机价格较高，性能较差，技术壁垒尚未打通，市场应用模式尚未激发，缺乏成熟的商业模式。车辆网的产业链无人驾驶汽车是车联网与人工智能发展到一定阶段的产物，也被称为轮式移动机器人。它利用车载感知设备采集车辆的基本指标及运行环境，并以车载智能驾驶计算机系统为核心进行信息融合、数据挖掘、智能识别、决策运行，从而控制车辆的转向和速度，自动规划行车路线，达到安全行驶的目的。目前，无人驾驶汽车的应用主要涵盖安全驾驶和自动泊车两方面。

（一）区块链技术打通产业链数据流

区块链采用分布式数据存储机制，具有可追溯和难以篡改的优势，非常适用于产业链数据的互通互联。而且，利用区块链技术进行数据互通具有较好的扩展性。建立产业链数据互通平台，有助于车联网产业之

间进行业务流转和数据存证。汽车生产商与车载硬件生产商可以通过平台与网络运营商进行硬件网络传输的业务交互,改变车联网服务商垄断的现状,并解决网络运营商对实名制及费用计算的要求。

（二）区块链技术有助于拓展车联网的商业模式

汽车在实际行驶过程中难免会因为某些特殊原因而产生交通事故。如何划分事故责任、如何做到公正裁决等问题需要进一步深入讨论与验证。利用车联网结合区块链技术可以打造汽车运行状态监控平台,平台接入车辆拥有独立的身份证书,车联网技术为状态监控提供海量的汽车运行数据,包括状态参数、传感器所采集的外界环境参数、视频和图像分析的关键结果等。利用区块链技术难以篡改的特点保证平台数据的安全性和完整性。平台将涵盖车辆监管部门、保险公司、汽车生产商等相关机构。车辆数据受到监管部门的监管,从而规范驾驶行为；保险公司将根据汽车行驶数据进行事故追责和保险理赔,避免骗保现象；汽车生产商将通过汽车行驶数据监控产品状态,为其研发和生产提供数据支持。

（三）区块链有助于无人驾驶汽车监管

无人驾驶汽车的安全问题一直是大众关注的焦点。从研发测试到投产应用,无人驾驶汽车一直是一个黑盒系统,不受任何监管控制。外界对无人驾驶汽车的测试指标、性能状态都处于未知状态,导致研发过程中出现的纰漏和技术问题没有被及时发现,因而造成较严重的安全隐患。利用区块链技术分布式存储的特点可以对无人驾驶汽车的生产测试数据进行实时分析和监督,搭建包括监管部门、汽车设备生产厂商、研发测试商等多方在内的联盟区块链数据共享平台。设备厂商可以通过监控元器件关键参数给出设备运行状态建议；监管部门可以实时监控无人汽车研发和测试阶段的关键参数,并进行安全评估,只有达到安全评估标准的样车才能进行路上测试。利用区块链数据共享平台实现了无人驾驶汽车的透明化,提高了生产研发安全指数。

（四）去中心化数据控制方式促进数据共享

以自动驾驶为例,驾驶员拥有在拥挤城市道路快速应变的能力,在连绵山路也可应对自如。自动驾驶汽车应该具备至少和人类驾驶员同样的驾驶能力。然而实现自动驾驶远比多数人想象得复杂得多。一辆车首先需要通过它的环境感知系统采集数据,多维度分析天气情况、信号灯情况、前方是否有人或有车等驾驶环境和路面交通情况,传到驾驶控制决策模块形成操作指令,完成刹车、加速、开启信号灯等操作。测试车辆的自动驾驶系统需要大量真实场景数据训练模型,但空有驾驶里程也是不够的。在空旷高速路上学习的驾驶技能,不太可能适应拥堵的城市路段。

如果相关企业能共享各自的路测数据用于模型训练,甚至道路上的车能分享行车数据给研发机构,不同驾驶环境和路况场景的数据量将成倍增加,整个行业的前进步伐可能会更快。当然这样的数据分享可以以有偿形式进行。区块链基础的数据共享方式可以保证数据来源和去向明确,没有中间平台留存数据。去中心化的数据控制方式将促进数据的共享,更多训练数据的共享,也意味着 AI 模型的共享,新的商业模式由此形成。

四、区块链与人工智能在电子政务中的应用

我国数量众多的政府网站并没有将群众的实际问题全部解决好。伴随我国电子政务的高速发展,信息化相关部门的关注点逐渐从数量向质量转移。

(一)区块链+电子政务实现数据安全共享

就政府内部而言,由于机构众多,以及各个机构之间的信息不畅,加上对安全性的考虑,导致政府内部存在“数据孤岛”,数据很难共享。而区块链技术则为跨部门的数据共享提供了多方共识、不可抵赖的基础技术。对外方面,政府工作涉及公众利益,理应接受公众的关注和监督。区块链难以篡改的技术特点使政府的行政决策可以通过某一条链追溯发布时间及详细内容,使行政决策有迹可循。同时,通过区块链的加密算法能够很好地建立数据横向流通机制,使更多的政务信息可以被公开。政务链在政府部门的广泛运用,可以打造便民、利民的信息化平台,尤其是以区块链结合当前已开展的在线审批等功能,有助于优化业务流程。

（二）政务链实现电子政务数字生态系统

政务链旨在实现基于区块链技术的电子政务数字生态系统，向公民提供政务服务和政府各部门业务的自动化机制，必须将国家政务所有领域结合在一起，形成一个共有的信息空间，包含政府机构、经济数据、金融交易和社会领域。这个生态系统还应包括注册管理部门机构和对应软件，用于构建基于智能合约的政府机构、企业和公共用户的应用程序和平台。

此外，伴随人工智能的机器学习和机器认知与推理的逐步发展，这种新型技术能够利用电子政务积累的数据探索、优化出新型智能管理模式。通过人工智能的介入，可以探索数据之间的规律、推理数据之间的逻辑关系，从而提升政府政务科学决策能力。

（三）人工智能提升电子政务治理能力

对于经济治理，通过人工智能对每个生产者、消费者产生的数据进行分析，可更客观地对每个市场主体进行精确描述。判断经济形势的好坏不再仅仅依赖于样本统计数据或传统的统计分析，而是将海量微观主体数据输入机器学习模型当中，从而推导出宏观经济大趋势。

对于社会治理，通过人工智能对数据进行分析与推理，可以改变政府以往从经验出发的模糊治理模式，向由数据驱动的精准治理模式转变，使交通管理、消防救灾、能源动态监控、流动人口管理等各个领域实现更加智能和科学的决策，乃至使用统一人工智能平台，对智慧城市进行社会组织动员。

（四）区块链保全证据

在互联网高速发展的今天，大量频繁的经济活动被迁移到网络上，对“私证”“公证”都提出了极大的挑战。以前的见证人变成了各类互联网平台，以前需要公证的纸件文档都变成了互联网上看不见、摸不着的电子数据，如何取得证据，并证明证据的真实、有效、未被篡改，难度很大。

区块链技术是一项从比特币系统里提炼出的具有强大自我保护能力的技术。与其说它是一项技术创新，不如更确切地说它是一项规则与技术完美结合的生态系统创新。这个生态系统自带的规则与技术天然解决了保全证据公证遇到的一些根本问题。

（五）区块链中的否定性证明

区块链上的比特币及土地登记区块链中的否定性证明，它证明了某个“东西”已经被转移到某个人，并证明这个“东西”还没有被转移给其他人。在无界系统里，否定的证明是不可能的，而在一个有界系统里它很有可能。加密货币通过限制交易数据可以存在的地方来解决这个问题。比特币交易只能在比特币区块链里被找到。如果某个交易没在比特币区块链里被找到，那它在比特币协议下就不存在，因此，该比特币就尚未被发送两次（双重支付）。

政府用区块链来管理土地转让，使用某个链来记录的应用程序可以安全地忽略在其他链上的记录，比如那些本来用于保安摄像机的记录的链就不需要更新。如果法院判决需要变更土地转让记录，那么和其相关的链将被更新，以反映上述判决的结果。但更改的历史不会丢失，并且如果这样的土地产权变更的更改从法律角度或其他角度来讲无效的话，它记录的内容和顺序在区块链上都不能被更改或隐藏。

五、区块链 + 人工智能应用领域探讨

区块链与人工智能的融合发展及优势受到越来越广泛的关注，并在信息共享、安全保密、监督透明、溯源确权和信任协作等在内的众多领域得到广泛的应用。

（一）需要实现高质量信息共享的领域

区块链 + 人工智能技术将会有助于实现全球高质量信息资源的有效共享。人工智能技术的实现需要大量的数据和信息，而区块链恰巧可以通过其分布式的技术特点对分散、多源、多渠道的信息资源进行整合汇总，并经过确权保护后上传。在此过程中，区块链技术可以有效地进行资源调配和过程记录，人工智能则对区块链收集的数据信息做出评估、理解和决策，并从中进行筛选和择取。经过人工智能分析、预测和评估后的有效数据通过区块链分布式的各个节点进行共享，实现高质量信

息的高效共享和使用。

（二）需要满足数据安全保密的领域

在信息安全和保密方面，区块链系统中包含较高的加密技术，非常适合存储高度敏感的数据，技术本身有助于实现数据的加密。在加密的同时，人工智能技术可以提升网络安全和机器自主性控制，通过智能程序和技术手段满足安全需要，在全过程清晰的安全保护中提高数据和模型的可信性，随时提供清晰的路径来追溯机器决策全过程，保证数据及交易的安全。另外，区块链数据库以加密状态进行存储，意味着只要实现了私钥的安全，链上的所有数据就可以保证安全。而人工智能技术涉及构建算法，该算法可以在区块链数据处于加密状态时处理数据，从而在保密状态下实现安全。

（三）需要开展监督，实现信息透明的领域

区块链+人工智能技术可以更好地开展监督检查，促进行业的公开透明。无论人工智能技术在哪个领域的应用，如果它不被公众监督，不能够保证信息的公开透明，那么它的实用性将会受到很大的限制。区块链技术通过搭建包括监督部门在内的各方数据平台，开展实时的数据分析，针对问题提出合理化建议，实现过程的公开透明，推动人工智能技术在行业中的应用，为人工智能技术的深入发展保驾护航。

（四）需要进行溯源和确权的领域

人工智能技术应用需要区块链技术进行补充完善。一方面，人工智能有时做出的判断和执行的任务在人为因素的影响下会存在偏差，后续如果出现失误和问题，可以通过区块链技术进行过程跟踪和责任追溯，防止出现责任推诿和数据毁坏现象，发现问题及时修补和更改，出现事故进行溯源和追责。另一方面，人工智能有时做出的决定让人类很难理解，需要将人工智能做出的决策通过区块链记录下来，使用者可以通过查看区块链记录的数据信息，对人工智能决策的过程节点进行分析和理解，以便更好地进行决策。

（五）需要建立信任，实现多方协作的领域

网络信息时代，各类网站平台的开发、执行及供求信息的匹配都可以借助人工智能技术得以实现，但目前信息不真实、彼此不相识、信任有危机的问题阻碍了行业的健康发展。通过建立信任，实现多方有效协作的呼声日益高涨。区块链技术恰恰可以帮助解决信任问题，搭建彼此之间真实有效的交流平台。与人工智能单纯依靠现有的数据信息进行智能匹配不同，区块链可以将参与者的各项信息打上时间的烙印，提供给需求者查阅参考。其所提供的信息难以篡改，保证真实。同时，利用智能合约建立广泛参与的记录评价机制，激发广泛参与的热情，保证链上匹配信息及时、真实地反馈，在真实数据下建立彼此的信任，实现多方协作。

区块链和人工智能技术是两把开启未来信息技术制高点大门的钥匙，两种技术都具有开拓性和革命性。两者的有效结合有助于提升各自的技术水平，更好地发掘各自的技术潜能，实现 1+1>2 的效果，在更多行业得到应用，为更多领域的发展提供支持和保障。

第六章　推动中国数字经济转型

“世界经济数字化转型是大势所趋，新的工业革命将深刻重塑人类社会。”[①] 数字经济日益成为经济增长的重要驱动力，在提高现有产业劳动生产率、培育新市场和产业新增长点、实现包容性增长和可持续增长中正发挥着重要作用。世界各国纷纷制定数字经济发展战略，积极抢占全球竞争制高点。发展数字经济、推动数字化转型，是我国着眼于高质量发展作出的重大战略部署。

第一节　推动数字经济转型的新科技

我们正处在一个从工业经济时代向数字经济时代大转型的时期，这一转型最大的推手是新科技。

我们可以用 DARQ5 来总结推动未来变革的五项黑科技，分别是：D（Distributed Ledger，分布式账本，也就是我们常说的区块链）、A（AI，人工智能与大数据）、R（VR 和 AR，虚拟现实和增强现实）、Q（Quantum Computing，量子计算）及 5G（快速实时的通信新标准）。区块链是构建未来价值互联网的底层技术，有可能推动去中心化的实现，并更有效地在商业社会中构建信任。人工智能与大数据是数字经济变革的最大推手，将持续推动机器智能的发展。VR 和 AR 是五项黑科技中应用最广的技术，在制造和娱乐领域已经有了应用场景，但是更重要的潜力则在于在创建人与机器的数字分身的过程中，能够给予人直观感受。量子计算则是一个可能拥有巨大潜力的新推手，它将带来实质性的突破，不仅会带来机器算力的另类提升，也会为从密码学到化学制药的仿真实验等

① 习近平．登高望远，牢牢把握世界经济正确方向——在二十国集团领导人峰会第一阶段会议上的发言［N］．人民日报，2018-12-1。

各个领域带来全新的实践模式。和4G一样，5G将是新一代移动通信技术的基础设施。如果说4G催生了至少三家市值接近万亿美元的公司，带来了智能手机这种几乎使人类肢体进化、大脑延伸的新科技，那么5G的潜力就更大。我们可以看到的是无人驾驶与远程医疗的突破，但是当5G真正成为全新的基础设施时，它最大的贡献可能是在全新的基础设施上“长”出新物种。

DARQ5意味着未来科技所带来的转型和迭代会更猛烈，也需要每个人做好准备。

一、经济转型与数字效能

目前，5G、大数据、云计算、互联网、人工智能等数字技术不断融合、持续渗透，数字资源已成为数字经济时代最重要的生产要素，其分量不亚于工业时代的石油。在工业经济时代，生产要素主要在“路”上流动，例如铁路、公路、水路、航路等；而在数字经济时代，生产要素将在“网”上流动，例如互联网、物联网。

“数字基建”以5G、大数据、云计算、互联网、人工智能等科技型设施建设为重点，以新一轮科技革命和产业变革为导向，以数字化、智能化为支撑，对能源、交通、市政等传统基础设施进行改造，成为数字时代新的结构性力量，为我国经济转型升级奠定了非常重要的技术基础，具体体现在以下三个方面，如图6-1所示。

01 推动我国数字经济的新基础

02 我国供给侧结构性改革新动能

03 有助于改善我国投资结构

图6-1 新基建驱动我国经济转型升级[①]

（一）推动我国数字经济发展的新基础

数字经济时代与过去的任何一个时代一样，都要有相应的基础设施

① 袁国宝．新基建 数字经济重构经济增长新格局[M]．北京：中国经济出版社，2020.

作为基础与保障。例如,第一次工业革命开启的蒸汽机时代以铁路和运河建设为基础;第二次工业革命开启的电力时代以高速公路、电网建设为基础;第三次工业革命开启的信息时代以互联网和信息高速公路建设为基础。对于正在进行的第四次工业革命来说,以新一代信息技术和数字化为核心的新型基础设施是重要基础,也是目前世界各国都在投资布局的战略高地。

在过去的三次工业革命中,我国是被影响者、追随者乃至追赶者。目前正在开展的第四次工业革命是我国第一次以原发性国家的身份,与欧美等发达国家站在同一起跑线上。为了抢占战略高地,推动我国数字经济快速发展,获取领先优势,必须迎合当下的国际贸易规则,发挥我国的制度优势,大力推进新型基础设施建设。

(二)我国供给侧结构性改革新动能

传统基础设施建设需要投入土地、资源等基础要素,新型基础设施建设需要投入新一代信息技术、高端装备、人才和知识等高级要素,为我国战略性新兴产业、现代服务业的发展提供支持,为以创新为驱动力的经济转型提供动力。

在投资运营模式方面,新型基础设施建设与传统基础设施建设存在很大的区别,新型基础设施建设覆盖的范围更广,不同领域的基础设施实现了高度融合,参与投资、建设的主体更多,支撑的业态更丰富,对投资模式与运营模式创新提出了更高的要求。

例如,5G 建设不仅需要无线技术与网络技术提供支持,还需要智能交通、智慧城市、智能家居、智能制造和智慧能源提供支撑。在以 5G 为代表的新型基础设施建设过程中,传统投资主体、运营主体、建设主体的边界被打破,投资模式、运营模式被颠覆、被创新,创新型企业、民营企业的进入门槛大幅下降,与之相对的产业生态更加丰富。新型基础设施管理涉及多个部门,市政、交通、安全、环境、信息化等,管理创新主要体现在以数字化平台为基础的集成管理,将在很大程度上颠覆政府公共基础设施现有的管理模式。

(三)有助于改善我国投资结构

目前,我国已进入工业化后期,传统基础设施建设已走过高峰期,边际效益逐渐递减。从短期看，虽然以铁路、公路、机场为代表的传统基础设施建设仍可以拉动内需，但已无法对经济结构优化产生很大的作用，还有可能招致债务风险或金融风险。

现阶段，发展数字经济已成为世界各国的共识。新型基础设施建设不仅可以带动数字经济发展，还能拉动边际效益实现新一轮增长，对优化经济结构、拉动投资都能产生显著效应。从这个层面看，新型基础设施建设就像一个新引擎，可以产生一系列的拉动作用，拉动人工智能、工业互联网、物联网发展，促使制造业实现技术改造与设备升级，带动新型服务业快速发展，拉动以新材料、新器件、新工艺和新技术为代表的强基工程和以自动控制和感知硬件、工业软件、产业互联网、云平台为代表的新四基发展。

二、数字经济带来新技术

新技术从概念上来说可以分为近景技术和远景技术，它并不是单一的某种技术，而是涵盖了多种技术融合的技术群落。近景的新技术主要指在可见的 10 年内，伴随着互联网、物联网在经济社会生活中的广泛应用，大量实时、在线数据的产生，计算、存储和网络技术的飞速发展以及价格的下降出现的以云网端为基础设施的各种技术集合。这组技术群落体现为云（计算）、大（数据）、智（人工智能）、物（物联网）、移（5G 网络）、生物识别、区块链、无人机、无人驾驶汽车、机器人、虚拟现实 / 增强现实、3D 打印等这些在不远的将来会有大量的实践。

新技术的远景则指的是未来 30 年，伴随着人工智能时代的到来，新一代信息通信技术与材料、能源、生物医学、航空航天、认知科学等领域的协同与融合会呈现出加速趋势，比如基因科技、脑机接口、石墨烯、纳米技术、太空探索、量子计算、空中互联网等具象化新技术的层出不穷会叠加在近景的技术上带动奇点的来临，这些技术之间互为支撑，互相促进，在全球范围内，带来社会经济、地缘政治、法律伦理以及人口变化的新趋势。

这些新技术的特点与传统技术相比，新技术拥有以下几个主要特征。

（一）人工智能无所不在

在数字经济之中，人工智能将无所不在，驱动着比特 + 原子 + 生物世界三者融合的新世界；以2016年年初的AlphaGo人机大战作为节点，人工智能成为产业界最受关注的一大热点。未来的人工智能将会无所不在，成为很多产品形态的核心技术基础，比如无人机、机器人、自动驾驶汽车、虚拟现实、增强现实等多种产品形态都以人工智能作为核心技术之一。伴随着机器智能化的加深，机器与人共存的世界将会到来，比特+原子+生物世界的融合可能会使我们无法分辨是虚拟还是现实。

（二）技术成本和门槛降低，普惠化是趋势

以服务器、存储和软件为代表的传统信息技术产品的价格和门槛都很高，不仅采购成本高，而且维护运营成本也高；以云计算技术为代表的按需服务业务形态使得个人及各类企业可以用很低的成本就获得所需要的计算、存储和网络资源，不需要购买昂贵的软、硬件产品及设备，大大降低了技术门槛，使得计算成为普惠技术。

（三）开放、开源技术生态成为主流

传统的技术往往为某家大型企业所垄断，以封闭技术为主，生态也是围绕着自己专有的技术而建立的。而新技术的特点则是开放、开源技术成为主导，能够调动社会的力量共同完善技术，促进技术的迭代升级。

（四）多种技术同步爆发，跨界技术融合成为主流

传统技术的变革主要以某一种技术的出现和发展为代表，对产业和经济的带动作用是有限的。而新技术则是多项技术同步爆发，技术之间的融合带动多个产业的化学反应，共同飞速发展，比如基因技术+大数据+人工智能+云计算能够推动基因行业的大变革。

（五）随时随地无缝连接

新技术会不仅仅是带动人与人之间随时随地的连接，未来会带动人与物、物与物之间的无缝连接，这种连接伴随着以5G网络为代表的移动通信技术的成熟变成现实，带动每个人、每个物都时刻被量化。

（六）新技术迭代创新速度变快

以互联网为起点、以云网端为基础设施的新技术的迭代创新速度比以往任何一个时代都快。新技术安装和扩展的速度很快，用户规模和个性化需求可能急剧增加，这也倒逼着新技术需要快速迭代才能满足和适应用户规模和需求的变化。

从对未来新技术的布局来看，以美国谷歌公司为例，作为最早提出云计算概念和推出服务的公司之一，面向未来新技术的布局也令人关注。AlphaGo 大赛已经初步显示出 Google 在人工智能领域的领先布局，它还涉足自动驾驶汽车、虚拟现实 / 增强现实、混合操作系统、无人机、智能家居、医疗和能源、气球互联网（ProjectLoon）等多个领域。

人类社会的发展历史可以总结为三次大的技术革命：第一次技术革命是以蒸汽机的发明与使用为代表，释放了人的体力；第二次技术革命以电力的发明为代表，释放了人的距离；第三次技术革命是以信息技术的产生和发展为代表。目前处在第三次技术革命的第二阶段，从互联网的普及开始，未来将会以释放人的大脑为目标。这个阶段以互联网的产生和发展为契机，摩尔定律、吉尔德定律和梅特卡夫定律三大定律为互联网奠定了理论基础，前两个定律主要是硬件发展的理论基础，梅特卡夫定律则为互联网的社会和经济价值提供了基础依据。这三大定律也促进了今天和未来 10 年新技术群落的诞生与快速演进。

但是，伴随着硅芯片逼近物理和经济成本的极限，摩尔定律的结束已然可以看见。晶体管的微型化已经不能保证成本更低或速度更快。2015 年，摩尔定律的发现者戈登 · 摩尔也声称，摩尔定律只能再生存 5 ~ 10 年。而以芯片立体化、石墨烯、内存计算、量子计算、神经形态计算等为代表的技术可能会成为驱动计算性能继续实现指数级增长的新源泉。

三、新技术发展现状与趋势

如果把以往的 20 年当作是互联网的初级阶段，初步打造起比特支撑的数字世界，那么今天新技术的发展走到了关键节点，未来 30 年的目标就是要实现比特、原子和生物世界三者的融合，把人脑解放出来，万物智慧的时代到来。

（一）云网端的进步奠定基石

自2006年云计算产生以来，经历了近10年的发展，今天的云计算由于成本、效率的优势已经逐渐成为创新的后端技术基石，从小企业上云，到大企业、政府和金融行业都纷纷拥抱云计算服务，未来的方向主要是朝向更大规模并行计算、混合云、更强的处理能力等方向发展，同时GPU的发展也是未来云计算能够支撑基于大数据的人工智能应用的关键。

网络通信技术的进步是新技术体系中最核心的技术之一，5G网络不仅将进一步提升用户的网络体验，同时还将满足未来万物互联的应用需求，能够满足消费者对虚拟现实、超高清视频等更高的网络体验需求。同时，以谷歌气球互联网计划和Facebook无人机计划为代表的创新技术结合不断发展的卫星网络有可能带领大家进入“空中网络”时代。

物联网智能终端的多样性会为万物互联奠定“物”的基础，传感器技术、标签技术、控制器技术、嵌入式系统、物联网操作系统等技术及标准的统一将会成为发展的关键，充分考虑到低功耗内存和电源的物联网操作系统是重要方向，不同物联网设备之间的互联互通技术变得格外重要。

（二）人工智能会成为未来万物智慧的核心

从1956年人工智能概念出现迄今已经有60年的历史了，人工智能也经历了几番起起落落。今天实现大规模落地和巨头们的重点方向，是大数据+云计算+深度学习算法三大技术基础的成熟和发展必然。

首先，云计算平台可以利用成千上万台的机器进行计算，尤其是GPU的发展为加速人工智能落地奠定了基础计算能力，使得类似于人类的深层神经网络算法模型为代表的人工智能应用成为现实。

其次，大数据时代已经到来，多来源、实时、大量、多类型的数据可以从不同的角度对现实进行更为逼近真实的描述，而利用深度学习算法可以挖掘数据之间的多层次关联关系，为人工智能应用奠定了数据源基础。

最后，是算法的发展，尤其是GeofHinton教授在2006年发表的论文，开启了深度学习在学术界和工业界的浪潮，以人工神经网络（ANN）为代表的深度学习算法成为人工智能应用落地的核心引擎。

计算+数据+算法三种技术相辅相成、相互依赖、相互促进，才能使得人工智能有机会从专用的技术成为通用的技术，逐渐融入各行各业之中，也推动了诸如无人机、机器人、自动驾驶汽车等新硬件产业的诞生和发展。

但是，今天依然是弱人工智能时代，人工智能技术还主要为了解决特定的问题而存在，是任务型的人工智能，以人工神经网络算法为代表的深度学习算法只解决了低层次的理解问题，未来要拥有人一样的思考、感知和认知能力还需要方法和理论上的突破。伴随着算法和计算领域的突破，无监督学习、强化学习、迁移学习算法和推理能力的有机结合，将推动人工智能可以发展到具备大脑的能力，创造新的智能体，能够自主管理好虚拟世界。

四、新技术的意义或价值

新技术近景起源于互联网，作为普惠技术群落，未来是实现人人都可以用得起的技术。而这种普惠性可以带动社会创新的加速并激发新的生产力，产生新的社会经济价值。

由于新技术的出现，作为新能源的数据随时随地产生，并且能有机会实现流动、共享、融合和开放，成为替代劳动力和资本之外的又一生产要素。在传统的数据应用生态中，由于生态的封闭性，数据的流动往往局限在企业内部，而新技术的应用使得数据这种新的生产要素可以在云计算平台之上走出企业，与外部数据进行融合，激发出更大的生产力，不仅驱动企业业务和决策效率的提升，同时也成为业务创新的新核心。新技术与新资源的融合创新会产生无限的想象和空间。

新技术远景是以人工智能为核心的跨界融合技术，会带动很多行业的大变革，制造业、交通、服务业、医疗行业、金融业等行业都因为人工智能的崛起而变得不同。比如，未来无人驾驶汽车主宰的交通系统将不再需要红绿灯和交通标志，而驾照也将是个过时的概念；机械制造行业的未来可能会由智能机器与人协同完成，机器的行为会基于数据+算法不断迭代优化，成为机械制造业转型升级的基础；机器人还将被用于快递、清洁、洗碗和强化安全，未来用于家庭娱乐和教育的机器人会走入寻常百姓家；很多职业都会消失，比如客户服务人员、电话营销人员、会计审计、零售人员等。

在我国，中国人民银行和工信部等部门也在积极探讨推动区块链技术和应用发展，以促进其价值发挥，提早防范风险。

第二节 加快数字化转型步伐

一、加强数字经济基础设施转型与升级

数字经济时代到来后，通信网络、互联网、云等信息基础设施成为数字经济基础设施的核心组成部分。

（一）数字经济基础设施概述

随着数字经济的不断发展，数字经济基础设施的概念更广泛，既包括了传统意义上的信息基础设施，也包括对物理基础设施的数字化改造。

1. 数字经济基础设施的分类

数字经济基础设施一般分为两种：专用型和混合型。专用型数字经济基础设施是指本质就是数字化的基础设施，如光纤宽带、无线通信网络、云资源池等。根据属性的不同，专用型数字经济基础设施又可以分为网络基础设施和平台基础设施两部分。混合型数字基础设施是指增加了数字化元素的传统实体基础设施。例如，安装了传感器的自来水总管、数字化交通系统等。这两类基础设施共同构成数字经济发展的基础，为数字经济的发展提供了保证。

2. 数字经济基础设施的作用

数字经济基础设施在推进数字经济发展，实现网络强国战略中起到了十分重要的支撑和推动作用。数字经济基础设施主要实现了数据的存储、分析、传输和交互，以及通过数字化手段对传统基础设施的管理、调度和控制等。随着移动互联网、大数据、云计算等技术和产业的发展及“中国制造 2025”“互联网 +”、智慧城市建设等为代表的传统产业和传统领域的数字化，每时每刻都在产生大量的、各种形式的数据。这些数据只有通过基础设施进行传输、计算、存储，才能用于数字产品的生产和消费，从而成为新的增长点。

3. 数字经济基础设施的特点

与传统基础设施相比，数字经济基础设施具备演进性、泛在性、动态

性和自主性等四大特征。

（1）演进性

演进性是指随着技术进步，数字经济基础设施可以根据需求的变化进行不断升级。以移动通信网络为例，2G 到 3G 的演进满足了互联网由固定到移动的扩展，3G 到 4G 的演进满足了移动场景下高清视频、直播和 VR 游戏等各种新需求，4G 到 5G 的演进又将满足无人驾驶等更加实时、智能的需求。数字经济基础设施的升级速度较传统基础设施速度更快、兼容性更好。

（2）泛在性

泛在性指的是数字经济基础设施更容易大范围普及，满足更多的应用需求。以宽带为例，我国在 2020 年全面建成小康社会的时候，农村实现村村通宽带，将成为推进速度最快、覆盖最广的基础设施。另外，数字经济基础设施使得用户能够低成本、低门槛地使用丰富的信息化应用。当前第一、二、三产业几乎所有的行业都用到了以移动网络、光宽网络、云计算等为代表的数字经济基础设施，而且依赖程度逐渐加大。数字经济基础设施已经和传统基础设施一样不可或缺。

（3）动态性

动态性指的是数字经济基础设施的服务提供过程更加灵活，能够实时调整自身的各种属性来适应具体的业务和应用。如用户在使用云计算服务时可以根据业务需要定制存储和计算能力，并且云平台能够根据业务并发量自动采取合适的资源调度策略，保证每个用户的使用需求。

（4）自主性

自主性指的是数字经济基础设施高度自动化，人为干预的成分非常小，无论是连接、存储还是分析都由系统自动完成，出现错误时可以自动矫正或重启，恢复到错误之前的状态，也会根据预设自动调整性能和容量满足不同需求。

（二）数字经济基础设施的转型升级

1. 网络基础设施加速向高速率、万物互联、智能化升级

网络基础设施是数字经济基础设施的核心，是“基础的基础”，主要由通信网络、互联网和物联网组成。过去十年，网络基础设施发生了翻天覆地的变化，在速度、覆盖、时延等方面提升明显。但是传统网络因其

设计复杂、开放性不足、调整效率低等原因，已经无法适应下一代应用与业务对基础网络设施提出的更简单、更开放、更灵活、更广泛的要求。

（1）更简单

需要能够方便地将网络功能元素与其他功能要素进行组合，从而产生多种新的不同功能、不同性能的系列产品，并最终形成更为优秀的产品形态，这就需要基础网络功能简单易用、界面友好。

（2）更开放

互联网公司业务设计方式已经从“以用户为中心”开始向“用户参与式”转变，通过用户深度地参与业务设计，更快、更准确地把控和满足用户需求。因此，互联网企业希望网络更加开放，更简单地实现调用和配置，也能更方便地通过产业链上下游的合作来完成拼图，构建整个系统。

（3）更灵活

互联网业务快速迭代，要求网络必须具备快速灵活的拓展架构，方便配合其业务变化的现实需求。

（4）更广泛

产业互联网将带来工作方式和环境的全新变化。人们可以通过虚拟的、移动的方式开展工作，这就需要将无处不在的传感器、嵌入式终端系统、智能控制系统、通信设施通过 CPS（Cyber Physical Systems）形成一个纵横交错的智能网络，使人与人、人与机器、机器与机器及服务与服务之间能够实现横向、纵向和端对端的高度互联与集成，让物理设备具有计算、通信、精确控制、远程协调和自治等五大功能，从而实现虚拟网络世界与现实物理世界的深度融合。

在 5G、虚拟化、万物互联和 IPv6 等新技术的驱动下，传统网络基础设施加快向新一代网络基础设施演进，以互联网化应用为核心，更强调以人为本和以应用为本，满足“资源 + 通信 + 信息应用”的综合服务需求。

5G 网络定义全新应用场景。移动互联网的高速发展使得社会对移动网络的需求超过固定网络，据 2016 年工信部数据统计，移动网络接入设备和数据流量均已超过固定网络。4G 网络已基本满足高速泛在应用需求，但却无法满足高清语音视频、无人驾驶、人工智能、虚拟现实等新技术的应用场景中高可靠和低时延的需求。

与 4G 网络相比，5G 网络不仅传输速率更高，而且在传输中呈现出连续广域覆盖、热点高容量、低功耗大连接和低时延高可靠的特点，将成为未来信息社会的重要基础设施和关键使能者。① 5G 具备比 4G 更高的性能，支持 0.1 ~ 1 GB/s 的用户体验速率，每平方千米一百万的连接数密度，毫秒级的端到端时延，每平方千米数十 TB/s 的流量密度，每小时 500 km 以上的移动性和数十 GB/s 的峰值速率。特别的，相比 4G、5G 频谱效率提升 5 ~ 15 倍，能效和成本效率提升百倍以上。②网络切片技术，即在一个硬件基础设施中切分出多个虚拟的端到端网络，每个网络切片在设备、接入网、传输网及核心网方面实现逻辑隔离，适配各种类型服务并满足用户在优先级、计费、策略控制、安全、移动性等功能方面的不同需求，以及在时延、可靠性、速率等性能方面差异化的需求。图 6-2 所示为 5G 应用场景。

图 6-2　5G 应用场景[①]

5G 的技术创新可在传统行业领域拓展出全新应用：①超可靠低时延场景，如在线游戏和车联网；②低功耗大链接场景，如智慧城市、工业制造；③增强移动宽带业务场景，如 VR/AR 视频、演出和赛事等人群聚集地区的网络使用保障。其中，5G 在生产领域的应用创新将会带来巨大的影响：首先，生产制造设备无线化使得工厂模块化生产和柔性制造成为可能；其次，无线网络可以使工厂和生产线的建设、改造施工更加便捷，并且通过无线化可减少大量的维护工作，降低成本；再次，在智能制造自动化控制系统中，低时延的应用尤为广泛，如对环境敏感的高精度生产制造环节、化学危险品生产环节等；最后，工厂中自动化控制系统和传感系统的工作范围可以是几百平方千米到几万平方千米，甚至可

① 中国信息化百人会课题组．数字经济迈向从量变到质变的新阶段[M]．北京：电子工业出版社，2018.

能是分布式部署。根据生产场景的不同,制造工厂的生产区域内可能有数以万计传感器和执行器,需要通信网络的海量连接能力作为支撑。

未来5G不仅仅是一次技术升级,更为我们搭建一个广阔的技术平台,催生无数新应用、新产业。当前5G标准正在加速制定过程中,主要由3GPP主持修订。图6-3是3GPP关于5G标准化路线图的描述,以及与国际标准化组织ITU-R路线图的关系。

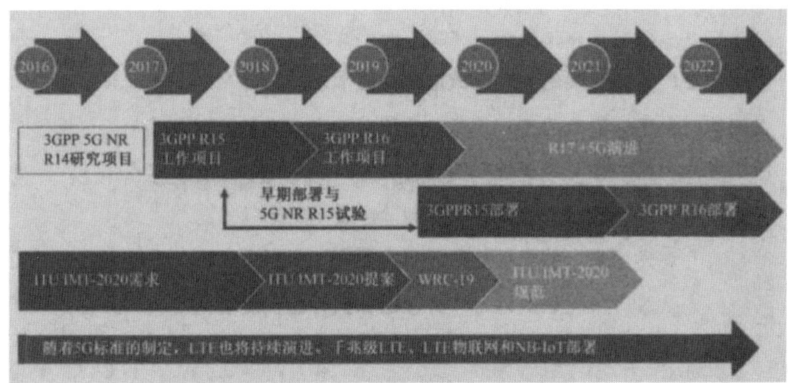

图6-3　5G标准化路线图

表6-1　主要国家5G进展

国家和地区	标准化组织及主要工作内容	商用时间	技术优势
欧盟	5G-PPP项目,领导欧盟面向2020年的5G技术研究和标准化工作,确保欧盟在未来全球信息产业竞争中的领导者地位	2018年启动5G规模试验.力争在2020年实现5G为垂直行业提供服务	科研机构众多,优势互补,完善的产业发展体系
美国	5GAmericas,在整个生态系统的网络、服务、应用、连接和设备等层面,倡导和促进LTE无线技术的发展和能力,并将其发展到5G	2016年7月率先发布5G频率规划。2016年启动外场试验,2018年部分地区试商用	全球领先的芯片厂商与设备厂商,产业基础雄厚
日本	AR1B5G研究工作组,由NTTDOCOMO主导与其他数十家成员加速推动5G通信	2017年启动5G的技术试验,2020年东京奥运会时商用5G	产业链全面
韩国	GIGAKorea项目,从网络、设备、平台和应用四个方面,研究包括高频芯片、3D显示、虚拟现实、UHD平台、智慧家居平台、高清视频、远程会议等5G相关技术	2018年平昌冬奥时展示5G雏形系统,2020年正式商用	产业链全面

在经历了“2G 跟随、3G 突破、4G 同步”之后,5G 时代中国正奋力谋求获得“领跑者”地位,立志占据 5G 技术制高点,引领世界产业的发展。标准方面,首先,我国在 3GPP5G 相关标准组中的话语权大幅提升,投票权从 24 个涨到 49 个,占总数的 23%;其次,我国引导了 3GPP5G 标准路线与发展的节奏;最后,我国还牵头了包括 5G 无线接入技术需求,和 5G 系统架构总体设计在内的多个重要研究项目。网络建设方面,我国三大运营商的 5G 测试在 2017 年全面进入第二阶段,在 2019 年试商用,2020 年全面商用。

2017 年是 5G 发展的标志性一年。2017 年 12 月 20 日,3GPP 第 78 次会议正式宣布 3GPP5GNSA 标准冻结。中国、美国、日本、韩国和欧洲等国家和地区的 5G,在技术研究、应用探索等方面得到了充足的发展。中国也完成了第二阶段的产品互通试验,领先设备商推出了端到端 5G 预商用系统,为 2018 年的 5G 预商用奠定了基础。在应用探索方面,对低时延的车联网应用,2017 年 LTE-V2X 产业发展进入快车道,LTE-V2X3GPP 标准于 2017 年 3 月完成;我国 LTE-V2X 相关标准于 2017 年年底基本完成。在物联网方面,当前 NB-IoT 实现了小规模商用。截至 2017 年 11 月,中国、韩国和欧洲等国家和地区的 25 张 NB-IoT 网络商用,其中,中国市场占 90%,而 NB-IoT 芯片销售数量规模达数百万,2018 年超过千万级,甚至亿级。

万物互联开启智能化时代新阶段。互联网已满足了人与人之间的通信需求,然而要实现人类社会的智能化,万物互联是必经之路,根据调研机构预测,到 2020 年,世界上有超过 500 亿台设备实现联网,有超过 2 120 亿设备与 300 亿自动连接的设备,传输数据量会超过 3 000 万兆数据。物联网产生的海量数据可以帮助我们更好地了解这个世界,做出更为准确的判断和更为精准的控制。物联网体系架构如图 6-4 所示。

物联网主要有三个关键技术:连接、标志及数据的操作。物联网是设备通过无线技术的连接方式将数据传送到物联网系统,无线连接是系统中极为重要或最为薄弱的链路,因此,选择一种能够匹配设备及其周边环境的无线技术非常重要。目前,行业中共有 12 种无线技术可供物联网应用场景选择,其中以授权频段 NB-IoT 最为典型,被广泛应用于各大领域。图 6-5 为 NB-IoT 的主要应用场景。

图 6-4 物联网体系架构

图 6-5 NB-IoT 的主要应用场景

NB-IoT 技术具备强链接、高覆盖、低功耗、低成本的特点，相比非授权频段技术安全性高、干扰小，与现有蜂窝基站复用不需独立组网，是标准化程度高的优势，是未来支撑广域低功耗（LPWA）业务场景的主流技术。当前中国电信已建成世界范围内第一张，也是最大的一张 NB-IoT 商用网络，支撑智慧城市等行业的快速发展。

物联网平台是指同时具备设备管理、数据存储和业务使能的综合性平台，一般能够兼容多种物联网设备接入和通信协议，支持连接管理、设备认证、流量控制、数据汇聚、安全保障、业务使能等多种能力，并通过开放 API 供上层业务和应用调用。通过面向传统行业和政企客户的定制化物联网应用解决方案，支撑传统行业的数字化转型。未来同时具备设备管理和业务使能的综合性平台将逐渐显现出优势，成为产业主流。

虚拟化技术支持网络架构转型升级。移动网络与物联网都是接入网络，由光纤宽带构成的核心网承担了所有的数据传输重任。当前核心网络的总体架构由“传送承载”和“业务控制”两个大的功能层级和多个子层构成,是一个复杂封闭的体系,同时有IT支撑系统作为其辅助系统,保障网络的正常运行,这样设计的目的是保证业务独立运营。但同时也存在一些根本性的问题:①网络由大量单一功能的专用设备构成,结构复杂缺乏灵活性;②网元封闭,设备功能扩展性差;③形成“业务烟囱”,每个新业务都要开发新设备、新协议,不同业务彼此难以融合,无法快速灵活部署;④运营复杂,成本居高不下。因此未来网络架构需要进行重定义设计,以进一步巩固网络发展基础,提升公共服务水平。

未来网络整体架构将向智能化的方向发展。通过深化开源技术应用,引入SDN/NFV/云等新技术,构建新型的简洁、敏捷、开放和集约的智能型网络:简洁指网络的层级、种类、类型、数量和接口减少,运营和维护的复杂性和成本降低;敏捷指网络提供软件编程能力,资源弹性可伸缩,便于网络和业务的快速部署和保障;开放指网络能够形成丰富、便捷的开放能力,主动适应互联网应用所需;集约指网络资源不在分散分域,而是能够统一规划、部署和端到端运营。

网络重构的重点是敏捷和开放两个方面。一方面,敏捷网络提供业务随选的能力。当前的网络特性是高速泛在的,无论何时何地都可以具备超高带宽的网络连接,然而用户的多元化需求却无法很好地得到满足,传统大型企业对价格不敏感,只要求有专网保证带宽和速率,云端接入体验好即可,动态调整的需求也有限。而越来越多的小微企业对价格十分敏感,而且业务发展速度快,希望配套信息服务能够及时跟进,另外还有金融医疗、园区楼宇商场等,都有特殊的需求。据统计,在双创激励下,我国中小企业规模已超7 700万户,年增长10%,2020年全国中小企业信息化服务市场规模达5 000亿,另外《2017年国务院政府工作报告》中也提出要“大幅降低互联网专线接入资费”。随选能力正是为应对此种情况而生,它包括带宽随选、路径随选、网络功能随选、云+网一站式服务、用户自服务门户。适用的场景有点到点、点到数据中心、点到互联网。另一方面,开放网络提供资源自动配置能力。传统面向大众市场的业务已经趋于饱和,面向企业客户的市场是发展重点。企业客户更需要融合营商能力与互联网能力的融合通信/云通信。通过能力开放平台,运营商将原本彼此独立的网络资产(如码号、语音、流量、短信、计费、定位、安全、QoS保障等)以API的形式开放给业务合作伙伴,通过更灵活的解决方案和商业模式聚合应用开发者、OTT业务提供商、行业 SI,共同打造云通信生态。

当前国内外先进运营商都在进行网络的智能化转型升级,美国 AT&T 最早开始也最为成功,国内的中国电信发布 CTNet2025 计划,预计在 2025 年左右实现整体网络的虚拟化和智能化。

IPv6 助力互联网摆脱限制升级换代。随着互联网 +、物联网和工业互联网等网络应用融合发展,全球对 IP 地址的需求还将持续增长。2020 年中国 IP 地址需求超过 100 亿,IPv6 是用于替代现行版本互联网 IP 协议(IPv4)的下一代 IP 协议,可以为数以千亿台的设备提供网址,为万物互联奠定基础。我国是世界上较早开展 IPv6 试验和应用的国家,在技术研发、网络建设、应用创新方面取得了重要阶段性成果,已具备大规模部署的基础和条件。IPv6 的规模部署,构建高速率、广普及、全覆盖、智能化的下一代互联网具有十分重要的意义:首先,IPv6 是互联网演进升级的必然趋势,基于互联网协议第四版(IPv4)的全球互联网面临网络地址消耗殆尽、服务质量难以保证等制约性问题,IPv6 能够提供充足的网络地址和广阔的创新空间,是全球公认的下一代互联网商业应用解决方案;其次,IPv6 是技术产业创新发展的重大契机,推进 IPv6 规模部署是互联网技术产业生态的一次全面升级,深刻影响着网络信息技术、产业、应用的创新和变革;最后,IPv6 是网络安全能力强化的迫切需要,加快 IPv6 规模应用为解决网络安全问题提供了新平台,为提高网络安全管理效率和创新网络安全机制提供了新思路。

和 IPv4 相比,IPv6 协议主要在地址长度、IP Sec 可选扩展、数据报头 QoS 支持等方面做了扩充和优化,正是由于这些技术上的改变,以 IPv6 为核心的下一代互联网相对于建立在 IPv4 协议上的现代互联网有以下优点。

(1)地址充足。IPv4 的 32 位地址扩展到了 IPv6 的 128 位地址。

(2)简单快捷。简化固定的基本报头,提高处理效率。

(3)扩展方便。引入灵活的扩展报头,协议易扩展。

(4)层次结构。地址格式更具层次性,便于路由聚合。

(5)即插即用。地址配置简化,实现自动配置。

(6)内置安全。网络层的 IP Sec 认证与加密,提高端到端安全。

(7)QoS 考虑。新增流标记域,提升 IP QoS 特性。

(8)移动便捷。Mobile IPv6 更好地解决 IP 移动性。

2. 平台基础设施逐渐成形并向云与边缘计算融合化及感知智能化方向发展

平台基础设施是在网络技术设施之上,聚合存储、计算、分析等多种通用能力并以标准 API 或 SDK 形式对外开放,以供上层应用调用的软件系统的统称。平台基础设施的发展是动态的,一般而言,信息通信领域创新技术都是专门为支持某项业务而生,如果某项技术的通用性越来越强,被越来越多的业务所使用,此项技术就会逐渐脱离应用层,下沉成为平台基础设施的通用能力。早期的云计算和大数据、当前的人工智能和区块链、未来的边缘计算都属于这类通用型技术,它们共同构成信息基础设施的平台部分。平台基础设施的作用将逐渐超过网络基础设施,为数字资源的管理和上层应用提供坚实的基础。

平台基础设施具备集约性、受技术驱动演进速度快、自动化运营要求高、弹性/柔性四个特征。首先是集约性,平台基础设施多数汇聚了应用所需的各种通用能力,将以往需要多个步骤、多地解决的问题汇集在一起解决,极大地提廾了效率。其次是受技术驱动演进速度快,相比于下层的网络技术设施,平台基础设施更软件化虚拟化,更贴近应用,可以根据应用的实际需求快速做出调整,如为满足中小企业入云需求,云平台由私有云向公有云过渡,又迅速演化出边缘计算满足海量物联网设备接入的需求。还有就是平台基础设施的自动化运营要求高,平台基础设施诞生的目的就是要自动高效的处理业务流程,减少故障提高效率。例如,人工智能平台,就是将多种人工智能算法聚合在一起,自动处理数据得到分析结果。弹性/柔性指的是平台技术设施的部署、改变都是非常简单的。既可以集中部署也可以分布式部署,同时可以根据任务量灵活增减。例如,云计算平台,可以在一个大的资源池里灵活划拨应用所需资源,实时调整减少运营成本。

云网加速融合,公有云占比增大。云计算发展较早,技术成熟度和平台的普及程度较高。技术方面,未来将会有几点变化:首先容器技术将助力云计算进一步发展,其次是更加高效的 Unikemerl 技术,再次,还有 X86 在基础计算架构领域一统天下的局面将改变,最后是云计算与物联网技术的结合成为新的技术与业务发展方向。

平台方面,云计算平台技术成熟度高、功能相似、性能接近,同质化趋势明显。访问云的网络连接质量、使用便捷度已经成为影响云平台使用感知的关键，运营商、互联网公司及专业第三方等都已经高度关注云的接入质量和体验。因此，云网融合，即网络随云资源池需求而动态调整，计算、存储和网络资源统一分配调度成为行业发展的趋势。国内外领先云服务商如亚马逊、阿里都推出了云间高速网络，中国电信、日本NTT等有云有网的运营商也为云业务优化了专网设施。

产业方面，目前包括微软、谷歌、亚马逊等在内的国际厂商都有公有云服务，由于价格低廉，部署方便，并且具备很好的灵活性，很多企业都选择公有云作为IT基础设施。国内厂商阿里巴巴、百度、盛大等也在提供类似服务。我国公有云市场虽起步较晚，但发展迅速，近几年增速都在40%以上。预计到2022年，我国公有云市场将会占到全球除北美市场外的1/3。成熟的公有云产业为我国的产业智能化转型、中国制造2025和“互联网+”提供了坚实的基础。中国云服务市场规模如图6-6所示。

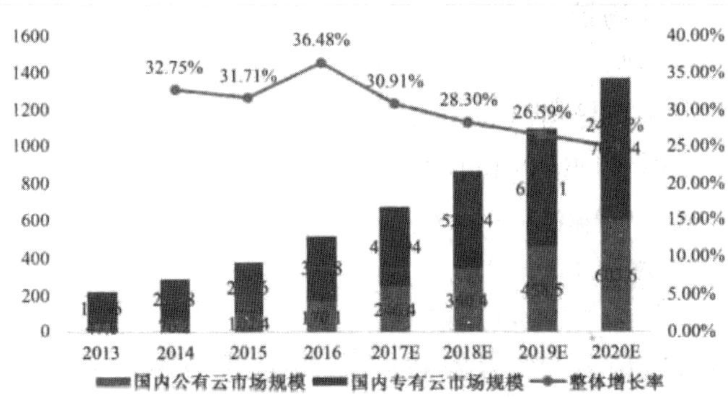

数据来源：中国信通院云计算白皮书

图6-6　中国云服务市场规模（亿元）

云计算的中心化能力在网络边缘存在诸多不足，物联网、智能制造的新需求驱动了边缘计算的兴起和发展。云计算的不足主要体现在以下几个方面。

计算：线性增长的集中式云计算能力无法匹配爆炸式增长的海量边缘数据。

传输：传输带宽负载急剧增加造成较长网络延迟，难以满足控制类数据、实时/准时流式数据传输需求。

安全：云平台的安全与应用软件、平台、操作系统、多段网络、权限管理等多方面因素有关，边缘数据的安全隐私受到极大关注。

能耗：边缘设备传输数据到云平台消耗较大电能，从云平台获取数据到设备现场也需要二次耗能。

新的需求驱动主要体现在以下两个方面。

物联网：随着网络覆盖的扩大、带宽的增强、资费的下降，万物互联触发了新的生产模式和商业模式，催生新的数据生产和消费方式。

智能制造：离散制造和流程制造亟待靠近现场、能提供可靠性强、实时性 / 准时性强的 ICT 系统，以实现 IT 与 OT 深度融合所需的局部数据闭环。

边缘计算是继云计算之后的一个理念创新，可以在边缘端解决以上问题。边缘计算特指在靠近物或数据源头的一侧，调用平台的计算、存储、应用核心能力，就近提供服务。边缘计算和云计算并不会相互排斥，而是相互融合创新，推动新的产业变革和创新。

边缘计算已经成为平台基础设施的新战场：主要用于工业互联网和智慧城市等新场景，具备 CROSS 价值，成为连接物理与数字世界的关键，具备以下优势。

连接的海量与异构（Connection）。

业务的实时性（Real-time）。

数据的优化（Optimization）。

应用的智能性（Smart）。

安全与隐私保护（Security）。

边缘计算在诸多产业有非常大的应用前景，如图 6-7 所示。

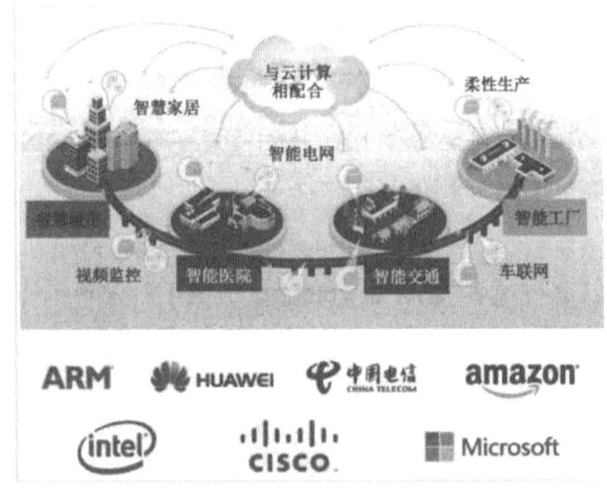

图 6-7　边缘计算的应用场景

边缘计算需要 IT 管理、OT 控制，通过 CT 连接走向融合。具体架构如图 6-8 所示。

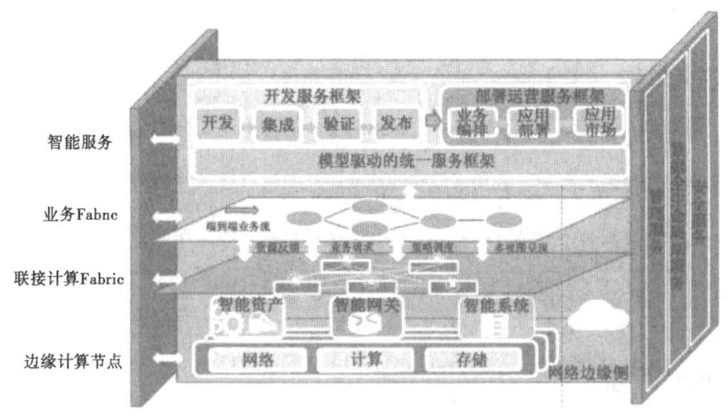

图 6-8　边缘计算的具体架构

智慧城市及工业互联网边缘计算网关将成为基础设施端与云平台端重要的中间环节，将融合多种多元化的异构协议解析和业务模型及学习算法等能力。

开放边缘计算，催生产业新生态：边缘计算将与硬件终端、网络连接、云平台及应用组成完备行业智能化生态体系。

人工智能走向商用，成为智能化升级的核心。人工智能可以理解为让机器具备类似人类一样观察、总结、推理问题的能力。在计算机系统中，“经验”通常以“数据”的形式存在，因此，机器学习是从“数据”中产生“模型”的过程。有了“模型”，之后再遇到新的问题，代入模型就可以得到结论。受益于强大计算能力和海量数据，深度学习成为人工智中能最先走向应用的技术。深度学习以神经网络为架构，海量数据为原料训练算法，数据量越大深度学习的结果越好，从而提供更好的服务，获取更多的数据，这些数据反过来又可以用于训练，良性循环。根据发展方向不同，人工智能分为语音识别、图像识别、语言理解、机器人等应用技术。语音识别、图像识别是目前最成熟的两种，普遍准确率都超过 90%。和文字相比，语音更加自然简单，同时输入效率更高，解决了汽车、手表等设备不方便文字交互的问题，因此语音被认为是下一代人机交互的主要形式。图像识别的重要应用是人脸识别，通过提取人脸特征信息实现在金融、安防等多个领域的应用。一个比较知名的例子是人工智能科学家吴恩达用人工神经网络观看一周 YouTube 视频，自主学会识别哪些是关于猫的视频。

人工智能有望引领未来技术浪潮,但它的发展需要其他技术如云计算、大数据和物联网等共同助力推动。

谷歌和百度等知名互联网公司均将人工智能作为公司下一阶段发展重点,已经对外提供人工智能平台,即承载通用型的人工智能技术并向外提供服务,如谷歌的 TensorFlow、百度的 Apollo 开放平台。

当前我国从政府、研究机构到产业都对人工智能技术及应用非常关注,已经将其提升到关系国家发展战略的层面。2017 年 7 月国务院印发了《新一代人工智能发展规划》,确立了我国新一代人工智能发展“三步走”战略目标,力争在 2020 年实现我国人工智能总体技术和应用与世界先进水平同步;在 2025 年实现人工智能基础理论重大突破,部分技术与应用达到世界领先水平;在 2030 年人工智能理论、技术与应用总体达到世界领先水平,成为世界主要人工智能创新中心。

区块链解决平台中心化,成为价值传输基础设施。区块链是一种分布式的数据存储系统,云计算平台的一种体现形式。互联网构建起了信息传输的高速公路,但仍然不能很好地解决价值传输的需求,中心化成为瓶颈。如果网络上大家的交易都通过一个中心化的平台,势必造成这个中心过于庞大,提高了交易成本,降低了交易效率。区块链技术最开始是为解决交易的中心化问题而产生的,它通过让集体共同维护一个分布式的账本,很好地解决了这个问题。区块链具备很多优势,如去中心化、分布式记录存储、信息安全透明、交易脚本可编程等,所支持应用越来越多,已超出互联网金融延伸到各个行业:在金融行业,高效低成本解决信用中介问题;在生产行业,保证数据安全,实现供应链同步;在文化娱乐行业,保护版权等数字资产;在商业领域,实现“智能合约”,合约条款由网络强制执行,无法否认或修改。当前区块链技术仍在探索期,未来将会得到大量应用,成为平台基础设施重要的组成部分。

3. 传统物理基础设施的数字化融合

随着数字经济向融合领域延伸,数字经济基础设施的概念更为广泛,不仅包括信息基础设施本身,也包括了传统物理基础设施中与信息基础设施相融合的部分。数字化赋予了物理基础设施中流动的比特新的意义,通过数字化使社会生产、商业运作与物理实体解耦从而更加方便灵活易用(如移动支付、社交网络);并且通过对数字信息的重新组织与处理，挖掘其中新的机会与价值（如大数据分析）。简而言之，信息基础设施是连接物理基础设施与数字经济世界的纽带，是数字世界中商业创新、交互与送达的引擎。

新一代信息技术快速成熟并应用于各种传统行业，为传统行业带来巨大创新和业务量的快速增长、经济效益提升，从而正向拉动传统行业基础设施建设和重构。同时，信息基础设施的快速发展也离不开完备的、无处不在的传统行业基础设施的支撑，两者呈现相辅相成、螺旋式上升的关系。这里将选取工业互联网和能源互联网两个典型行业的基础设施数字化型详细阐述。

（1）工业互联网

随着全球范围内新一轮科技革命和产业变革蓬勃兴起，工业互联网作为当前新一轮产业变革的核心驱动和战略焦点，日益成为新工业革命的重要基石。在国务院发布《关于深化“互联网＋先进制造业”发展工业互联网的指导意见》中提到“工业互联网通过系统构建网络、平台、安全三大功能体系，打造人、机、物全面互联的新型网络基础设施，形成智能化发展的新兴业态和应用模式，是实现制造强国和网络强国建设的重要基础。”

在工业互联网中，网络是工业系统互联和工业数据传输交换的支撑基础，即通过工业全系统的互联互通，促进工业数据的无缝集成，实现产业上下游、跨领域的信息集成共享；平台是工业智能化的核心驱动，即通过平台汇聚工业数据，搭建全周期管理与应用模型，实现机器柔性生产、运营管理优化、生产协同组织与商业模式创新，推动工业智能化发展；安全是网络与数据在工业中应用的安全保障，即通过构建涵盖工业全系统的安全防护体系，保障工业智能化的实现。

工业互联网中的网络化是指机器、原材料、控制系统、信息系统、产品及人之间的互联，涵盖从物理层到应用层的各类连接形态。随着信息通信技术向工业领域加速渗透，工业网络化需求的性能不断提升，类型不断丰富，极大地拓展了传统工业网络的内涵和外延，为工业互联网的发展奠定了良好基础。在 2016 年 7 月份中国电信集团公司与中国信息通信研究院联合发布的《工业连接计划白皮书》中，重点提出了企业内连接和企业外连接。企业内的连接包括现场设备、工厂控制系统、私有云平台、生产工人四类对象间的互联关系；企业外的连接包括企业、公有云平台间的互联关系，企业和智能产品、用户的互联关系，以及对应工业互联网发展的四类应用场景，这四类场景分别为促进智能化生产的智能生产场景，促进网络化协同的网络协同场景，促进个性化定制的用户定制场景，促进服务化转型的服务化场景。工业链接框架示意图如图6-9所示。

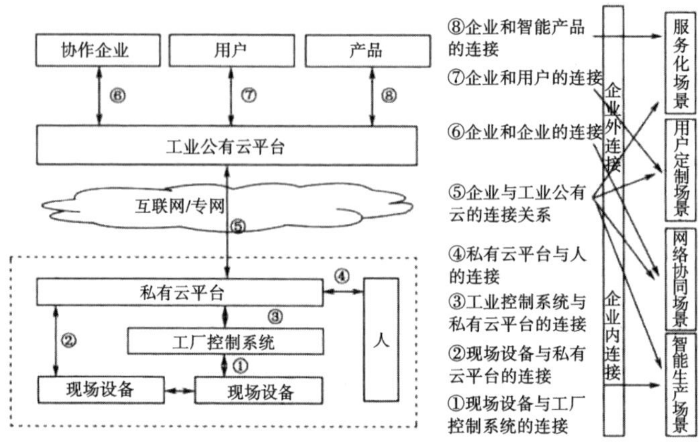

图6-9 工业链接框架示意

安全是工业互联网健康发展的重要保障。随着信息化和工业化深度融合，需要加快建立设备安全、控制安全、网络安全、平台安全和数据安全等多层次安全保障体系，加强推动攻击防护、漏洞挖掘、入侵发现、态势感知、安全审计、可信芯片等安全产品。其中，工业云中存储的数据具有较高的敏感性，涉及工业企业知识产权和商业机密，是其核心资产的重要组成部分，有些数据资料甚至关系到国家安全，因此对数据的窃取或者破坏将造成严重经济损失、社会影响甚至国家安全等问题。由于工业系统的重要性，工业云可能会面临更多的威胁，与通常IT环境下的云相比，必须更加重视安全性和恢复能力，当前的信息安全处于持续攻击的时代，即从“应急响应”到“持续响应”的处理过程。工业互联网安全防护方案如图6-10所示。

（2）能源互联网

能源互联网可理解为是综合运用先进的电力电子技术、信息技术和智能管理技术，将大量由分布式能量采集装置、分布式能量储存装置和各种类型负载构成的新型电力网络、石油网络、天然气网络等能源节点互联起来，以实现能量双向流动的能量对等交换与共享网络。

能源互联网与信息通信基础设施关系密切，首先它利用先进的传感器、控制和软件应用程序，将能源生产端、能源传输端、能源消费端的数以亿计的设备、机器、系统连接起来，形成了能源互联网的“物联基础”。同时，大数据分析、机器学习和预测是能源互联网实现生命体特征的重要技术支撑：能源互联网通过整合运行数据、天气数据、气象数据、电网数据、电力市场数据等，进行大数据分析、负荷预测、发电预测、机器学习，打通并优化能源生产和能源消费端的运作效率，需求和供应将可以进行随时的动态调整。

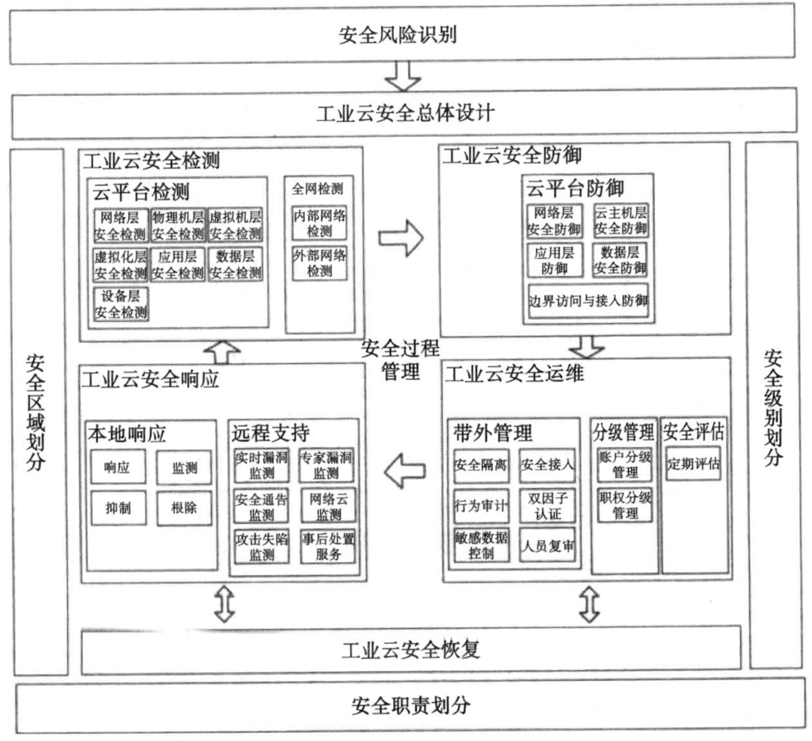

图 6-10 工业互联网安全防护方案

能源互联网表现出五大要素。

①可再生：可再生能源是能源互联网的主要能量供应来源，可再生能源发电具有间歇性和波动性的特征，其大规模接入会对电网的稳定性产生冲击，从而促使传统的能源网络转型为能源互联网。

②分布式：由于可再生能源的分散特性，为了最大效率地收集和使用可再生能源，需要建立就地收集、存储和使用能源的网络，这些能源网络单个规模小、分布范围广，每个微型能源网络构成能源互联网的一

个节点。

③联网：大范围分布式的微型能源网络并不能全部保证自给自足，需要联网起来进行能量交换才能平衡能量的供给与需求。能源互联网关注将分布式发电装置、储能装置和负载组成的微型能源网络互联起来，而传统电网更关注如何将这些要素接进来。

④开放性：能源互联网是一个对等扁平和能量双向流动的能源共享网络，发电装置、储能装置和负载能够即插即用，只要符合互操作标准，这种接入是自主的。

⑤融合：能源互联网的基础设施建设不能完全摒弃已有的传统电网，特别是传统电网中已有的骨干网络投资大，在能源互联网的结构中，应该考虑对传统电网的基础网络设施进行改造，并将微型能源网络融入改造后的大电网中，形成新型的大范围分布式能源共享互联网络。

智能电网是能源互联网的一个环节，除了智能电网以外，能源互联网还包括：智能发电、智能用电、智能储能，以及电力价值链外的智能服务和智能交易环节。智能电网还是基于以前的传统电力业务，基于专网通信系统，不开放，相对封闭，不能和其他系统相融合。能源互联网是基于物联网和现代互联网的系统，主要面向可再生能源，基于标准接口的开放式系统，对于除了电力以外的各种用电设备(包括智能家电、电动车、分布式能源)开放，信息和能源可以基于现代互联网进行共享。智能电网是能源互联网的雏形，能源互联网的初级阶段。但同时能源互联网的发展会使得智能电网向开放式发展。

能源互联网是能源和信息技术的融合，将从根本上改变能源的生产和利用方式，从而形成能源供应向分散生产和网络共享的方式转变的大趋势。未来能源互联网的实践必将依靠分布式发电和智能微网、电动汽车 ETG、输配电、配售电分离侧，智能设备、大数据云平台、电力交易市场等发展来提高能源利用效率，降低能源系统风险。

能源互联网将打破原先相对独立的不同类型能源的界限，在先进信息技术的基础上形成以电力系统为核心、多种类型能源网络和多种形式交通运输网络高度整合的新型能源供给利用体系。在横向上，它能够实现不同类型能源相互补充；在纵向上，它能够实现能源开发、生产、运输、存储和消费全过程的“源—网—荷—储”协调。

（三）推动数字经济基础设施转型升级的建议

1. 树立引领意识，重点领域超前部署

当前我国在移动通信网络5G、人工智能及区块链等领域都具备国际领先优势，应树立引领意识，将优势进一步扩大。通过技术创新驱动基础设施向更广、更深、更强发展。努力成为移动通信领域5G标准和技术的全球引领者之一。掌控智能网络、下一代互联网、物联网领域的关键技术。实现人工智能、云计算、大数据、边缘计算、区块链、软件定义网络（SDN）、网络功能虚拟化（NFV）、操作系统、智能传感器等关键技术突破。实现信息通信技术研发和应用在军民融合多领域、多方向深度发展，并且加速产业化落地，利用中国庞大市场优势作为技术验证的试验田，待成熟之后抢占国际市场。

2. 加大信息基础设施投入和建设力度

加快构建新一代信息基础设施，为我国经济社会转型、全面发展数字经济提供坚实保障。①支持高速宽带网络建设，以超高速、大容量光传输技术升级骨干传输网，以光纤到户为基础推动大中城市家庭用户接入升级，以4G网络深度覆盖为重点推动无线宽带网络深度延伸覆盖，加快5G研发进程。②按照市场需求灵活部署物联网、云计算中心、大数据平台等应用基础设施，加大城市公用设施、电网、水网、交通运输网等智能化改造力度，推动政务、行业信息系统向云平台迁移，深化物联网在电力、能源、交通、城市管理、工业制造、现代农业等重点领域的部署和应用。③加快发展工业互联网，制造业是实体经济的主体，要把制造业数字化、网络化、智能化摆在突出位置，构建高速率、高可靠、低时延、灵活快速组织的网络互联体系，完善工业云和工业大数据等关键应用支撑平台。

3. 技术与产业结合，资本与市场驱动快速发展

培育形成一批具有国际影响力和产业引领能力的企业。鼓励基于互联网的大众创新、万众创业。实现技术研发、基础设施建设和部署、新业态培育的良性互动。积极推动信息通信技术与农业、工业制造、交通运输、生活服务等行业的深度融合。形成网络经济与实体经济良性协同的发展格局。鼓励信息通信产业走出国门，参与国际竞争，借助“一带

一路”倡议实施,向国外输出好的产品和理念,与其他国家同行业共同分享宝贵经验,提高国际影响力和话语权。

4. 推进基础设施平台与数据的标准化

标准是互联互通、信息共享、业务协同的基础,统一的标准对促进信息通信产业发展及在传统行业中的推广应用具有极其重要的作用。一是推进平台的标准化,即提供标准的能力开放接口及调用规范;二是数据的标准化,即制定统一的数据存储与传输格式,实现不同平台之间的功能调用、数据共享,提高平台之间的联动性与功能划分,避免平台功能的重复性开发和数据多次处理的资源浪费。加快建立和完善5G、工业互联网等前沿领域标准体系,积极抢占国际标准制定话语权;组织、协调行业监管部门、研究机构、制造企业、安全厂商等共同合作,研究制定相关的管理、技术、测评等标准规范,推动具有自主知识产权标准成为国际标准,增强产业发展主动权。

5. 建立健全立法与安全保护

网络信息技术与各领域融合的广度、深度、速度都在逐步深化,网络空间的一些问题同时也融合到各个行业中去,成为数字经济发展面临的共性问题,如网络安全、数据管理、个人信息保护、知识产权保护、平台责任等。强化信息基础设施的安全与防护是发展信息技术设施的重中之重,要以维护国家安全为直接目标,增强风险意识和危机意识,统筹安全与发展、开放与自主的关系,突出动态化、综合化的防护理念,着力提升信息基础设施安全防护水平。首先要加快信息基础设施演进升级、加强核心技术自主创新、提高关键软硬件产品自主可控水平;其次是结合《网络安全法》建立健全信息基础设施安全标准体系和审查制度;再次是加强网络安全技术手段的研究和运用,攻防兼备,以技术手段支撑安全;最后是制定网络与信息安全人才培养规划,形成高等教育和社会培训相结合的人才培养机制,以人才队伍强化安全。

二、平台经济助力数字经济转型升级

2017年全球市值最大的十家公司中,有七家是数字经济中崛起的平台型公司。而在十年前,最大市值的十家公司几乎都还是石油、银行和工业企业等传统行业企业。十年间,数字领军企业以技术为支撑,创建产业平台这一新的商业模式，重塑了产业生态，开创了平台经济新局面。中国企业转型升级，必须拥抱平台经济，加速数字化转型。

（一）平台经济概述

1. 平台经济的特征与分类

平台经济是一种技术驱动的新的经济形态，其核心是由多方参与形成的生态系统，如图 6-11 所示。这一经济形态的参与者主要有三类：平台的拥有者与运营者（有些场景下两者可能不一致），供给端平台使用者（如产品与服务提供商等）和需求端平台使用者（消费者、用户等）。平台经济模式下，供给端平台使用者和需求端平台使用者借助平台实现互动与交易，共同完成价值创造流程。平台通过以下维度赋能价值创造流程：价值主张、价格的撮合、交易双方的保护、互动的个性化及合作伙伴关系的形成。

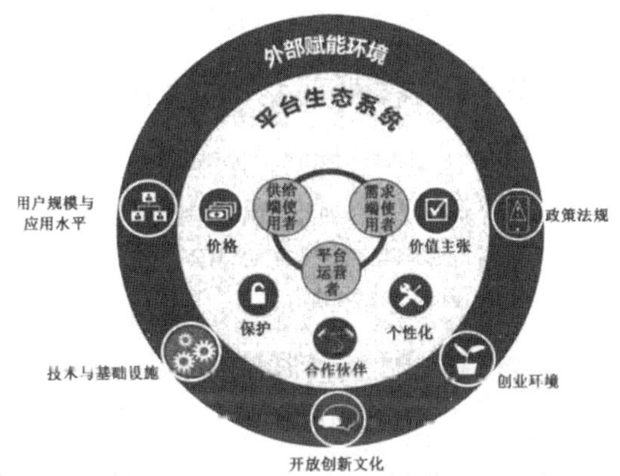

图 6-11　平台经济生态系统

企业融入平台经济，将通过在全新的平台生态系统中创造价值，重新定义未来的发展。平台经济的核心价值来源于以下三大原则。

第一，网络效应 / 双边市场。当两大用户群体（通常指生产者和消费者）相互产生了网络价值时，便会形成网络效应和双边市场，而这种互惠互利则能推动供需双方的规模经济。在越来越多互联用户和交易的支持下，平台的网络效应将进一步扩大，价值进一步提升。

第二，幕率—马太效应与长尾分布。一方面，平台带来的低成本互动与交易，将打破地域等限制，极度放大强势使用者的优势，形成垄断，即所谓头部的马太效应；同时，平台经济的规模效应，能够支持企业在分布曲线的“长尾”中盈利，避免利润在传统（线性）价值链中不断缩水。

第三，非对称性增长与竞争。通过互补服务来推动核心市场的需求，这些服务往往以补贴（或免费）的方式向用户提供，并且跨越了行业边界。当两家企业以截然不同的方式和资源来争夺市场机遇，就会出现非对称性竞争。平台商业模式下，非对称性增长与竞争将成为常态。

（2）平台的分类

平台的类型多种多样。从不同的出发点入手，将会有不同的平台分类方法。出于下文分析的需要，我们将数字化平台分为交易类平台、社交与内容类平台和技术支撑/产业平台，具体如表6-2所示。

表6-2　数字化平台分类

分类	交易类平台	社交与内容类平台	技术支撑/产业平台
涵盖范围	电商平台、共享服务平台	社交网络、社交媒体、视频直播等	自动驾驶、医疗等
价值核心	算法与软件	算法与软件	行业know-how，资产与软件
轻资产/重资产	轻资产	轻资产	重资产
中国企业竞争力	强	强	弱
中国企业国际化难度	难	难	易
举例	亚马逊、阿里巴巴淘宝/天猫、优步、爱彼迎、滴滴等	Twitter、Facebook、Netflix.腾讯、优酷、土豆等	GEPredix、高通生命公司的2nd、百度自动驾驶等

（3）平台经济的核心优势：数字化平台放大网络的乘数效应

拥抱平台经济，将成为助力企业高速发展的重要途径。借助数字化平台，企业将以低成本接触空前广泛的用户与合作伙伴，并与之高效互动，通过交易与协同将网络的乘数效应充分发挥。

平台模式下，企业将以平台运营为基础，创造多方位的网络倍增效应，帮助特定市场中的众多利益相关方实现价值。随着平台的不断普及，参与者与更多利益相关方均可从中获益。

数字平台型企业在这方面已积累了多年经验。以Salesforce为例，它成功利用其平台型生态系统实现指数级增长，促进企业、客户及终端用户多方共赢。一方面,用户数的增加为应用提供者带来收入增长;另一方面,不断丰富的应用又吸引更多的企业投身平台。过去十年,已有10万余家企业采用Salesforce平台,开发出了22万多个应用。平台型数字化企业,如苹果、谷歌、亚马逊等,也深谙数字化平台的网络倍增效应,其数字化平台已被开发者和用户广泛采用,并由此创造出巨大的价值。平台商业模式下,乘数效应创造的增长与效率,其本质是共赢而非零和,各方都从创新的模式所带来的增长与效率中分享价值。

2. 数字技术成为推动平台经济发展与推广的核心动力

平台经济,尤其是数字化平台的发展,离不开数字技术的驱动作用。

(1)移动数据通信服务的发展,使得平台的连接功能更加强大、便捷,能随时随地连接到更多的参与方。

(2)物联网的发展,让平台所连接对象的范围空前扩展,将实体的物理世界融入虚拟的数字世界中。

(3)数据分析技术及近来蓬勃发展的人工智能,使平台运营更加智能化、效率更高、用户体验更佳,并能通过数据变现等缔造出新的商业模式。

(4)云计算架构和一切及即服务(asaservice)的模式让平台更易于部署,使用成本更透明、低廉。

(5)应用编程接口(API)和开源软件的发展与推广,使平台功能的扩展更为简便、效率更高。

3. 平台经济发展迅猛

(1)数字化平台催生众多数字企业巨头,获得资本市场青睐

过去十多年来,互联网和高科技平台巨头快速崛起。其迅速扩张的用户规模,不断优化的用户体验和创新的盈利模式,令人眼花缭乱的技术产品创新和丰厚的财务回报,使平台巨头们成为资本市场的宠儿和职场的明星雇主。平台型企业在商业上的巨大成功,也给平台经济戴上了闪亮的光环,吸引了传统行业的广泛关注。有关传统行业如何借助平台运营模式提升运营水平,推动增长的讨论不绝于耳。

信息化与数字化时代,平台经济最先发轫于信息技术行业。以苹果为代表的创新的硬件厂商、微软和SAP等软件巨头,以及谷歌和亚马逊等互联网翘楚,都是数字化时代平台经济运用的典范。数字化平台模式之所以首先成就于高科技行业,原因有二:首先,沉浸于数字技术的高

科技企业,对于平台经济在价值创造方面的放大作用先知先觉,如由于互联网自身特性带来的更强烈的网络效应,数据驱动的智能化撮合带来的效率与效果的大幅提升,以及利用相关技术搭建并运营平台的能力;其次,相关行业技术发展迅速,产品生命周期不断压缩,厂商在最短时间内占领市场,实现投入产出最大化的动机十分强烈,因而愿意尝试新的商业模式,成为商业模式创新的早期实践者。迄今为止,高科技行业创造了很多基于数字平台的新的商业模式:开源软件、众包众筹、基于API的开发者经济,等等。

今天,发端于高科技行业的平台经济的价值,被越来越多的行业所认知并重视,其借助平台经济迅速成长的事例,以及资本市场对于这一模式的认可,使传统行业高管面临越来越多"为什么不"的质疑。图6-12显示了平台型企业和非平台型企业在估值方面的明显差距。一方面,数字化平台企业相对传统行业的链状价值创造模式企业有明显的估值优势;另一方面,一些率先向平台经济转型的传统行业企业,也获得了资本市场更好的认可,企业估值超越同行。此外,互联网巨头通过对于传统行业的渗透,给传统行业企业带来了竞争压力,也让他们需要重新思考在未来的产业价值链中自身的定位。

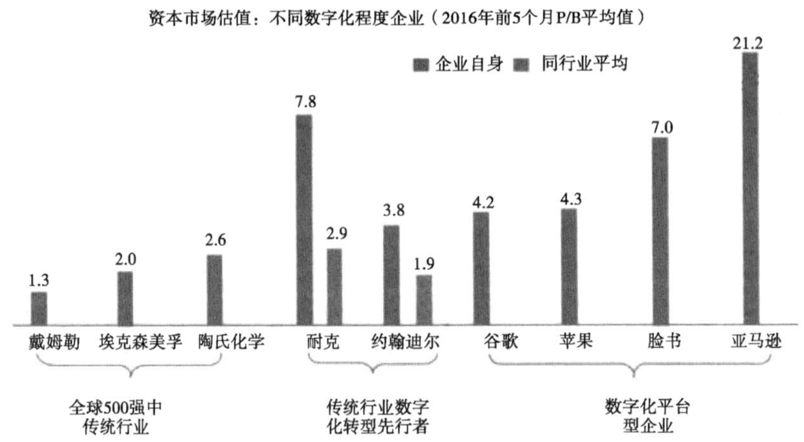

数据来源:CapitalIQ,公司财务报表,财富全球500强榜单&埃森哲分析研

图6-12　全球不同平台化水平企业估值比较

目前已有不少传统行业领先企业试水平台经济,如菲亚特的车联网、迪士尼的魔力手环、耐克的NIKE+平台。到2018年,超过50%的大型企业及全部企业的八成以上拥有平台经济为核心的数字化转型战

略，由此创建产业平台或与之结为合作伙伴。行业云的数量将从现在100余个的基础上，到2018年达到500个。在中国，传统企业对于平台经济价值的认识也在不断加深，并开始付诸实践，在汽车、生活服务、消费电子、金融、能源等行业已经有不少公司开始尝试平台模式。

（2）物联网催生产业平台

物联网打破传统行业疆界，推动商业模式进化，移动互联网和物联网的快速发展与普及，促进了数字世界和物理世界的融合，使数字平台所连接对象的数量与种类空前扩展，平台经济的网络效应迅速放大，是平台模式从高科技行业向以产品制造业为代表的传统产业延展的重要催化剂。其中，基于物联网的产业平台是平台经济推动传统行业转型创新的重要模式。

产业平台是指处于同一产业价值链不同环节的企业，借助数字化平台实现信息与资源共享，运营协同及达成交易的新模式。借助于物联网的发展与推广，业务合作伙伴能利用各种应用程序或设备进行交互；通过技术平台，价值链中的所有业者均能成为数字平台系统的组成部分。此类产业平台的实例包括约翰迪尔公司的MyJohnDeere和高通生命公司的2net，以及通用电气的Predixo在许多行业，企业间争夺数字化产业平台的统治地位的竞争日趋白热化。以工业领域的应用为例，尽管工业市场的格局依然不甚明朗，但通用电气和西门子竞相增加投入，争夺先机。作为欧洲最大的工业制造集团，西门子正在迅速转型为一家数字服务公司，结合软件、平台和服务，为客户提供更好的解决方案。西门子数字化工厂（Digital Factory）的收入增长速度超过了整个集团的增长速度，而西门子的MindSphere平台也表现强劲。PLM软件和数字孪生技术用于开发和优化新的解决方案，拥有一个共同的技术平台来支持员工合作。而该公司的Next47风险投资部门力求在未来五年内投资10亿欧元开发AI和区块链等技术。

相关研究，物联网产业平台未来的发展将经历四个截然不同的阶段，如图6-13所示。第一和第二阶段代表了当前的机遇，从运营效率着手，推动短期价值实现。目前这些活动正在有序推进。第三和第四阶段包括长期的结构性变化，会稍后发生。调查结果也印证了这一观点，即短期内物联网产业平台会产生营收与利润增长等数量影响，但长远看则将推动行业生态与格局发生质的变化：72%的受访者认为产业物联网的发展将对各自企业和行业带来颠覆性影响，而更多的受访者

（79%）则认为这些颠覆性影响将在未来五年出现。并且，这些颠覆性影响将在第三和第四阶段以成果经济和人机协作的形式呈现。

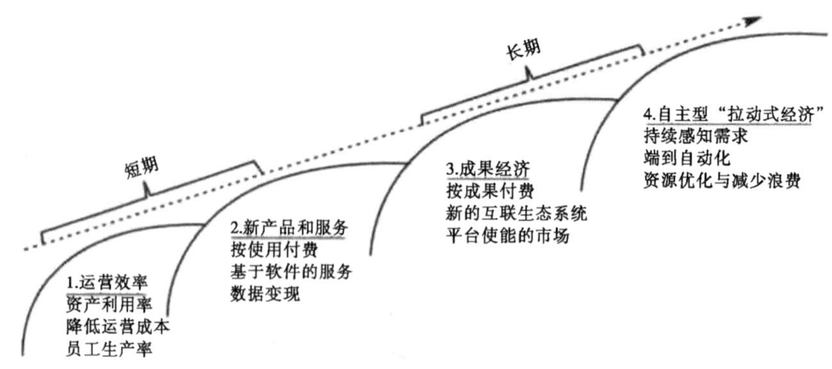

图 6-13　产业物联网的应用及影响路径

随着产业物联网逐步深入渗透至各行各业，它最终将产生拉动式经济效应——实时感知需求、高度自动化运行、灵活生产制造，并且完善各自网络。这一发展需要企业广泛应用自动化技术和智能机器，并在特定场景下实现对人工的替代。因此，未来员工队伍的面貌将发生巨大变化，而且在高度自动化经济中取得成功所需的技能组合也会发生显著改变。

4. 平台经济的发展趋势

平台经济诞生至今已有时日，随着作为驱动因素的数字技术的不断发展，平台经济的内涵也不断演进，呈现诸多新的发展趋势。

（1）多样化

平台经济的不断发展，使平台类型越来越丰富，平台的撮合交易、促进互动和资源共享的基本功能不断产生新的实现方式和组合方式：从聚焦营销环节的电商平台，到以创新模式供应生产要素，如资本、技能与经验的众包众筹等等。同时，如同自然界中的生态圈，一个成熟的平台系统中参与者的种类也将越来越多样化。以电商平台为例，从最初的连接买卖双方撮合交易，到今天的包括网店代运营、数据分析服务，乃至相关的咨询与培训提供商等种类繁多的增值服务提供者。多样化的平台参与者将令平台的功能更加强大，也将不断提升平台的抗御风险的能力，使之成为平台成员持续运营的重要依托。

基于物联网的产业平台的发展，是平台多样化趋势的重要动力。不同行业迥异的行业属性与特征成为产业平台多样化的基础。

(2)智能化

数字化时代,基于数据分析的数字化运营成为确保平台系统竞争力与生命力的重要保障。一方面,数据分析产生的洞察,将使互动撮合与资源共享的平台基本功能更智能化地实现,提升用户体验,提高平台系统的价值创造效率;另一方面,大量发生在平台之上的互动与交易,将积累大量数据。这些数据经过分析整理之后,将为第三方带来巨大价值,因而诞生了数据变现的商业模式,为相关各方带来新的营收来源。

(3)集群化

平台经济不断进化的方向之一是集群化,即不同平台间的连接,实现端到端的价值创造。还以 B2C 电商平台为例,从最初解决信息不对称为目的交易撮合,逐步发展到涵盖价值创造不同环节的支付、物流、广告等,每一个环节都自成平台,同时多个平台之间的数据实现流动与分享,构成面向同一目标用户群的端到端的平台集群,使整个客户价值创造流程平台化。今天,平台集群化的趋势在 B2C 领域迅速发展,而未来在 B2B 领域,基于物联网技术,以数据分析为核心实现智能化运营的工业领域的平台集群也将获得发展,沿着行业价值链不断延伸。

(二)平台经济催生新动能,助力转型升级

1. 外部环境变化提高转型升级紧迫性

(1)宏观环境挑战增多,旧有增长模式难以为继

在基础设施投资与出口双轮驱动之下,中国经济实现了长达数十年的高速增长,成为第二次世界大战后世界经济史上的奇迹之一。然而今天,无论是不断下降的 GDP 增速,还是关于经济“L”形走势的论断,都指向一个事实——旧有增长模式已经走到尽头。传统经济增长模式的失速,以及多年来不均衡发展积累的矛盾的爆发,使得企业的增长与盈利面临重重挑战。

第一,生产要素价格的不断上涨,推高了企业的运营成本,威胁国内企业在全球市场上的竞争力;人口的老龄化带来后续劳动力供应的不足,致使劳动力成本上升;而多年来依靠海量货币投入推动增长的模式,造成资产价格,尤其是土地价格猛涨。

第二,需求端的疲软,不仅直接造成增长乏力,更削弱企业的盈利能力。全球金融动荡冲击了全球贸易,加之全球化进程中利益分配问题引

发的逆全球化的风潮，使中国出口增速大幅下滑乃至负增长；作为另一增长驱动力的基础设施投资，常年的巨额投入致使边际回报不断下降，而作为投资主体的地方政府债务飙升，其持续投入的能力受到质疑；与此同时，作为增长支柱与稳定器的消费，尽管仍旧保持增长，但其增速不足以抵偿出口与投资疲弱的影响。

（2）行业内的产能过剩与过度竞争

中国多年来以投资带动增长的发展模式，以及一些特定行业有限的开放度，使多数不存在准入门槛的行业存在不同程度的产能过剩。无论是玻璃、水泥与电解铝等基础材料，还是汽车、造船与家用电器等消费品和资本货物，乃至太阳能电池板和风力发电机等新能源装备，过剩产能的存在使业内企业面对上游供应商和下游客户时议价能力缺失，盈利能力承压。而闲置产能所产生的利息与折旧等费用，进一步抬高了企业的运营成本。同时，地方政府出于就业与维稳等目的的保护，使过剩产能的退出渠道不畅，过度竞争将整个行业带向低盈利甚至亏损。

（3）跨行业颠覆者的威胁

以 BAT 等为代表的数字经济巨头对于传统行业的渗透与颠覆不断加速，从零售与金融到消费服务，再到医疗与公共服务。凭借对于数字化运营模式的熟谙，雄厚的资本及人才方面的优势，它们改写游戏规则，颠覆传统行业既有模式，使传统行业企业数字化转型的紧迫性不断上升。

平台模式带来的产品服务化及随之而来的共享经济的崛起，对于传统行业通过产品销售创造营收与利润的商业模式带来巨大挑战。产品服务化和共享经济为用户带来的支出节省与资产利用率的提升，从另一个角度即是对于产品总需求的抑制，这将使本已饱尝需求不足之苦的企业雪上加霜。另外，共享经济赖以实现的数字化共享平台的运营者掌握大量用户数据，使产品提供商与最终消费者脱媒，逐步沦为平台运营商的加工车间。

2. 平台经济推进中国企业增长、提效与创新，跨越 S 曲线

（1）平台经济推动业务转型

第一，深度互动强化客户联系，拓展新市场，实现差异化。平台商业模式下，企业将更直接地与客户和合作伙伴互动，推进产品和服务的差异化，加速创新，突破恶性竞争的红海。其所带来的与客户和合作伙

伴间的直接和智能化的互动，一方面将使企业强化对于客户的需求、偏好、消费场景与购买行为的洞察，使得产品和服务的个性化与定制化成为可能；同时便于将客户引入到产品与服务研发的过程中，实现 C2B 模式的创新，获取差异化和创新产品的溢价，提高客户忠诚度，提升客户转换成本，加深加宽自身的护城河。而与合作伙伴更加高效、直接和频繁的互动，便于双方或多方的创新活动的整合，实现协同创新，提高创新效率，分担创新风险。研发平台与客户互动平台等的数字化连接，将大幅加速研发进程，降低研发失败率，缩短创新产品与服务的面世时间。

第二，资源共享降低成本，协同提升运营效率。平台经济带来的资源共享，将提升各项资源的利用率，节省资源获取成本。这里的资源既包括 ICT 基础设施、仓储物流基础设施等有形的资源，也包括人才与技能、客户关系和供应商资源等无形的资源与能力。其中，互联网企业推进开发者在资源与工具方面共享的成功经验值得借鉴：移动平台之上包括 API 在内的 SDK 的开发与共享，为开发者节约了大量的开发时间，提供了便利的数据获取渠道。不仅创造出“开发者经济”的新的商业模式，也使之成为移动应用开发平台吸引开发者的核心竞争力之一。未来，随着消费者洞察的不断深化和设备自身智能化水平的不断提高，人工智能驱动的自动化与自主运营，以及运营流程的自我完善与优化，将带来运营效率提升的飞跃。

第三，降低跨国运营门槛，加速全球化运营进程。国内经济增长放缓带来的市场增速的下降和随之而来的竞争的白热化，使越来越多的中国企业把开拓海外市场并实现跨国经营作为保持增长动力、实现转型升级的重要路径。平台化运营在促进企业运营全球化方面将发挥重要作用。一方面，电商等前端流程的数字平台本身所具备的跨国属性，将降低拓展海外市场的门槛——无论是借助于 eBay、亚马逊这样的第三方电商平台，还是自建电商网站，都是快速低成本拓展海外市场的渠道；另一方面，内部流程的平台化运营，将使不同地区的分支机构能够方便实现资源共享，提高运营效率降低成本。

3. 平台经济推动组织转型

（1）众包众筹打破企业边界，塑造敏捷型企业

根据科斯的交易成本经济学观点，企业的边界取决于市场交易成本（外部）与企业组织内部协调成本（内部）的比较。对于特定的运营活动，

当外部市场交易成本低于组织内部的协调成本时,委外就成为理性选择,企业的边界向内收缩。数字化平台,尤其是众包众筹平台模式的兴起,带来生产要素交易成本的大幅下降,使企业将更多的运营环节委外成为可能。随着越来越多的运营流程通过众包模式委外,企业将更加聚焦于核心的运营环节,组织结构更加精简,应对外部运营环境变化的敏捷性大幅提高。

(2)平台经济推进组织扁平化,迅速感知颠覆并做出反应

平台模式在企业内部的应用,形成平台运营模式,使企业组织结构扁平化的进程大大加速:数字化平台所提供的海量节点同时互动、沟通与协作的能力,使单一节点能够管控与协作的节点数量大幅增加,传统企业依靠多层级来管理大规模运营的组织结构不再必要。扁平化的组织将对于市场与客户需求的变化更加敏感,并能够以更迅速的决策做出回应,成为敏捷企业的重要领域。

(3)平台型企业所具备的扁平化和高度敏捷的特征,使其能够对外界环境变化保持敏感,并提升其抗御风险、应对颠覆性竞争的能力

平台模式所赋予的与客户和合作伙伴的直接互动,将使企业对客户或合作伙伴需求的变化更加敏感,从而更快地做出反应;而数字化平台对于其上所聚集的大量的合作伙伴与用户的实时洞察,也使得企业更及时地发现颠覆性创新的萌芽;而借助平台模式实现的自身资源与能力的变现,降低了企业对产品产销营收的依赖,使之面对行业或产品生命周期的变化,获得充分的缓冲空间,自如应对。

(4)打造行业生态圈,强化上下游互动,协同应对颠覆挑战

不同于传统的以上下游流程定义的价值链,以平台经济为核心的生态系统以服务同一外部客户群为目标,借助相互之间的连接形成多样的竞合关系;平台型生态系统由生态系统核心平台和大量的生态系统参与者构成,服务于共同的用户群。参与者基于平台实现互联互通及资源共享与赋能,完成协同的价值创造,并在平台的主导下实现价值分享。数字化平台为核心的行业生态系统,将为参与各方在应对颠覆性变化时带来更强的资源与能力支持。通过与行业生态系统中各方的协同,企业将借助合作伙伴的优势,洞悉用户需求与竞争态势变化,提供创新的产品与服务。

4. 平台经济商业模式创新

（1）从产品销售到通过平台的服务提供

企业迈向平台经济，实质是要打造一个多方参与的价值创造网络，共同来满足客户的需求。其与传统商业模式最大的不同，在于在客户价值创造过程中自身角色的转换：扮演的角色将不仅是一个生产者或者交付者，而是成为整个价值创造流程的组织者与协调者，其竞争力不仅依赖于自身的能力和对上下游资源的掌控，而是支撑平台为中心的价值创造网络的高效和繁荣。

（2）平台建设与运营，强化行业生态系统核心地位

企业拥抱平台经济，建设与运营行业数字化平台，将提升企业在行业内价值创造流程中的地位与控制力。随着越来越多业务活动向平台迁移，以及平台之上共聚集的合作伙伴的不断增加，基于平台的包括核心的客户数据在内的数据资产的不断增长，企业对于作为数字经济时代核心资源的数据的掌握与控制将不断强化。随着数字化产业平台的不断发展，所带来的价值创造与分享的机会将吸引新成员的加入，而平台成员规模的扩大会衍生出更多的商业机会，从而实现平台基于正反馈的良性发展，不断壮大。

（3）数据变现等创造新的营收与利润来源

随着企业运营数字化的不断深入，海量而且不断增长的数据，将成为企业重要的资产。平台商业模式下的数据资产变现，将是企业利用数据资产创造价值，贡献于企业的营收与利润增长的重要途径，其具体形式包括以下三个方面。

①企业作为数据提供商直接出售数据。出售标的既包括基础数据，也包括聚合以后的标签数据。实际应用中，对于向外提供数据，尤其是用户数据，考虑到保护用户隐私的需要，提供经过聚合后和匿名化处理之后的数据更为可行。

②企业作为应用提供商向客户提供数据分析相关的应用。所提供的服务，既可以是基于自身设施和经验的数据存储、管理和整合等服务，也可以是帮助客户分析相关数据并产生洞察的互动型数据分析工具及服务，甚至是在精准营销方面提供基于实时数据分析等的交易服务。API 正成为应用越来越普遍的服务提供模式与渠道。与直接出售数据相比，这一模式在提高服务的增加值并拓展盈利空间的同时，还将降低

泄露用户隐私等方面的风险。

③企业以数据平台提供商和数据聚合者的身份实现价值创造。这一模式下，企业将不再局限于依据自身数据资源提供服务，而是将数据分析业务所涉及的不同参与者（数据提供者、分析服务提供商、客户等）聚集于自身打造的平台之上，使之通过协作和交易等方式完成数据资产的价值实现，并为提供上述服务收取费用，如数据交换 / 交易市场，以及洞察生成的平台（分析即服务等模式）等。

（三）平台经济提升全要素生产力，推动中国经济转型升级

平台经济的发展与推广，将促进各生产要素的供应改善，提高其使用效率，提升中国经济增长质量，推动经济发展模式转型升级。

众包作为平台经济的重要表现形式，将使人力资本投入价值创造的门槛更低，边际成本更低，价值增长机会更多。无论是应用开发和平面设计等知识密集型经济活动，还是物流和出行等劳动密集型活动，都将受益于众包模式下的信息透明与供需匹配；众筹平台的兴起，则成为传统融资渠道之外最具活力的融资模式，优化资本配置，使创新等经济活动的资本来源大幅改善，融资门槛与成本降低；而平台模式下的无缝沟通与协同，提升技术创新的效率，改善资源供应，提升创新水平。

（四）优化平台发展环境，促进平台经济健康成长

平台经济的发展与推广，在助力企业转型和掘金数据经济的同时，也成为中国产业升级和经济转型，建设数字中国的重要动力。相关各方的共同努力，营造有利于这一创新商业模式发展的环境，促进其健康快速发展，已成各方共识。

1. 平台经济环境指数

埃森哲基于在平台经济领域多年的研究和实践，建立了五个维度的平台经济环境指数，旨在对于全球各国平台经济的发展环境进行可量化的比较，分析发展趋势，明晰地区差异，探寻并分享最佳实践。平台经济环境指数体系的五个维度如图 6-14 所示。

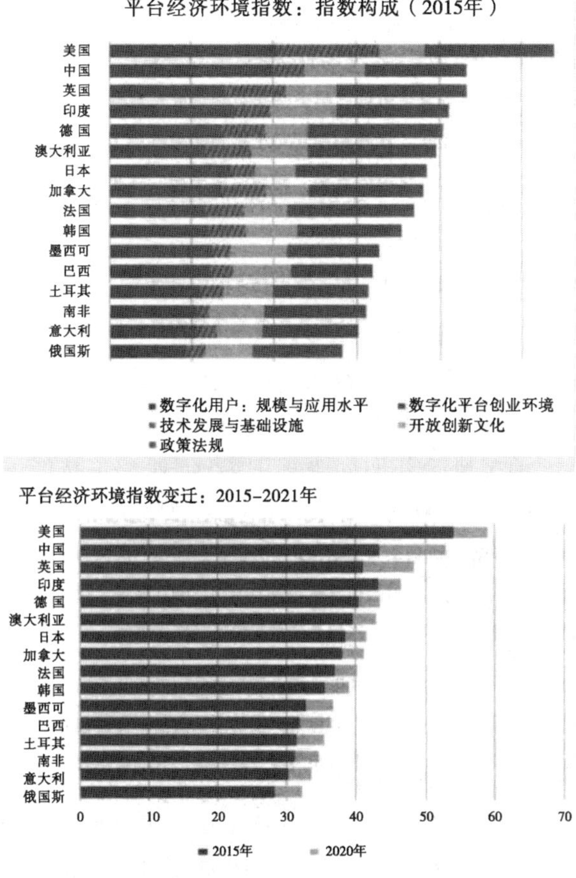

图 6-14 全球主要国家平台环境指数比较：2020 年 VS2015 年

（1）数字技术与服务用户

数字化用户的规模对于平台经济的重要性不言而喻。首先，作为平台经济核心的网络效应 / 双边市场效应决定，用户规模的扩张，将带来价值创造机会的指数级增长。其次，平台商业模式轻资产运营，固定成本较低，营收和利润对于规模的弹性巨大，规模增长带来的收益可观。而用户的数字化应用水平，将决定单个用户在平台商业模式下产生价值的潜力。

（2）基础设施与服务水平

相关数字技术的发展水平，以及充足的基础设施等资产供给，是平台经济发展所依托的外部条件的重要构成。基础设施的供给水平有两个主要的衡量标准，即连接的数量与质量，包括物联网乃至工业物联网的发展水平与普及程度；以云计算等为代表的数据分析与处理潜力，包括潜在的计算与数据存储能力与资源等。

（3）政策法规

数字经济的高速发展及平台经济的迅速推广，需要相关政府与监管部门积极且包容性的政策法规制定与监管实施。一方面，在信息安全、消费者隐私保护等方面订立规范，确保创新与发展的基础；另一方面，与平台建设与运营者等各方合作，制定有利于竞争与创新的游戏规则，推动新模式的发展，实现其社会与经济价值最大化。

（4）数字平台相关的创业环境

平台经济作为创新的运营模式，其发展与推广需要充足的创新人才保障：既包括大量的高质量技术与管理人才，如信息化科技与工程人才，也包括愿意承担风险获取回报，且具备创业相关技能的创业者。数字化平台经济的发展与推广，需要政府相关部门将相关人才的培养作为教育体系发展的优先领域；而平台的实践者则应当选择相关人才富集的区域开展业务活动，提高成功率与投资回报。

（5）开放创新文化

数字化平台作为创新的商业与运营模式，其发展与推广有赖于鼓励创新、宽容试错的文化氛围。以此为基础，平台经济的实践者需要以开放的心态与各方展开合作，推动平台经济的成熟与落地；政府相关部门将在建设创新孵化与聚集区、汇集相关各方和完善平台生态系统等领域发挥重要作用；作为潜在平台经济主导者的行业领袖，则应通过开放相关资源和完善治理结构等推动新模式的发展。

2. 中国优化平台经济发展环境建议

（1）强化基础设施与用户规模等“硬环境”优势

中国消费者和企业对数字技术的全面拥抱，在很大程度上得益于中国高速发展的数字化基础设施。随着移动互联网和以此为基础的智慧城市和无线城市建设的逐步展开，中国的互联网普及率连年升高。“十三五”规划进一步提出，到 2020 年，中国的固定宽带家庭普及率将提升 30%，移动宽带用户普及率提升 28%，并计划积极推进 5G 和超宽带关键技术研究，启动 5G 商用。同时，中国的数字消费者对新技术、新产品和新体验的期望不断提升，催生了一个高度开放、充分竞争的数字消费市场，这为企业的产品创新、服务创新和商业模式创新提供了巨大压力和动力。基础设施与数字化用户规模的优势，使中国成为数字化平台型企业诞生与发展的沃土。

未来中国在ICT基础设施和用户规模等硬环境方面，应当更聚焦于中小城市与农村；在加大投入升级这些地区的基础设施的同时，通过教育与培训（如远程教育）提高这些地区人口的数字化知识水平与应用能力。

（2）培育开放创新文化，完善配套法规

中国基础设施与用户规模优势显著，如能加强创新文化的建设并完善相关配套法规，则将在全球数字化和平台化浪潮中赢得更大先机。相关部门应着力改善平台经济运行的软环境，加强用户权益保障与风险控制，并加速相关举措的落地，鼓励新技术与新模式实验与推广。借此将释放平台发展动能，降低商业模式与技术的创新的成本与门槛，最大化平台经济的发展红利。他山之石，可以攻玉，这方面海外的部分实践可供参考借鉴，如英国金融管制部门的“管制沙箱”，允许经过挑选的初创企业试验现行管理系统内无法实验的创意，而管理部门通过对于实验的监督，确保消费者和其他方面的权益得到充分保护。

参考文献

[1] 马化腾，孟昭莉，闫德利，等 . 数字经济 中国创新增长新动能 [M]. 北京：中信出版社，2017.

[2] 刘权 . 区块链与人工智能 构建智能化数字经济世界 [M]. 北京：人民邮电出版社，2019.

[3] 汤潇 . 数字经济 影响未来的新技术、新模式、新产业 [M]. 北京：人民邮电出版社，2019.

[4] 袁国宝 . 新基建 数字经济重构经济增长新格局 [M]. 北京：中国经济出版社，2020.

[5] 豆大帷 . 新制造 “智能 +” 赋能制造业转型升级 [M]. 北京：中国经济出版社，2019.

[6] 刘东明 . 智能 +AI 赋能传统产业数字化转型 [M]. 北京：中国经济出版社，2019.

[7]（英）雷・海蒙德（Ray Hammond）. 数字化商业 如何在网上世界生存和发展 [M]. 周东，等译 . 北京：中国计划出版社，1998.

[8]《提高你的“数字商”》编委会 . 提高你的“数字商” [M]. 上海：上海交通大学出版社，2015.

[9]（英）基思・威利茨 . 数字经济大趋势 正在到来的商业机遇 [M]. 徐俊杰，裴文斌，译 . 北京：人民邮电出版社，2013.

[10]（美）亚当・格林菲尔德 . 区块链 人工智能 数字货币：黑科技让生活更美好？ [M]. 张文平，苑东明，译 . 北京：电子工业出版社，2018.

[11] 日本日经 BP 社编 . 黑科技 驱动世界的 100 项技术 [M]. 艾薇，译 . 北京：东方出版社，2018.

[12] 易高峰 . 数字经济与创新管理实务 [M]. 北京：中国经济出版社，2018.

[13] 中国信息化百人会课题组 . 数字经济 迈向从量变到质变的新阶段 [M]. 北京：电子工业出版社，2018.

[14] 王一鸣，黄毅．数字经济 开启数字化转型之路 [M]. 北京：中国发展出版社，2019.

[15] 赵立斌，张莉莉．数字经济概论 [M]. 北京：科学出版社，2020.

[16] 吴晨．转型思维 如何在数字经济时代快速应变 [M]. 杭州：浙江大学出版社，2020.

[17] 李拯．数字经济浪潮——未来的新趋势与可能性 [M]. 北京：人民出版社，2020.

[18] 姚建明．数字经济规划指南 聚焦数字化转型 [M]. 北京：经济日报出版社，2020.

[19] 焦瑾璞．普惠金融导论 [M]. 北京：中国金融出版社，2019.

[20] 韩东亚，余玉刚．智慧物流 [M]. 北京：中国财富出版社，2018.

[21] 钟红阳．智慧医疗 [M]. 沈阳：辽宁科学技术出版社，2014.

[22] 马文彦．数字经济 2.0[M]. 北京：民主与建设出版社，2017.

[23]（美）罗伯特・瓦赫特．数字医疗 信息化时代医疗改革的机遇与挑战 [M]. 郑杰，译．北京：中国人民大学出版社，2018.

[24] 袁静，顾欣，孔德友，等．数字医疗信息技术 [M]. 石家庄：河北科学技术出版社，2013.

[25] 潘永刚，余少雯，张婷．重新定义物流 产品、平台、科技和资本驱动的物流变革 [M]. 北京：中国经济出版社，2019.

[26] 朱晓明．走向数字经济 [M]. 上海：上海交通大学出版社，2018.

[27] 王先庆．新物流 新零售时代的供应链变革与机遇 [M]. 北京：中国经济出版社，2019.

[28] 陈宇晨，王大中，吴建民，等．数字制造与数字装备 [M]. 上海：上海科学技术出版社，2011.

[29] 吴晓波．新零售 谁将被革命 [M]. 北京：中国友谊出版公司，2018.

[30] 陈欢，陈澄波．新零售进化论 [M]. 北京：中信出版社，2018.

[31] 周高云，齐建朋，方永耀．共享新零售 [M]. 北京：中国商业出版社，2019.

[32] 马慧民，高歌．智能新零售 数据智能时代的零售业变革 [M]. 北京：中国铁道出版社，2018.

[33] 杜凤林．新零售 打破渠道的边界 [M]. 广州：广东经济出版社，2017.

[34] 伍忠贤 . 图解金融科技与数字银行 [M]. 广州：广东经济出版社，2018.

[35] 何开宇 . 数字化时代的全球个人金融创新 [M]. 北京：中国金融出版社，2018.

[36] 徐远，陈靖 . 数字金融的底层逻辑 [M]. 北京：中国人民大学出版社，2019.

[37] 金融城金融科技创新案例编写小组 . 科技赋能金融 3 中国数字金融的最佳实践 [M]. 北京：中国金融出版社，2020.

[38] 华强森（Jonathan Woetzel），沙莎，倪以理（Joseph Luc Ngai），等 . 崛起的中国数字经济 [M]. 上海：上海交通大学出版社，2018.

[39] 段立新，凌鸣，张晓宏 . 基于大数据的苏州数字经济 [M]. 苏州：苏州大学出版社，2017.

[40] 王云，郭海峰，李炎鸿 . 数字经济 区块链的脱虚向实 [M]. 北京：中国物资出版社，2018.

[41] 盘和林 . 数字金融新基建助力实体经济“化茧成蝶”[N]. 国际金融报，2021-02-01（003）.

[42] 赛迪智库数字经济形势分析课题组 . 数字经济：对实体经济赋能效应将进一步释放 [N]. 中国电子报，2021-01-29（006）.

[43] 本报评论员 . 为转型振兴插上“数字经济”的翅膀 [N]. 大兴安岭日报，2021-01-27（001）.

[44] 董瑞超 . 依托优势发展数字经济 [N]. 玉溪日报，2021-01-27（005）.